中国服务外包发展报告

REPORT ON DEVELOPMENT OF CHINA'S OUTSOURCING

中国服务外包研究中心 中欧国际工商学院
COI CEIBS

2010~2011

上海交通大學出版社

图书在版编目（CIP）数据

中国服务外包发展报告．2010～2011 / 中国服务外包研究中心，中欧国际工商学院编．--上海：上海交通大学出版社，2011

ISBN 978-7-313-07813-1

Ⅰ．①中… Ⅱ．①中… ②中… Ⅲ．①服务业－对外承包－研究报告－中国－ 2010～2011 Ⅳ．①F719

中国版本图书馆CIP数据核字（2011）第 212234 号

中国服务外包发展报告2010~2011

中国服务外包研究中心　中欧国际工商学院

编委会主任　王　超　等

主　编　朱晓明　刘亚军　胡景岩　周柳军　蹇芳莉

上海交通大学 出版社出版发行

(上海市番禺路951号　邮政编码 200030)

电话：64071208　出版人：韩建民

上海新艺印刷有限公司 印刷　全国新华书店 经销

开本：890×1240mm 1/16　印张 13.25　字数 330 千字

2011年11月第1版　2011年11月第1次印刷

ISBN 978-7-313-07813-1/F　定价：198.00 元

编辑委员会

编写成员

主　　编： 朱晓明　刘亚军　胡景岩　周柳军　骞芳莉

副 主 编： 金世和　李庭辉　季　成

成　　员： 杨　梅　江　维　尚庆琛　姜丽花　顾家栋　沈　杰　丁晓超　石　璜　肖颖君　曹佩华　孙　瑜　陈宁生　卢淑君　曹勤雯

审核成员

主　　审：曹宏瑛　万连坡

副 主 审：郑　韶　叶　威　徐兴锋　姜义茂　吉小枫　孙嘉荣
　　　　　张素心　沈　荣　杨　冬　曾　松

成　　员：马学杰　阎　蓓　李宇宏　朱　冰　兰天山　张　旸
　　　　　徐美华　张剑波　李幼林　李京梅　李　楠

学术委员会

主　　任：汪应洛　王新奎

副 主 任：刘积仁　王方华　汪　泓　覃　正　张维炯　陈　进
　　　　　顾　明

成　　员：卢　锋　任荣明　兰宜生　邬适融　肖　文

专家委员会

主　　席：刘积仁(兼)

副 主 席：寿子琪　高　炜　郭　昕　曲玲年　瞿嘉东　刘天文
　　　　　宋东今

成　　员：陈志列　刘　宁　彭壮壮　张天兵　杨　鹏　李　波
　　　　　屈中华　高耀松　武连峰　于　坚

序　言

随着经济全球化纵深发展，新一代网络技术的广泛应用，服务外包产业依靠交付模式、服务模式及合作模式的不断创新，逐步成为各国加强国际经济交流与合作，促进自然环境与经济社会和谐发展的重要驱动力。大力发展服务外包是中国实现科学发展的内在要求，也是中国开放型经济发展新阶段的重要内容之一。

2010 年 4 月，国务院办公厅再次出台了关于鼓励服务外包产业加快发展的综合性政策，国家各部门通力合作，继续加大政策集成和创新力度，示范城市进一步完善各项配套措施，为我国服务外包产业营造出更加宽松的发展环境。服务外包产业快速发展，为我国转变经济发展方式、调整产业结构、促进大学生就业发挥了重要作用。

《中国服务外包发展报告 2010 ～ 2011》集中反映了 2010 年中国及全球服务外包产业发展的新情况、新特点，并对产业发展的前沿理论和热点问题等开展了积极探讨。希望本报告能为国内外持续关注中国服务外包产业发展的各界朋友提供有益的参考。

中华人民共和国商务部　副部长

二〇一一年十月十日

前　言

《中国服务外包发展报告 2010 ～ 2011》在中华人民共和国商务部、发展改革委、教育部、科技部、工业和信息化部、财政部、人力资源和社会保障部、税务总局的指导下，在中国服务外包企业界、学术界、各地政府部门和研究机构的支持下，多角度、多层面全面展现中国服务外包产业发展情况。

本报告立足反映 2010 年中国服务外包产业的发展，回顾“十一五”成就，展望“十二五”前景。报告对服务外包总体发展情况进行了详细阐述，从离岸和在岸两个市场追述产业发展的动态；对服务外包企业发展情况进行了抽样分析，从示范城市、示范园区、服务外包企业三个层面展现服务外包产业发展成就；报告对服务外包发展环境也进行了客观分析，从政策、投资促进、人力资源及人才培训等方面回顾了产业发展环境的运行状况；报告还以专论形式对服务外包新的发展和进一步提高服务外包产业创新能力等方面问题进行了探索与研究。

本报告在编写体例上采取“图文结合，上图下文”的格式。

本报告共分为三个部分。

第一部分 发展报告。

第一章 全球服务外包发展概述。从信息技术外包和业务流程外包两个领域以及整体市场和离岸服务外包市场描述了 2010 年全球服务外包产业的发展情况。

第二章 中国服务外包发展概述。从服务外包市场、服务外包主体、服务外包运行环境三个方面追述了 2010 年中国服务外包产业的发展情况。

第三章 服务外包行业发展情况。从垂直行业的角度阐述服务外包细分行业的发展，重点分析了软件业服务外包、电信业服务外包、金融业服务外包、生物医药服务外包四个行业发展情况。

第四章 服务外包企业发展情况。编写小组根据 2010 年对服务外包企业的调查，对调研对象的企业特征作了详细描述，包括涵盖企业发展情况、融资情况等方面内容。

第五章 中国服务外包示范城市和重点园区发展情况。通过对中国服务外包示范城市和重点园区发展现状分析，展示中国服务外包示范城市的创新引领作用和服务外包园区的创新发展特色。

第六章 投资促进与政策创新。报告汇总了 2010 年国家和地方层面服务外包投资促进活动情况，反映 2010 年出台的服务外包产业政策新内容以及新亮点。

第七章 人力资源与人才培训。介绍 2010 年服务外包人才供给及人才需求情况，分析人才培训机构培训能力、培训模式，重点介绍了典型培训机构的成功案例。

第八章 信息技术与服务外包。研究云计算及物联网发展给服务外包带来的新兴业态，阐述各地在这一新兴领域中开展的工作，列举典型企业的探索性尝试。

第九章 中国国际服务外包"十二五"发展思路。回顾"十一五"期间服务外包产业的发展，展望"十二五"发展思路，根据"十二五"期间国内外环境，明确发展目标、重点领域、区域布局、重点任务及保障措施。

第二部分 专论。对 2010 年服务外包产业发展中的热点问题进行专题论述，共计 7 篇专论：新视角 新思考、中国建设服务外包交易中心与交付中心的探讨、关于完善服务外包统计体系刍议、提高服务外包产业创新能力研究、推动我国金融服务外包发展的战略思考、云计算与服务外包产业转型、IT/ 软件服务外包企业 / 行业战略定位与发展环境。

第三部分 附录。包括 2010 年中国服务外包发展大事记、国务院和中央各部委关于促进服务外包发展的政策以及中国服务外包示范城市发展情况。

中欧国际工商学院院长　朱晓明博士

于上海浦东金桥 Office Park、中欧国际工商学院

2011 年 6 月 6 日

目　　录

附 录

图索引

表索引

发展报告

第一章

全球服务外包发展概述

主要观点

▶ 2010 年，全球服务支出业务走出金融危机后的艰难调整期，步入回升阶段

- 全球 IT 服务支出总量为 5 826.03 亿美元，增长 2.9%
- 全球业务服务实现复苏，全年支出达到 2 168.3 亿美元，增长 2.3%

▶ 全球离岸服务业务增长加快，发包市场仍集中在发达国家，亚太地区国家在接包市场占绝对优势

- 2010 年国际离岸服务需求已基本恢复到 2008 年全球金融危机之前的水平
- 全球离岸细分市场中 IT 服务仍占主导
- 全球离岸服务外包发包市场仍主要集中在美国、西欧、日本，这三个地区发包的服务外包业务总量约占全球的 90% 左右
- 亚太地区国家在全球离岸接包国市场中占据绝对优势，印度、菲律宾和中国表现出众，新兴接包国不断涌现

第一节 发展概述

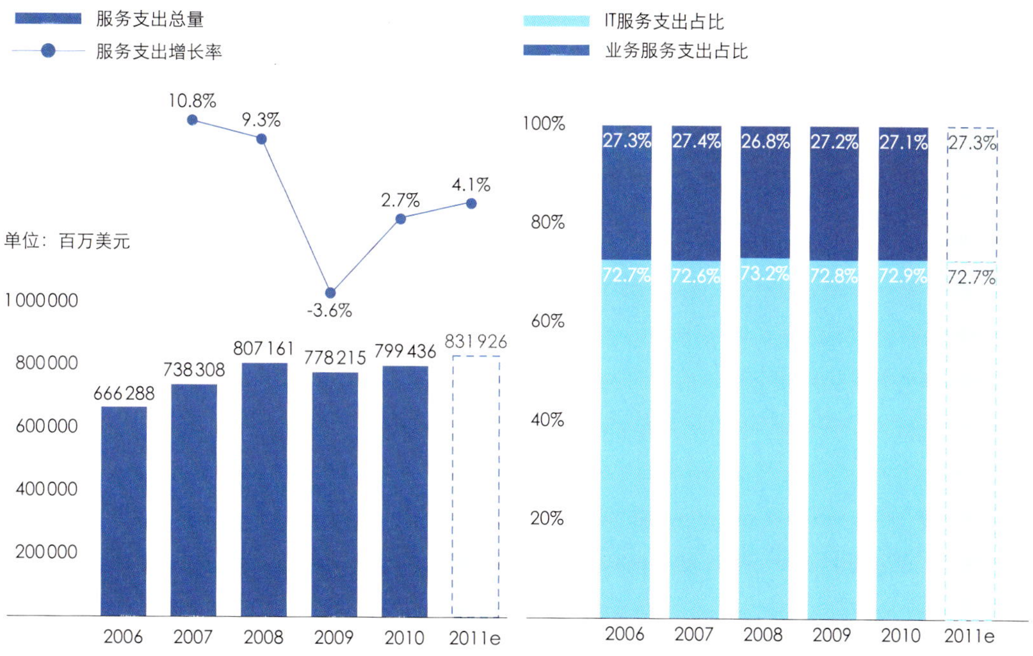

图 1-1　2006 ~ 2011 年全球服务支出市场规模和增长率

资料来源：国际数据公司（IDC）

2010 年，伴随着全球主要经济体从经济衰退中逐步复苏，服务外包产业也走出金融危机后的艰难调整期，步入回升阶段。数据显示，2010 年服务支出市场规模达 7 994.36 亿美元，比上年增长 2.7%，其中 IT 服务支出仍然占主要比重，占市场规模 72.9%。未来随着世界经济步入上升通道，全球服务外包支出有望在 2011 年实现更强劲增长。

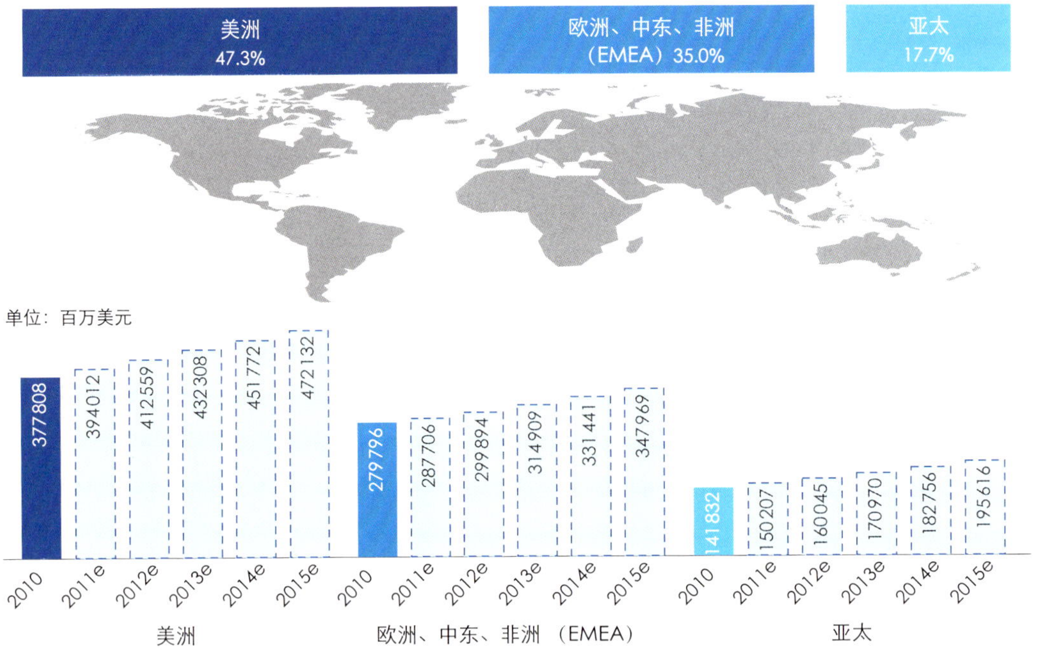

图 1-2 2010 ～ 2015 年全球服务支出的区域分布

资料来源：国际数据公司（IDC）

2010 年全球服务支出市场中以美洲地区占据主导，支出总量达到全球市场的 47.3%，美国的经济复苏和因金融危机而抑制延迟的服务需求开始启动，带来了市场扩张机遇。欧洲经济复苏依旧缓慢，自 2009 年底希腊爆发主权债务危机以来，2010 年危机蔓延到整个欧元区，大部分欧盟国家 2010 ～ 2011 年的实际 GDP 增速在 1% ～ 3% 之间，部分甚至低于 1%，2010 年包括欧洲在内的 EMEA 地区的服务支出在全球所占比重为 35.0%。亚太地区的服务支出表现仍然突出，作为年度增长最快的地区，占全球份额已达到 17.7%，在全球接包地市场中占据优势的亚洲新兴国家在发包市场中同样也将保持快速成长。

第二节　市场分析

一、信息技术外包市场

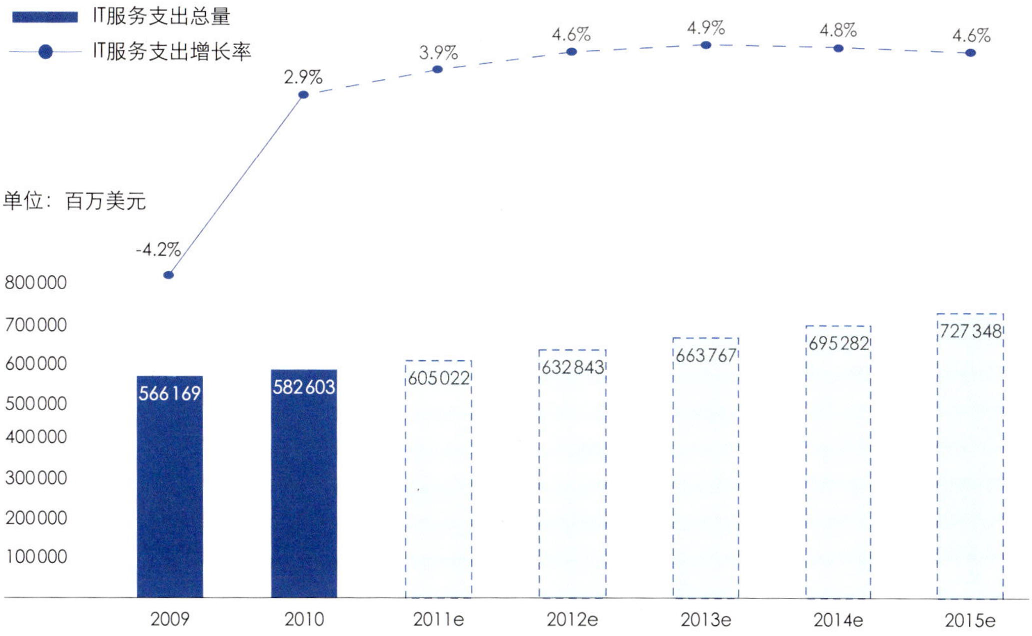

图 1-3　2009 ~ 2015 年全球 IT 服务市场规模

资料来源：国际数据公司（IDC）

（一）市场规模

根据 IDC 数据，2010 年全球 IT 支出已经显示出从经济危机中复苏的迹象，全年与技术产品和服务有关的支出达到 1.6 万亿美元，增长 4%。IDC 数据显示，2010 年全球 IT 服务支出总量为 5826.03 亿美元，增长 2.9%，未来市场将向更乐观的方向迈进。

表 1-1 2010 ~ 2015 年 IT 服务细分市场规模

单位：百万美元

	2010	2011e	2012e	2013e	2014e	2015e
IT 外包	236 723	247 631	259 802	273 106	287 025	301 173
项目型服务	199 747	207 483	217 982	229 743	241 075	252 472
支持与培训	146 133	149 907	155 059	160 918	167 182	173 703
总 计	582 603	605 022	632 843	663 767	695 282	727 348

资料来源：国际数据公司（IDC）

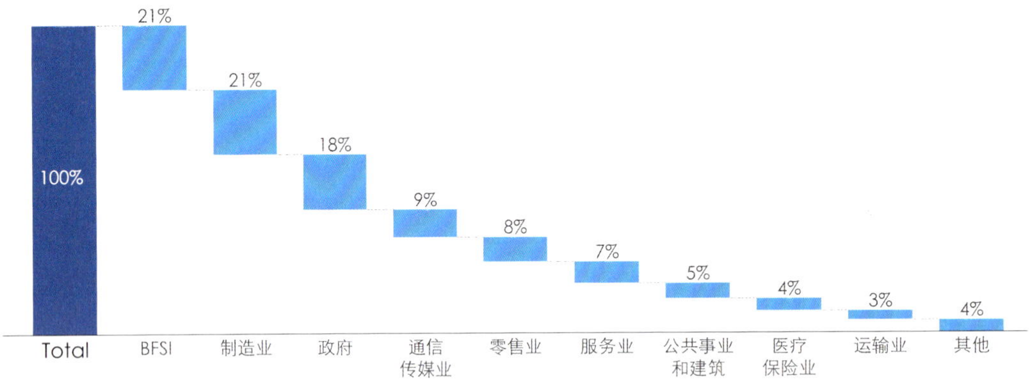

图 1-4 2010 年全球 IT 服务市场支出的行业分布

注：2010 年数据为估计值

资料来源：NASSCOM

（二）细分市场

2010 年，全球 IT 外包支出在 IT 服务总体市场中占最大份额，达到总体市场比重的 40.6%（表 1-1）。预计未来 5 年，IT 外包支出仍将保持较高的市场比例。

在 IT 服务支出的垂直细分市场中，BFSI（银行、金融机构和保险业）、制造业以及政府部门等行业占据较大份额，上述三个行业在整个细分市场中占 60% 比重。随着信息化水平的提高、政府公共投入的增加，尤其在一些发展中国家，随着信息体系的建设、医疗体系改革、社会公共服务的进步，在政府、公共服务、医疗保险等领域的 IT 服务支出上升较快。

二、业务流程外包市场

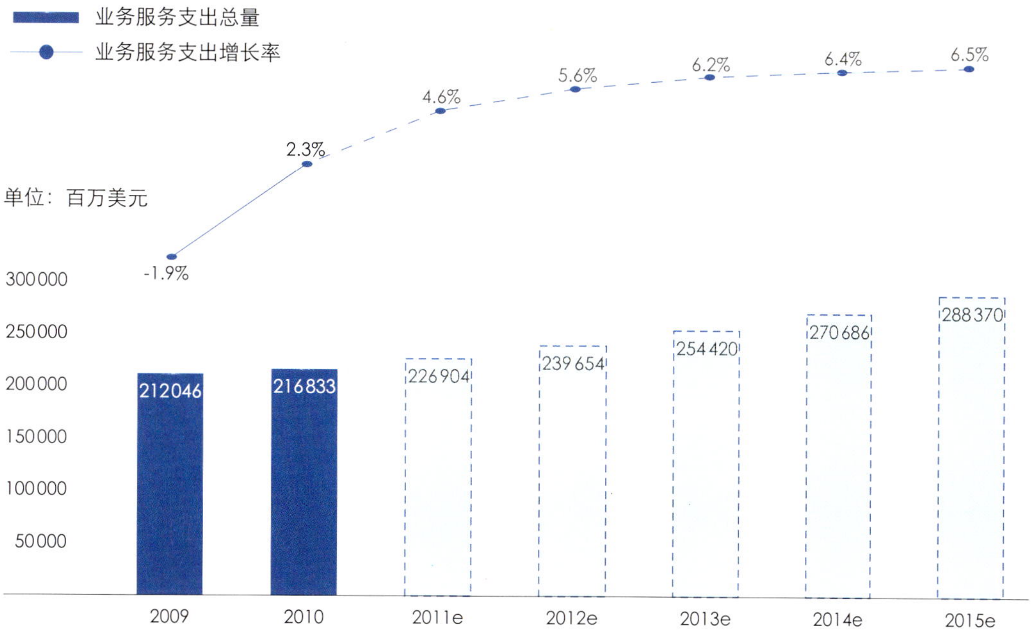

图 1-5　2009 ~ 2015 年全球业务服务市场规模

资料来源：国际数据公司（IDC）

（一）市场规模

2010 年全球业务服务较 2009 年实现复苏，全年支出达到 2168.3 亿美元，增长率为 2.3%。预计未来 5 年全球业务服务将会呈现较高增长的趋势。

表 1-2 2010 ~ 2014 年全球 BPO（业务流程外包）细分市场规模

单位：百万美元

	2010	2011e	2012e	2013e	2014e
人力资源	68 226	71 294	74 967	79 127	83 639
采 购	2 701	3 037	3 401	3 798	4 232
财务与会计	26 352	28 221	30 322	32 614	36 056
客户服务	54 307	57 145	60 873	65 046	69 101
培 训	6 642	7 091	7 667	8 123	8 466
合 计	158 229	166 788	177 230	188 708	201 493

资料来源：国际数据公司（IDC）

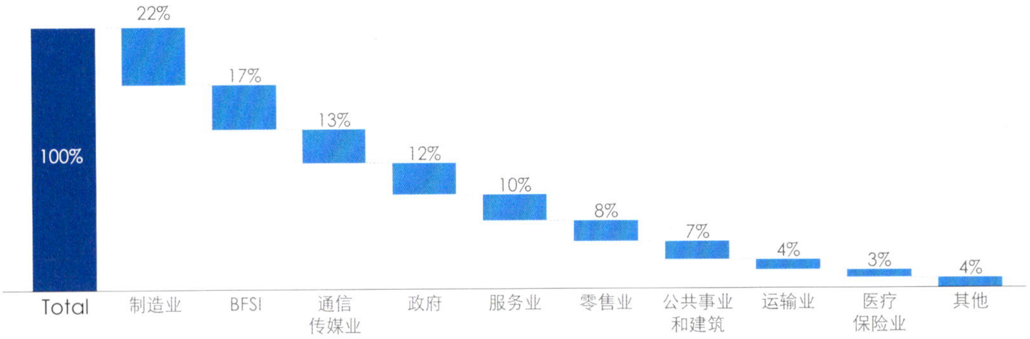

图 1-6 2010 年全球 BPO 服务支出的行业分布

注：2010 年数据为估计值

资料来源：NASSCOM

（二）细分市场

2010 年，全球 BPO 服务支出达到 1582.3 亿美元，较上一年增长了 4%。人力资源、客户服务、财务与会计是较为成熟的 BPO 市场，其中人力资源市场达到 682.3 亿美元，占据业务流程外包市场最大份额，为 43.1%。采购在 BPO 市场中虽然所占比重最低，仅为 1.7%，但增长速度最快，达到 10.6%，未来能够提供包括采购、物流管理的供应链整合解决方案服务商将迎来更多市场机会（表 1-2）。

在全球 BPO 垂直市场分布中，制造业、BFSI、通信传媒业以及政府等行业占据较大份额。由于信息技术的不断升级，业务流程外包的客户需求也在不断变动和被挖掘，那些不仅能够保持相对的成本优势，同时能够提供如 ITO 和 BPO 的捆绑服务、基于网络的一对多服务（云服务）等新型外包模式的服务提供商将占据显著的竞争优势。

第三节　离岸服务外包市场

一、市场发展情况

表 1-3　2010 ~ 2014 年全球离岸 IT 服务外包市场规模

单位：百万美元

	2010	2011e	2012e	2013c	2014e
IT 咨询	1 358	1 392	1 453	1 528	1 615
系统集成	6 496	6 861	7 331	7 935	8 616
基础设施管理外包	2 680	3 084	3 592	4 221	4 990
应用管理外包	5 229	5 614	6 100	6 754	7 621
应用软件定制开发	8 021	8 221	8 526	8 884	9 291
其　他	8 521	8 912	9 419	9 986	10 618
合　计	32 305	34 083	36 420	39 307	42 752
增长率 %	2.5	5.5	6.9	7.9	8.8

资料来源：国际数据公司（IDC）

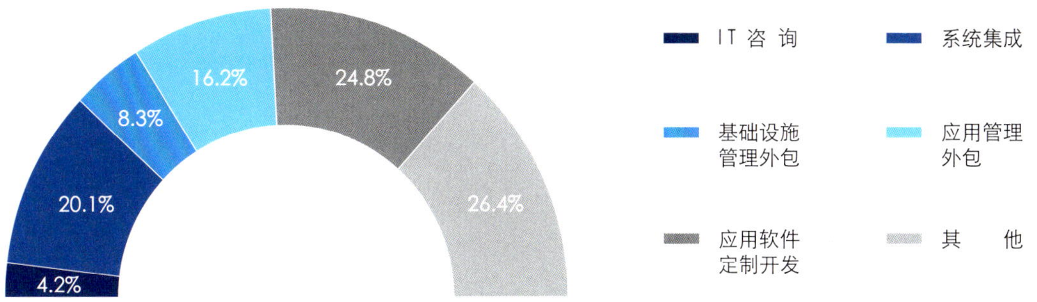

图 1-7　2010 年全球离岸细分市场比重

资料来源：国际数据公司（IDC）

全球离岸市场上，尽管目前发达国家受 GDP 增长放缓的制约，服务需求增长速度在减缓，但由于具有良好数理逻辑基础的工程技术人员供给不足、人力资源成本高企以及对服务外包管理能力日益成熟等因素，发达国家的离岸业务成长速度仍在加快。按照 NASSCOM 的统计，发达国家的 GDP 增长与服务需求增长以及离岸服务增长三者之间的比例关系为 1 ： 2 ： 4。2010 年国际离岸服务需求的增长速度，已快速恢复到 2008 年全球金融危机之前的水平。

2010 年，全球离岸 IT 服务外包市场规模为 323.05 亿美元，增长率为 2.5%（表 1-3），应用软件定制开发、系统集成、应用管理外包细分市场占据主要市场份额，未来全球离岸 IT 服务外包市场将以高于 IT 服务的增长速度快速发展。

二、市场构成情况

图 1-8　2010 年全球离岸服务外包承接方市场区域分布

资料来源：国际数据公司（IDC）

（一）发包方市场

2010 年，全球服务外包发包市场仍主要集中在美国、西欧、日本，这三个地区转移的服务外包总量约占全球的 90% 左右。

（二）承接方市场

2011 年初，TPI 研究部新发布了外包活力指数。该指数通过基础设施、技术采用、教育程度、财务四大类指标评估了 51 个新兴或成熟国家。

如果将这些国家分成亚太地区、美洲地区和 EMEA（欧洲、中东、非洲三地合称）地区三部分（图 1-8），亚太地区的国家在前 10 名排行榜上占统治地位。在 TPI 考核的外包环境和财务方面，印度、菲律宾和中国表现出众，同时在教育程度和劳动力方面也表现优异。

在拉丁美洲和南美洲，TPI 指数认为传统的外包目的地如墨西哥、巴西和阿根廷延续了之前的优良表现。同时一些新兴的国家如哥伦比亚和乌拉圭也具备了发展潜力，这两个国家具备强大的金融动机来发展外包行业。来自美国和加拿大的客户仍然是该地区的首要目标。

在 EMEA 地区，约旦和阿拉伯联合酋长国仍发展良好，这两个国家和埃及一样，已经重点关注服务交付能力的改善和提升。

需要引起关注的是，这些新兴的服务外包承接国的外包服务虽然较为便宜，但他们的数据安全和知识产权安全存在风险，未来要取得更大发展，需要政府和企业在克服安全风险问题上花费更多的精力。

第二章

中国服务外包发展概述

主要观点

▶ 2010 年服务外包产业发展取得重大进展，产业总量和质量同步提升

- 产业结构日益改善，高端 KPO 业务已经占到总量的 12.4%
- 离岸外包业务稳步增长，全年离岸合同执行金额 144.5 亿美元，同比增长 43.1%
- 在岸外包业务占比逐步提高，在岸外包合同执行金额占比由 2008 年的 18.4% 增长为 2010 年的 27.0%

▶ 中国服务外包发展主体实力进一步提升

- 企业数量持续增加、规模日趋扩张、实力逐渐增强、创新能力不断提升
- 综合性的和专业类的服务外包园区建设呈现加速发展态势，环境设施逐步完善，集聚企业不断增加
- 中国服务外包示范城市的发展从量的增长转向质的提升，非示范城市积极规划服务外包产业发展

▶ 中国服务外包发展环境进一步优化

- 政策持续集成创新，人才素质不断提升，投促活动丰富多样，产业研究日趋深入

第一节 发展概述

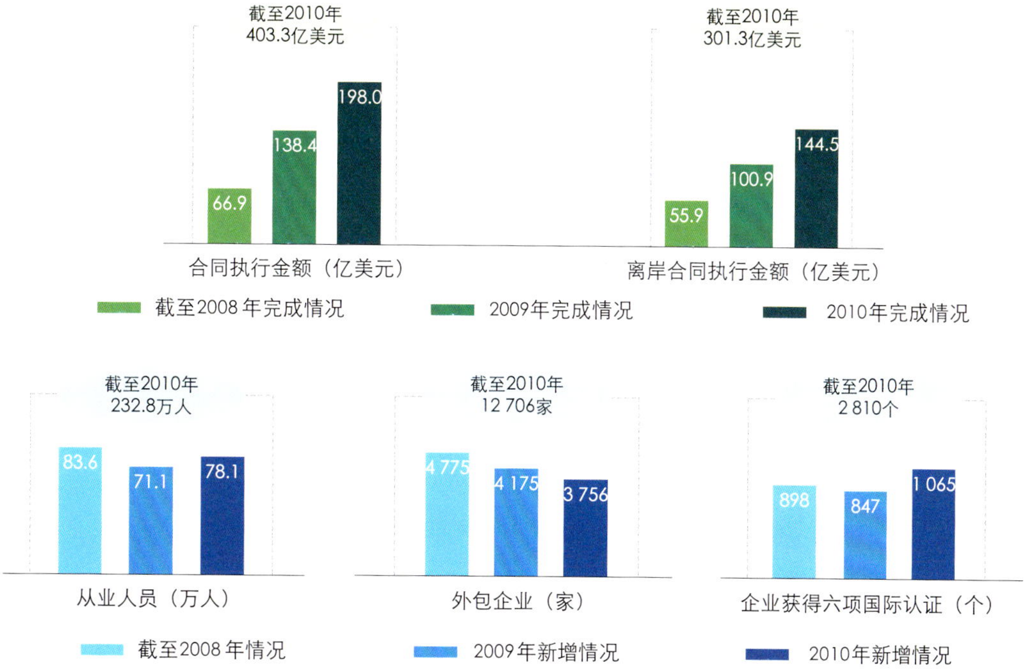

图 2-1　中国服务外包产业发展统计

注：企业获得的六项国际认证包括开发能力成熟度模型集成（CMMI）、开发能力成熟度模型（CMM）、人力资源成熟度模型（PCMM）、信息安全管理（IS027001/BS7799）、IT 服务管理（IS020000）、服务提供商环境安全性（SAS70）

资料来源：中华人民共和国商务部

“十一五”期间，服务外包产业经历了近 5 年的快速增长，产业发展的规模和质量都得到很大提升。在各级政府持续推动、市场环境不断改善、企业人才不断集聚的情况下，2010 年服务外包产业发展取得重大进展，全年合同执行金额达 198.0 亿美元，其中离岸合同执行金额为 144.5 亿美元。2010 年新增企业 3 756 家，新增从业人员 78.1 万人，企业新增六项国际认证 1 065 个。

第二节 服务外包市场

一、总体市场

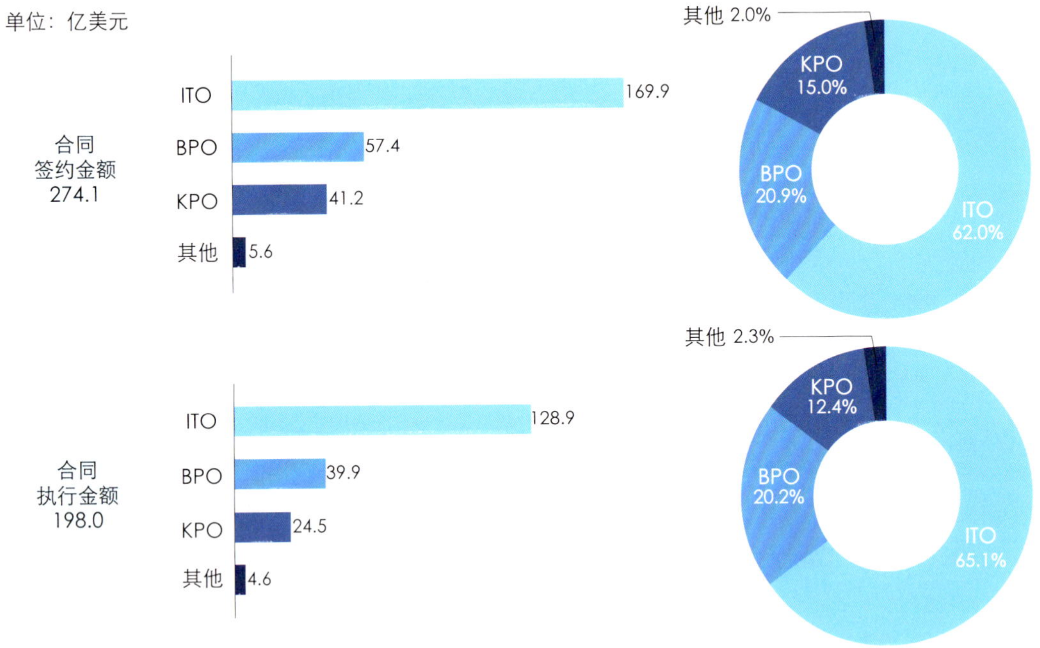

图 2-2 2010 年中国服务外包细分市场规模与结构

资料来源：中华人民共和国商务部

2010 年服务外包合同签约金额达 274.1 亿美元，同比增长 37.0%；合同执行金额达 198.0 亿美元，同比增长 43.1%。

2010 年中国服务外包产业发展速度虽然有所放缓，但产业质量却不断提升，从合同执行金额来看，高端的 KPO 业务已经占到合同总量的 12.4%，未来成长空间和潜力巨大。

同时，云计算、物联网等新兴信息技术的成熟，为中国服务外包业态创新带来契机。2010 年政府、研究机构、企业纷纷展开了对云计算、物联网所带来的服务外包创新业态的探索研究，各种新兴业态陆续走向实际运营阶段，并取得一定的成绩，中国服务外包产业未来发展潜力巨大。

二、离岸服务外包市场

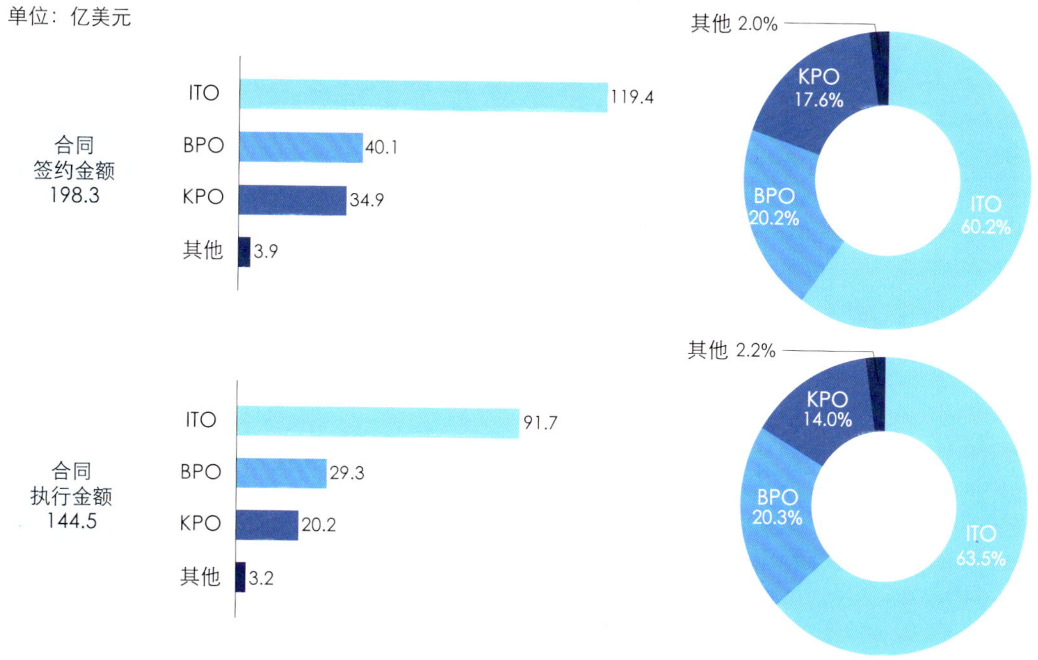

图 2-3　2010 年中国离岸服务外包细分市场规模与结构

资料来源：中华人民共和国商务部

2010 年随着国际离岸市场的回升，中国离岸服务外包业务实现了快速增长，2010 年全年离岸服务外包合同签约金额 198.3 亿美元，同比增长 34.3%；合同执行金额 144.5 亿美元，同比增长 43.1%。

离岸服务外包细分市场结构不断优化，ITO 市场的基础优势仍然保持，合同执行金额比重占 63.5%；离岸 BPO 所占比重有所下降，而高端 KPO 市场比重快速上升，合同执行金额较 2009 年增长 90% 以上。

表 2-1 2010 年中国离岸服务外包业务十大来源地

序号	国别 / 地区	合同签约金额 / 万美元	比重 / %	合同执行金额 / 万美元	比重 / %
1	美国	560 769.30	28.3	380 579.58	26.3
2	日本	349 160.87	17.6	284 821.06	19.7
3	中国香港	212 482.42	10.7	152 146.31	10.5
4	中国台湾	69 820.72	3.5	55 789.37	3.9
5	新加坡	59 714.53	3.0	46 568.99	3.2
6	荷兰	45 846.45	2.3	46 413.39	3.2
7	英国	43 440.86	2.2	35 801.74	2.5
8	瑞士	38 770.63	2.0	30 531.50	2.1
9	芬兰	50 978.81	2.6	30 093.83	2.1
10	印度	43 102.78	2.2	27 675.66	1.9

资料来源：中华人民共和国商务部

传统优势地区仍保持领先，美国、日本、中国香港是我国离岸服务外包业务主要来源地（表 2-1），总体已经占到整体市场规模的 56.6%。其中美国市场占总体市场规模的 28.3%，日本、中国香港市场紧随其后。

同时新兴市场不断开拓，2010 年中国服务外包企业承接来自芬兰、瑞士等地方的业务量增加，同比增长超过 100.0%，跻身中国离岸服务外包业务十大来源地。

三、在岸服务外包市场

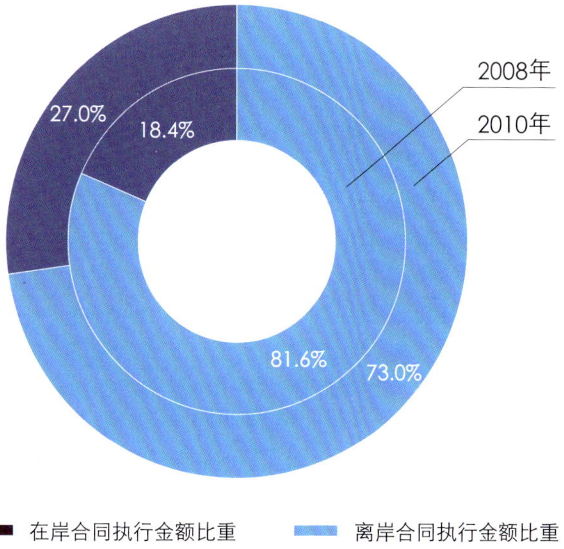

图 2-4　2008 年，2010 年服务外包在岸发展情况

资料来源：中华人民共和国商务部

中国正处于产业升级和服务业迅速成长的转型期，作为全球第二大经济体，也是最大的发展中国家，潜力巨大的国内市场正在成为推动服务外包产业发展的重要引擎。据国际数据公司（IDC）数据显示，全球 IT 服务在中国 IT 市场中所占份额仅为 13.8%，而亚太地区这个比例为 30.3%，随着中国在科学发展观的指导下，加大推动政府公共服务部门和央企、国有大型企业服务外包力度，预测今后该比例将会快速上升。

同时，国家政策也不断鼓励在岸市场的释放。在 2010 年 4 月颁布的《国务院办公厅关于鼓励服务外包产业加快发展的复函》（国办函〔2010〕69 号），文中明确指出要“积极培育在岸服务外包市场，促进国际国内服务外包业务协调发展”。

在市场和政策的共同推动下，2010 年我国在岸外包所占比重不断提高，据商务部不完全统计，在岸外包合同执行金额占全国合同执行金额比重由 2008 年的 18.4% 增长为 2010 年的 27.0%，提高了 8.6 个百分点。

第三节　服务外包发展主体

一、中国服务外包企业

企业数量持续增加
- 由2007年的1731家，增长到2010年的12706家，年复合增长率达到65%
- 2010年当年新增企业3756家

企业规模日趋扩张
- 截至2010年底，企业平均人员规模达183人，继东软集团后，涌现出文思创新、软通动力、中软国际等多家从业人员超过1万人的服务外包企业
- 2010年，企业通过资本市场融资、银行贷款等多种方式扩大企业资金规模

企业实力逐渐增强
- 截至2010年底，企业获得各类认证共计6632个
- 截至2010年底，企业共获得六类国际资质认证2810个（CMMI、CMM、PCMM、ISO2001、SAS70、ISO27001）

创新能力不断提升
- 截至2010年底，经认定的技术先进型服务企业779家
- 企业加大技术研发投入，组建高素质的研发团队，企业软件著作权数、申请专利数大幅增加

图 2-5　2010 年中国服务外包企业发展特征

资料来源：中华人民共和国商务部

中国服务外包企业积极参与国际分工，不断积累行业经验，大幅提升承接、交付和管理流程能力，在企业数量、规模、市场开拓能力和资质认证等方面都取得显著进展。截至 2010 年底，中国服务外包企业数量达 12 706 家，企业平均人员规模达 183 人，企业获得各类认证 6 632 个，经认定的技术先进型服务企业 779 家。

随着市场不断成熟，逐步涌现出一批营业额超亿美元、员工数超万人的服务外包领军企业，这些骨干企业在市场竞争中已经具备显著优势，规模化效应初步显现。领军企业在国际市场开拓、业务水平的高端化、行业素质的提升等方面都起到了重要的领导和带动作用。

2010 年中国企业在不断成长的同时，也感受到了来自市场的竞争压力，尤其是金融危机后带来的劳动力成本上升的压力。因此，未来中国企业的发展模式将从单纯人员的增长转向技术开发来获得高端业务。

二、中国服务外包园区

园区集聚企业态势明显	园区成为各示范城市服务外包产业发展的重要载体。凭借其基础设施、政策环境、政府服务等各方面的优势，吸引了世界著名企业和服务外包知名企业入驻
园区发展空间加快拓展	2010年各示范城市加强和完善园区载体建设，在现有外包园区内部和周边改造、拓展园区的同时，加快利用新城建设、城市产业布局转型调整等机遇新建园区
园区发展模式不断创新	服务外包园区在加快发展的同时，不断探索创新发展模式，目前主要的发展模式有："官助民办"体制、异地联合兴建、承诺制综合服务体系、创新政府运作模式等
全面体现产城融合理念	园区的建设更加重视其产业功能、生活功能、居住功能等的融合
虚拟园区新兴模式凸显	虚拟园区的出现突破了以往以楼宇为载体发展服务外包的限制，成为各城市广泛接受的新型园区模式

图 2-6　2010 年中国服务外包园区发展特征

资料来源：中国服务外包研究中心

各个城市都把服务外包园区作为促进本地服务外包产业发展的重要载体。2010 年中国服务外包园区呈现如下特征：企业园区集聚态势明显、园区发展空间加快拓展、园区发展模式不断创新、全面体现产城融合理念、虚拟园区新型模式凸显。

2010 年各地相继出台了服务外包园区认定与园区考核办法，加大了园区的运行规范和相应的配套建设、平台搭建、招商引资与资金扶持力度。服务外包园区已成为承载、孵化和促进服务外包企业的主要载体，为入驻企业集中提供基础设施配套、服务平台共享、人才培训等全面的服务。

三、中国服务外包示范城市

示范城市发展突出

2010年初批准厦门作为第21个示范城市；2010年示范城市离岸合同签约金额达185.8亿美元，比上年增长36.6%，离岸合同执行金额达135.4亿美元，比上年增长41.2%；2010年示范城市新增企业2625家，新增从业人员54.3万人，新增认证数量达1402个

长三角产业集聚居于领先

长三角区域的各项指标居于全国领先位置，2010年长三角合同签约金额占比51.3%，合同执行金额占比52.6%，新增从业人员占比41.7%，新增外包企业占比52.3%，新增认证数量占比45.4%

示范城市引领作用凸显

2010年示范城市的引领作用进一步凸显，2010年示范城市的离岸合同执行金额占全国的93.6%，新增企业数占全国的69.9%，新增从业人员占全国的69.5%，新增认证数量占全国的64.1%

图 2-7　2010 年中国服务外包城市发展特征

资料来源：中国服务外包研究中心

2010 年初，国务院批准了厦门成为中国服务外包示范城市（以下简称“示范城市”），全国示范城市发展到 21 个。示范城市在国家服务外包产业的发展中发挥了集聚、引领、辐射和示范作用，成为政策先行先试、产业发展创新的实验区，在合同执行金额、新增企业数、就业人员及通过国际认证数等方面都有良好的表现。同时，一些内陆和二三线城市也在积极创造条件，承接示范城市的外包业务转移，推动服务外包产业发展，丰富了我国产业发展市场和业务形态。

2010 年，在环渤海与东北、长三角、珠三角以及中西部地区的服务外包产业集聚区域中，长三角区域的各项指标仍居于全国领先位置，主要指标连续多年保持在总量的 50% 左右；环渤海与东北地区的 6 个示范城市的指标占比略有下降；珠三角区域因厦门的加入，各项指标有显著提高；中西部区域的发展速度明显加快，尤其是业务额占全国比重快速提升。

第四节 服务外包发展环境

政策持续集成创新

围绕《国务院办公厅关于鼓励服务外包产业加快发展的复函》（国办函〔2010〕69号），各部委积极营造良好的政策环境，同时示范城市及所在省积极采取措施，推动产业发展

人才素质不断提升

截至2010年底，服务外包从业人员达到232.8万人，其中70%以上具有大学学历，新增受训人数23.9万人。搭建校企合作平台，进行教学方法改革等创新培训模式

投促活动丰富多样

各级政府和企业都意识到发展服务外包需要加强交流与合作，各地举办多场规模不等、范围不同的服务外包相关专业展会和行业论坛等推介活动。服务外包投资促进工作日趋走向成熟

产业研究日趋深入

由商务部牵头中国服务外包研究中心组织编制《中国国际服务外包产业发展规划2011~2015》；中国信息服务标准（ITSS）已经发布

图 2-8　2010 年中国服务外包产业发展环境

资料来源：中国服务外包研究中心

一、政策持续集成创新

2010 年国家和各地方政府继续重视政策的集成创新，密集出台了一系列配套政策文件，支持力度继续加大。2010 年 4 月，国务院办公厅下发了《国务院办公厅关于鼓励服务外包产业加快发展的复函》（国办函〔2010〕69 号），出台了 20 项综合政策。各部委积极营造良好的环境，财政部、商务部持续加大对服务外包产业财政资金支持，2010 年中央财政给予服务外包产业资金支持超过 5 亿元人民币，同比增长 30%。科技、商务、发展改革、工信、财政、税务等部门将技术先进型服务企业认定权限下放到示范城市，简化了审批手续。人民银行、银监会、保监会、商务部等部门，积极发展符合服务外包产业需求特点的信贷创新产品，改善融资环境，并鼓励金融机构将非核心后台业务发包给服务外包企业。人力资源社会保障部将示范城市服务外包企业适用的特殊劳动工时制度推广到全国。教育部、商务部联合在江苏、浙江开展地方高校计算机学院培养服务外包人才试点工作，并与无锡市政府联合举办了第一届全国大学生服务外包创新应用大赛。财政部、税务总局、商务部等积极落实税收政策。示范城市基本成立了以市领导为组长的服务外包领导小组，出台了本市促进服务外包发展的综合性政策措施，结合地方特色对服务外包的发展进行细化部署。

二、人才素质不断提升

截至 2010 年底，我国服务外包产业从业人员达到 232.8 万人，其中 70% 以上具有大学学历，新增受训人数 23.9 万人。各地通过岗前实习与实训、在岗继续培养，以及国家在江苏、浙江两省

率先开展计算机学院培养服务外包人才的试点工作，在人才培训模式方面寻求改革突破，通过搭建校企合作平台，进行教学方法改革等方式，大大增强了人才的实用性能力培养。服务外包产业的发展已经为促进我国大学生就业、保障和改善民生、维护社会和谐稳定做出了重要贡献。

三、投促活动丰富多样

各级政府和企业都意识到发展服务外包需要加强交流与合作，每年国内各地举办多场规模不等、范围不同的服务外包相关专业展会和行业论坛等推介活动。2010 年，在中华人民共和国商务部的主导下，开展了多场的服务外包投资促进活动，并在海外进行宣传推介活动。此外，各地政府纷纷结合本地特色，开展针对性的对接工作。目前我国的服务外包投资促进工作逐渐走向成熟化、体系化运作，这些活动对于我国服务外包产业的品牌打造、企业推介、行业交流等方面都发挥了重要的作用。

四、产业研究日趋深入

国家重视服务外包的市场与行业发展规律的研究，2010 年由商务部牵头、中国服务外包研究中心主导组成规划编制组，通过对全国重点发展区域进行深入调研分析，结合全球服务外包发展的最新趋势，进行了《中国国际服务外包产业发展规划 2011～2015》的编制工作，为未来 5 年的产业发展指明方向。同时相关部委和社会各界也在云计算、物联网、行业标准等方面专题立项进行前沿分析探索。服务外包产业相关标准制定工作取得实质性进展，工业和信息化部制定的中国信息服务标准（ITSS）在 2010 年 10 月发布。

第一节　中国软件业服务外包

一、发展现状

表 3-1　2010 年中国软件出口 20 强企业

排名	企业名称	排名	企业名称
1	东软集团股份有限公司	11	福建富士通信息软件有限公司
2	大连华信计算机技术股份有限公司	12	上海晟欧软件技术有限公司
3	海辉软件（国际）集团	13	苏州工业园区凌志软件有限公司
4	浙大网新科技股份有限公司	14	北京利达智通信息技术有限公司
5	中软国际有限公司	15	无锡华夏计算机技术有限公司
6	方正国际软件有限公司	16	英极软件开发（大连）有限公司
7	上海中和软件有限公司	17	音泰思计算机技术（成都）有限公司
8	柯莱特信息系统有限公司	18	北京索浪计算机有限公司
9	北京恩梯梯数据系统集成有限公司	19	北京尖峰计算机系统有限公司
10	南京富士通南大软件技术有限公司	20	冲电气软件技术（江苏）有限公司

资料来源：中国软件行业协会、中国软件和服务外包业网

近年来，中国软件业承接离岸服务外包业务迅速增加，产业规模进一步扩大。从中长期来看，国际软件外包业务将持续向中国转移，中国承接软件离岸外包业务有望继续保持快速增长。

以东软集团、大连华信、海辉软件、浙大网新、中软国际等一批大型龙头企业为代表，软件服务外包企业的数量和质量都有了进一步提升，国际竞争力不断增强。2010 年全国软件外包企业数量约 5 900 家，同比增长 25.5%。由中国软件行业协会和中国软件和服务外包网共同评选出了 2010 年中国软件出口 20 强企业（表 3-1）年出口总额为 8.5 亿美元，平均每个企业出口额为 4 250 万美元，20 强企业从事出口的总人数为 28 000 人，平均每个企业为 1 400 人。我国软件外包企业数量不断增加，近年来软件企业已经开始通过收购、并购的方式扩大企业规模。

二、发展特征

图 3-1　软件业服务外包发展特征

1．行业规模持续扩大，离岸外包稳步发展

2010 年，宏观经济好转和经济刺激政策效果显现，我国软件服务外包产业发展速度提升，逐渐摆脱金融危机影响，重新步入高速增长轨道，行业收入不断增加，离岸业务规模不断扩大，对经济增长的贡献不断增强。

2．龙头企业加速扩张，产业呈集聚发展态势

软件外包企业有效地整合优势资源，优化产品结构，推进品牌的国际化战略。近两年我国软件服务行业并购案例数和金额不断增长，企业规模扩大，中国软件离岸外包的国际竞争力快速提高。以 21 个示范城市为重点，形成了中国软件服务外包产业五大集群——环渤海集群、长三角集群、珠三角集群、中西部集群和东北集群，我国软件服务外包产业呈集聚发展态势。

3．转包业务不断发展，呈现向二三线城市转移趋势

随着一线城市的人力成本及商务成本的上升，软件接包企业倾向于将部分业务转移至二三线城市，通常采用两种方式开展：一种是在二三线城市设立分支机构；一种是在二三线城市寻找长期合作伙伴。国内不少中小企业组成企业联盟，作为大型外包企业的下游企业，获取软件外包的转包和分包业务。目前国内转包业务不断发展，越来越多的软件服务外包企业加入转包的行列，使得许多中小软件企业有了承接外包项目的能力和机会，软件外包不再集中于一线城市的大企业手中，软件外包业务向二三线城市转移的趋势显现。

4．新技术应用为软件外包提供新的发展方向

IDC 数据显示，2010 年中国云计算服务市场规模已经达到 3.2 亿美元，未来将以接近 40% 的年复合增长率快速增长。云计算、物联网等新技术的应用使企业看到了新的技术方向，众多软件外包企业纷纷在新技术转型上寻找新的发展之路。

第二节 中国电信服务外包

一、发展现状

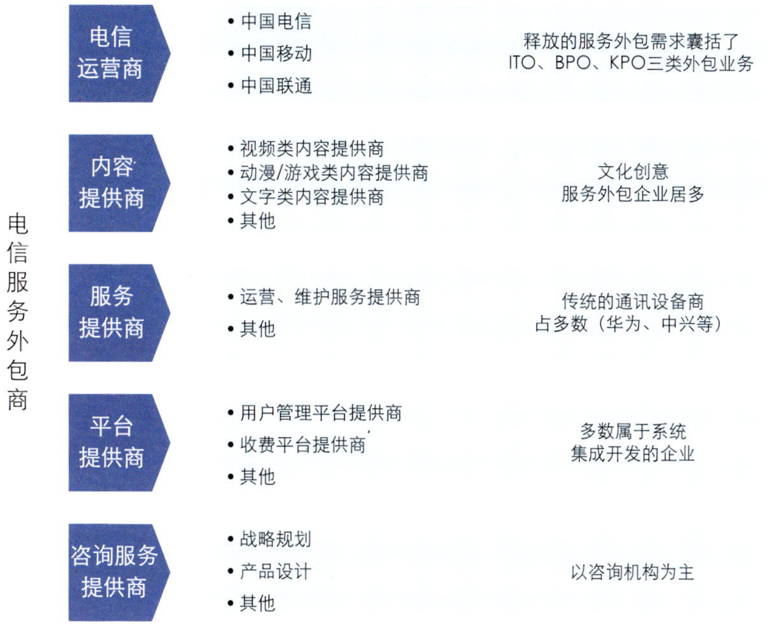

图 3-2　中国电信服务外包企业情况

近几年来，随着中国服务外包产业的迅猛发展，以及电信运营商的重组与转型、3G 网络以及物联网、云计算等新技术的开发与运用、新型服务项目拓展等，推动了电信服务业的大力发展，促使电信外包市场和规模扩张迅速，且保持持续增长态势。

中国电信外包市场的参与者除提供电信行业定制软件开发的软件企业外，还包括：

（1）电信运营商。中国电信、中国移动、中国联通三大运营商，其释放的服务外包需求囊括了 ITO、BPO、KPO 三类外包业务。

（2）内容提供商。广播电视网、电信网与互联网三网融合的推进，加速了运营商与内容提供商之间的紧密合作。

（3）服务提供商。不仅为国内运营商提供优质的服务，同时承接全球运营商发包业务，在全球通信市场中处于领先。

（4）平台提供商。在与平台提供商的合作中，运营商通常选择借助品牌优势，由平台运营商开发运维平台，并按比例分成的盈利模式。

（5）咨询服务提供商。随着运营商竞争的加剧，用户需求的多样化促使运营商与咨询机构长期合作，在越来越多的领域借助咨询机构的智力资源。

二、发展特征

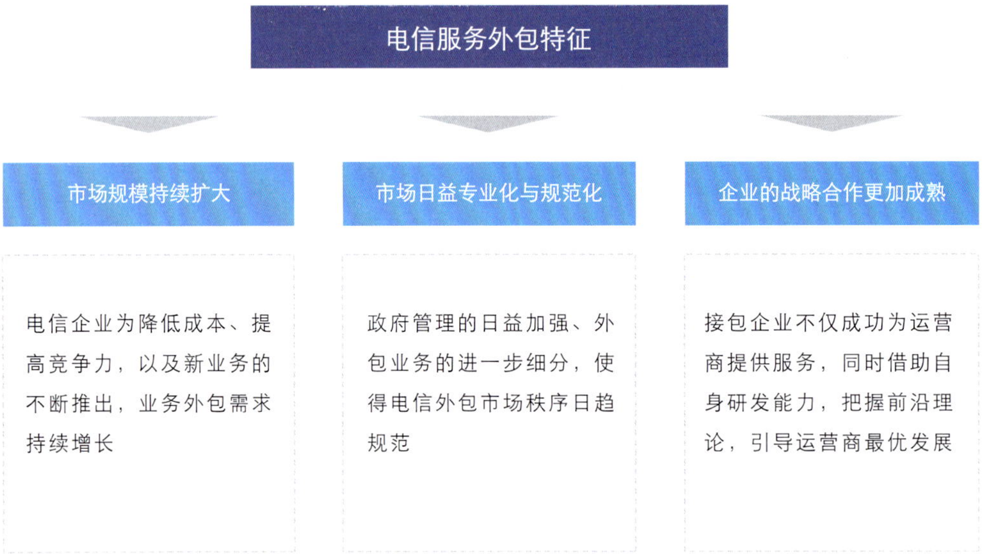

图 3-3　中国电信服务外包发展特征

近年来，电信服务外包在中国迅速发展，在众多行业外包中处于优势领域，且呈现出广阔的发展前景。目前，电信外包主要呈现出以下几点特征：

（1）电信服务外包市场规模持续扩大。电信企业为降低成本、提高竞争力以及不断推出新业务，业务外包需求持续增长。

（2）电信外包服务市场日益专业化与规范化。政府管理的日益加强、外包业务的进一步细分，使得电信外包市场秩序日趋规范。

（3）服务接包企业与发包企业的战略合作关系更加成熟。接包企业不仅成功为运营商提供服务，同时借助自身研发能力创新服务内容，引导运营商的快速发展。

第三节　中国金融服务外包

一、发展现状

银行业服务外包

- 银行业IT外包

四大银行将业务外包给IBM、HP等国际大公司，股份制银行以及各地商业银行等中小型银行如国家开发银行、光大银行、招商银行、中信银行都开始IT外包业务

- 灾难备份外包

深圳发展银行将灾难备份外包给万国数据服务有限公司；中国进出口银行、广东发展银行通过外包的方式组建了自己的灾备中心

- 银行卡外包

我国的服务外包提供商已经可以提供“全流程”的银行卡外包服务，从申办筹建、设计产品、市场营销、交易和处理客户信息，到客户服务、客户数据分析和市场定位全部覆盖

- 客户服务

股份制商业银行也开始了外包呼叫中心，广东发展银行、中信实业银行对呼叫中心进行了外包

保险业服务外包

- 信息技术外包

太平洋保险和天安保险将业务管理系统的开发与应用外包给CSC公司；丰泰保险和首创安泰保险公司将灾难恢复及IT咨询外包给了万国数据服务有限公司；光大永明保险公司将IT运维外包给神州数码公司

- 理赔勘察外包

天安保险公司、平安保险武汉分公司、都邦保险武汉分公司，都将勘察理赔外包给了公估公司

- 营销业务外包

中美大都会、太平人寿、康泰人寿和新华人寿等都以软、硬件系统租用的方式与外包呼叫中心签订了电话营销外包的合同

其他

- 证券行业的服务外包
- 基金行业的服务外包
- ……

图 3-4　金融服务外包的业务类型

资料来源：《ChinaSourcing》中文版 2010 年 9 月刊

2010 年中国金融服务外包持续增长，外包形态日趋多元化，金融服务外包基地建设取得重要进展，金融服务外包企业竞争力日益增强。

目前，中国金融服务外包主要集中在银行业和保险业外包两个领域。银行业外包业务主要集中在 IT 外包、灾难备份外包、银行卡外包和客户服务四个方面；保险业外包业务主要集中在信息技术外包、理赔勘查外包、营销业务外包等几个方面。

中国金融服务外包主要集中在以下三类城市：第一类是战略地位显著的城市，包括北京、上海两地，作为金融机构最为集中的两个城市，发展金融服务外包具有得天独厚的优势；第二类是地缘优势明显的城市，包括大连、深圳、广州、天津、苏州、杭州等，借助自身的产业氛围，承接核心城市的金融业务溢出效应；第三类是成本优势凸显的城市，如成都、重庆、西安、武汉、长沙等地，以低廉的人力成本及商务成本吸引金融服务外包业务转移。

金融业前台业务和后台业务、核心业务和非核心业务、标准流程业务和非标准流程业务分离的趋势日益加快，未来金融后台的建设和以各类后台为载体的服务外包业的发展将持续推进，建立金融后台中心的城市将不断增多。

2010 年中国银行业监督管理委员会制定颁布了《银行业金融机构外包风险管理指引》，该指引要求银行业金融机构开展外包活动应当制定外包的风险管理框架以及相关制度，并将其纳入全面风险管理体系，并由董事会和高级管理层承担外包活动的最终责任。同时银行业金融机构应当关注外包活动主要风险有：战略风险、法律风险、声誉风险、合规风险、操作风险、国别风险。

二、企业分析

表 3-2 部分中外金融服务外包企业对比

外包形态	典型外包种类	埃森哲	东软集团	浙大网新
金融 ITO	软硬件运行与维护		√	√
	一般业务系统开发管理	√	√	√
	行业解决方案	√	√	√
	技术测试中心		√	
金融 BPO	财务结算	√	√	
	定损理赔	√		
	信用评级支持	√		
	保险欺诈审核与识别	√		
金融 KPO	市场调研	√		
	管理咨询	√		

资料来源：中国服务外包研究中心

中国离岸和近岸金融服务外包市场主要集中于美国、日本、欧盟以及港澳台等国家和地区的各类金融机构。目前许多外资银行已经把贸易单证和付款等业务从马来西亚、新加坡等地逐步向上海转移。部分国际知名金融机构也逐步将技术信息外包和以数据录入为主的业务流程外包交由中国本土外包企业完成，例如浙大网新在与道富银行、德意志银行的合作中取得了引人注目的成绩。

中国在岸金融服务外包市场需求主要集中于国内各大金融机构。国内金融机构的外包需求以信息技术外包为主，近年来业务流程的外包需求逐渐释放，从低端的信息录入、呼叫中心外包，逐渐向更为高端、专业要求更高的其他业务流程转移，2010 年，金融后台服务成为主流，信用卡中心、数据中心、清算中心等后台机构逐渐从金融机构剥离，向专业的金融服务外包园区汇集。

目前在中国的金融服务外包企业包括：欧美巨头如埃森哲、IBM、惠普，印度企业如 infosys、塔塔以及本土企业如东软集团、浙大网新、中国软件等。中国本土金融服务外包企业较为关注金融 ITO，对金融 BPO、KPO 的研发尚在起步阶段，仅参与某些特定环节，全流程、全方位的外包尚未开展（表 3-2）。

三、发展特征

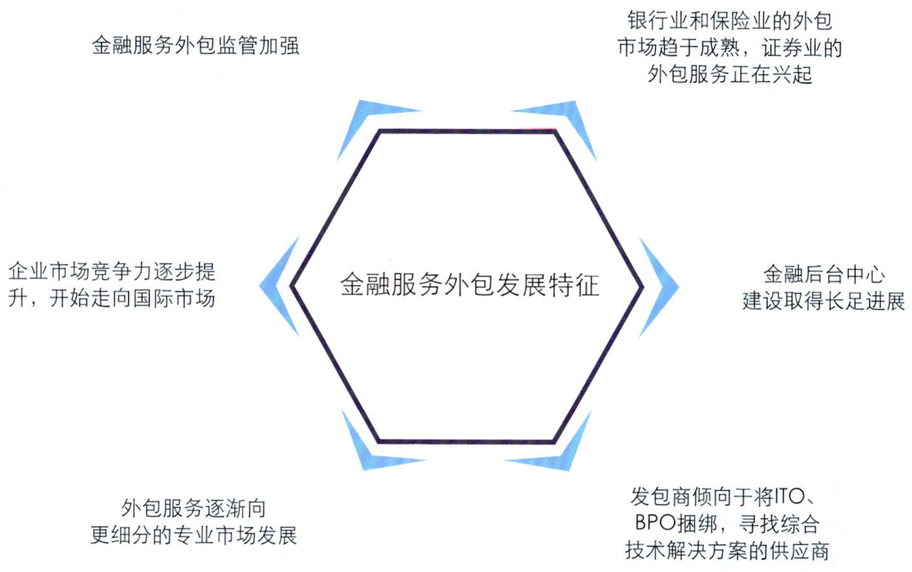

图 3-5　中国金融服务外包发展特征

2010 年中国金融服务外包持续快速增长，主要表现出以下特征：

（1）银行业和保险业的外包市场趋于成熟，证券业的外包服务正在兴起。银行业和保险业仍将持续释放大量的外包需求，从以 ITO 为主导，逐步向 BPO、KPO 领域延伸；证券业的 IT 投资日益增加，企业不断发展壮大，证券业的外包服务开始探索。

（2）金融后台中心建设取得长足进展。金融机构前台业务与后台业务的分离日益加速，大型金融机构利用其自建的全权持有的分支企业运营后台业务成为发展的主流模式。

（3）发包商倾向于将 ITO、BPO 捆绑，寻找综合技术解决方案的供应商。金融领域外包的商业模式逐渐从一般软件配套服务进入了运营操作过程承包，运营过程与高技术外包逐渐融合，形成一个更完整的外包服务供应链。

（4）外包服务逐渐向更细分的专业市场发展。中小型金融服务外包企业逐步定位于做特定领域的细分市场外包服务供应商，通过提供特殊的专业能力以帮助客户处理特殊需求的商业功能，比如图像处理、数据管理、ATM 服务、E-banking 服务等，获得竞争优势。

（5）中国金融服务外包企业的市场竞争力获得明显提升，开始探索走向国际市场，承接离岸业务。

（6）金融服务外包监管加强。为了规范行业发展，国家政府在加强外包监管方面做出了不断努力，如 2010 年中国银行业监督管理委员会制定颁布了《银行业金融机构外包风险管理指引》等规范性文件。

第四节 中国医药服务外包

一、发展现状

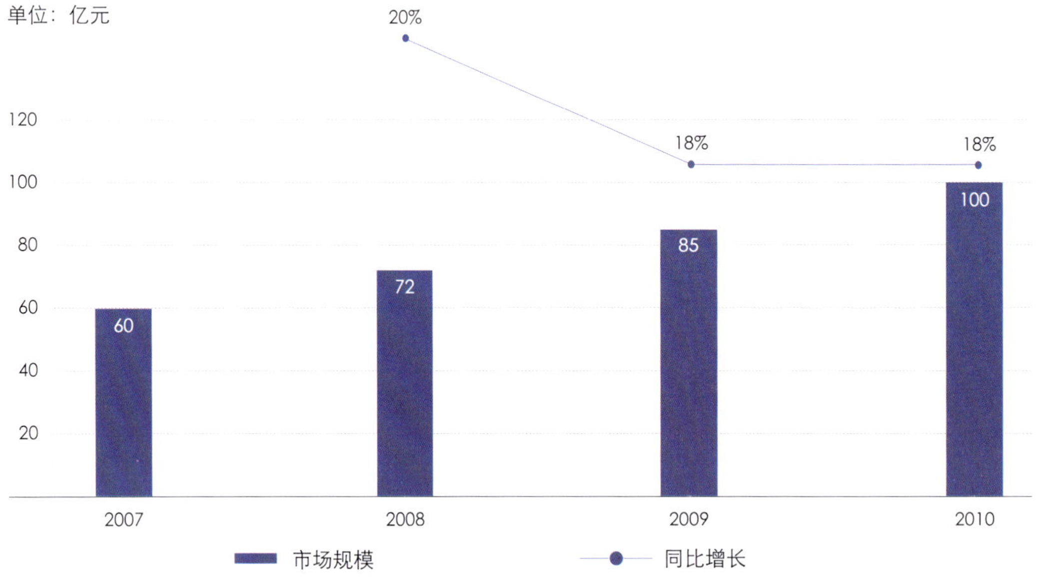

图 3-6 中国医药外包产业规模

资料来源：国创天成

“十一五”期间，国家发展和改革委员会选择产业基础好、创新能力强、市场化水平高、开放性强的地区，加快建设国家生物产业基地和国家高技术产业基地。迄今已认定了石家庄、长春、深圳、长沙、北京、上海、广州、武汉、昆明、青岛、成都、重庆等 12 个国家生物产业基地，以及西安、天津、泰州、通化、德州、郑州、南宁、哈尔滨、杭州、南昌等 10 个生物产业领域国家高技术产业基地。

有关资料显示，目前国内合同研究机构（Contract Research Organization，简称 CRO）市场发展比较迅速。由于人才资源丰富、基础设施完善和政府政策支持，目前中国已超过印度成为亚洲医药研发外包首选之地。

二、企业分析

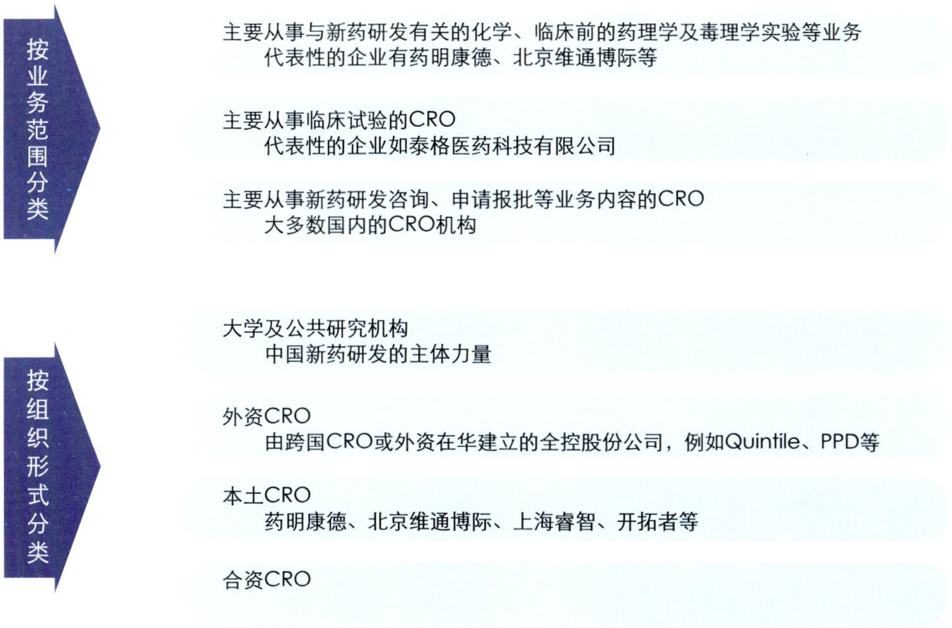

图 3-7　中国医药外包企业类型

经过近 10 年的发展，中国已拥有超过 500 家的 CRO 企业，以中小型企业为主，有能力提供一体化服务的企业并不多。

根据所承接的业务内容，我国的 CRO 企业可以分为三类：主要从事临床前试验研究的 CRO，主要从事临床试验的 CRO 以及主要从事上市和上市后监测服务的 CRO。根据接包企业的组织形式分，在中国从事 CRO 业务的接包企业可分为四类：大学即公共研究机构、外资 CRO、本土 CRO 以及合资 CRO。

我国本土的 CRO 企业目前已有药明康德和尚华医药两家成功在纽约证券交易所上市。但国内大部分 CRO 机构所从事的仅仅是一些咨询类的业务，而在比中国起步稍稍早的印度，35% 的 CRO 业务是新药发现，另外 65% 则主要是临床试验。我国未来 CRO 将面临产业格局的调整，特别是临床试验的 CRO 将有一个快速增长期。另外，随着竞争的加剧，产业集中将是一个发展的趋势。

三、发展特征

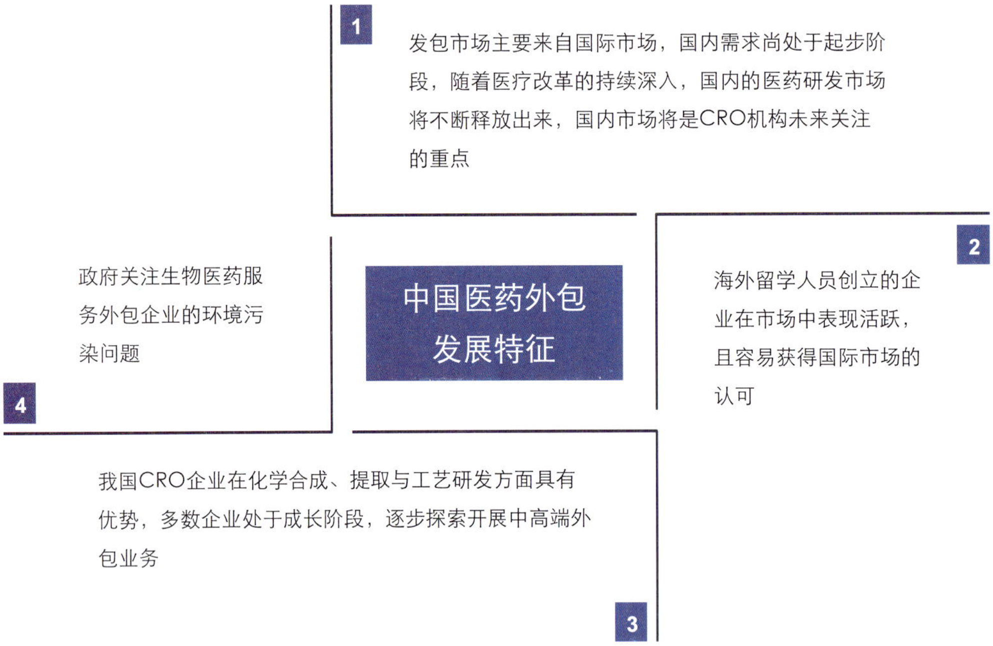

图 3-8　中国医药外包发展特征

经过几年的发展，我国的医药外包初具规模，目前主要呈现出如下特征：

（1）发包市场主要来自国际市场，国内需求尚处于起步阶段，随着医疗改革的持续深入，国内的医药研发市场将不断释放出来。

（2）海外留学人员创立的企业在市场中表现活跃，且容易获得国际市场的认可。生物医药领域的认证标准相对严格，企业在国际市场承接业务必须达到国际标准，往往有海外背景的机构领导者在对国际标准的理解方面具有优势。如桑迪亚、联友药业、华大天源都是由留学归国人员在上海张江高科园区创办的从事新药研发外包服务的公司。

（3）我国 CRO 企业在化学合成、提取与工艺研发方面具有优势，多数企业处于成长阶段，逐步探索开展中高端外包业务。

（4）政府关注生物医药服务外包企业的环境污染问题。生物医药研发过程中不可避免的产生医学废水、废气，这些有毒物质的不合理排放会造成环境污染，因而环境保护成为政府对医学服务外包企业监管的重要方面，生物医药服务外包企业也努力采取措施减少环境污染。

第四章

服务外包企业发展情况

主要观点

▶ 2010年中国服务外包企业快速增长

- 截至2010年底，全国共有服务外包企业12 706家，同比增长42.0%，其中21个示范城市共有服务外包企业9 715家，占企业总数的74.5%
- 2010年全国共新增服务外包企业3 756家，其中有2 625家分布在21个示范城市，其中有7个城市新增服务外包企业数超过100家

▶ 软件业、政府/公共机构、金融业成为中国服务外包企业三大客户来源，企业的融资渠道扩大

- 中国服务外包企业相对年轻，民营企业是中国服务外包企业的主要构成，外商投资企业也占有相当比重
- 企业服务国内客户的同时，与美国、日本、欧洲等海外客户保持长期合作，并努力开拓其他国家客户市场
- 软件业、政府/公共机构、金融业成为中国服务外包企业三大客户来源
- 多数企业以ITO业务为主，同时跨越ITO、BPO、KPO三个领域
- 企业重视行业资质认证，其中ISO系列、CMM/CMMI系列认证最为普遍
- 除自有资金经营运作外，银行贷款是服务外包企业融资的主要渠道，部分企业通过中小企业板和创业板上市融资

第一节 服务外包企业数量及分布现状

一、服务外包企业数量分布

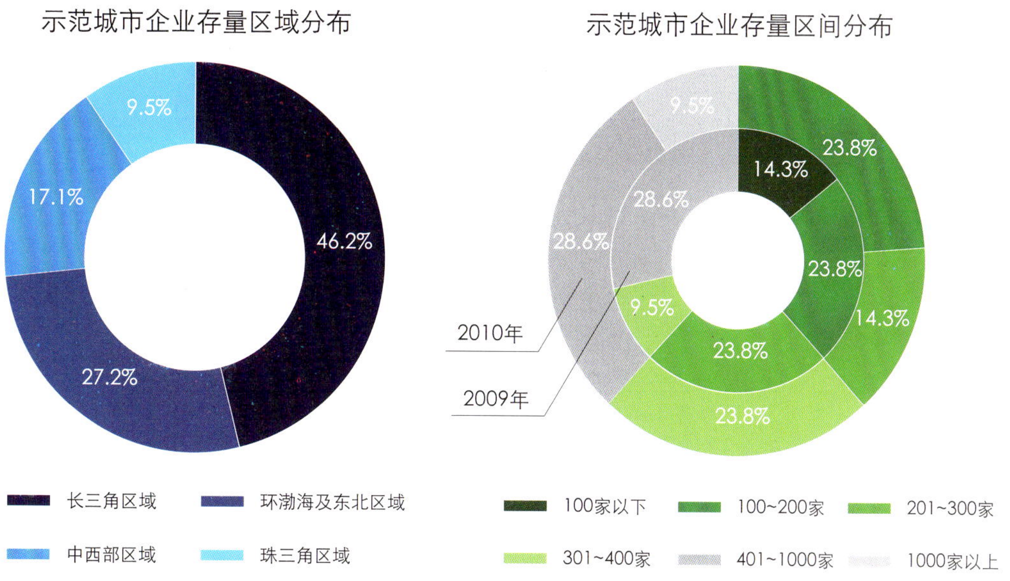

图 4-1 2010 年 21 个示范城市服务外包企业数量分布

注：由于厦门是 2010 年新认定的中国服务外包示范城市，2009 年示范城市数据中不包含厦门的数据

资料来源：中华人民共和国商务部

2010 年服务外包企业成立数量有较大幅度增长，截至 2010 年 12 月 31 日，全国共有服务外包企业 12 706 家，比 2009 年底增长 42.0%，经认定的技术先进型服务企业 779 家。其中，21 个示范城市共有服务外包企业 9 715 家，占企业总数的 74.5%。

截至 2010 年年底，21 个示范城市平均服务外包企业数量达 463 家。其中所有示范城市服务外包企业数量均超过 100 家，并且有 2 个示范城市的服务外包企业数量达到 1 000 家以上，示范城市企业量级获得明显提升。

从地域分布上看，中国的服务外包企业多集中在长三角区域，占 21 个示范城市企业总数量的 46.2%。其次是环渤海及东北区域、中西部区域，所有服务外包企业数量分别占到 21 个城市总数的 27.2% 和 17.1%。

二、服务外包企业新增情况

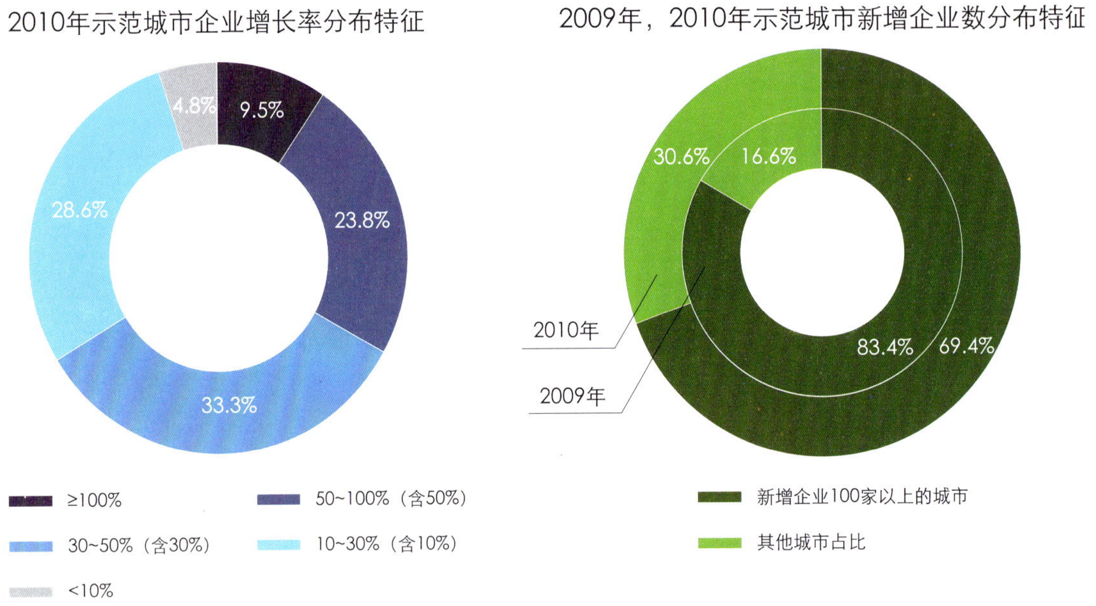

图 4-2 2010 年 21 个示范城市新增服务外包企业情况

资料来源：中华人民共和国商务部

2010年全国新增服务外包企业3 756家，其中有2 625家分布在21个示范城市。与2009年相比，示范城市新增企业数量增长幅度达到37.0%。

2010 年，新增服务外包企业超过 100 家的示范城市有 7 个，约占 21 个示范城市新增企业总数的 69.4%。从增长率来看，有 1/3 示范城市的服务外包企业数量增长率达到 50% 以上。

第二节 服务外包企业的类型与业务发展

一、企业从事服务外包业务时间分布

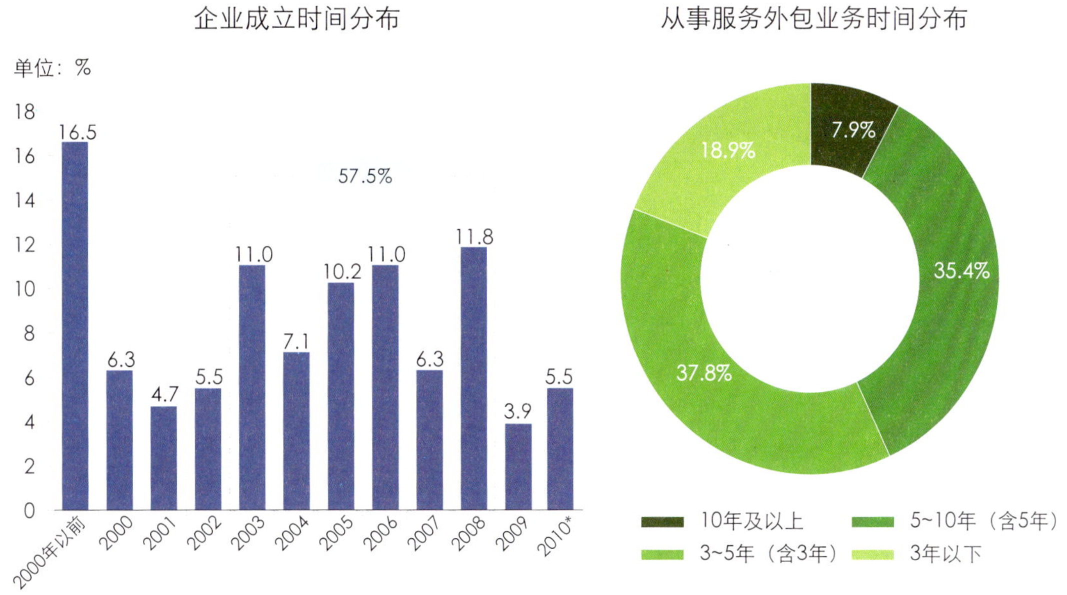

图 4-3 服务外包企业成立和从事服务外包业务时间分布

注：2010 年数据为截至 2010 年 10 月的数据

资料来源：中国服务外包研究中心 21 个示范城市服务外包企业问卷调查，2010 年 10 月

中国服务外包产业从 2000 年起开始起步，企业不断涌现。尤其是到 2003 年以后，中国业界对服务外包认识不断加强，中央和地方各级政府纷纷加强对服务外包产业的重视和支持，之后的 5 年期间涌现出大量的服务外包企业，在这一时间段成立的服务外包企业数量占总数的 57.5%。

中国的服务外包企业相对比较年轻，受访企业从事服务外包业务的时间多处于 3 ~ 10 年这一区间段，占到企业总数的 73.2%。企业通常借助专业领域的资深背景，在信息技术、客户关系及供应链配套等方面的优势，逐步开拓服务外包业务。

二、企业性质类型

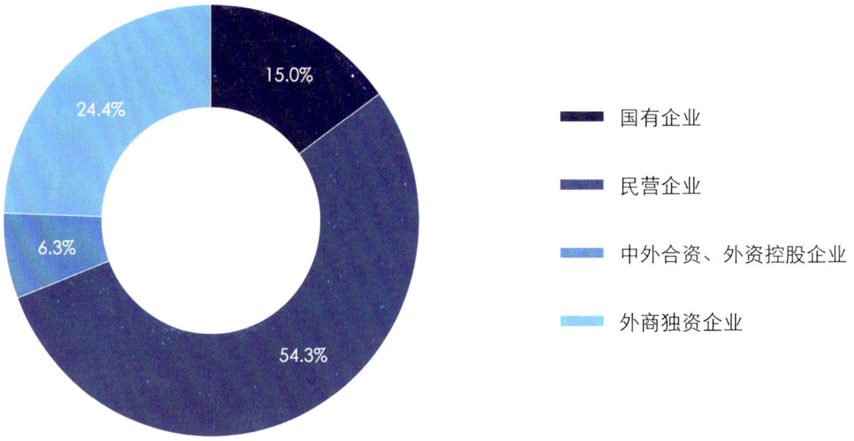

图 4-4　服务外包企业性质分布

资料来源：中国服务外包研究中心 21 个示范城市服务外包企业问卷调查，2010 年 10 月

中国的服务外包企业以民营企业居多，受访企业中有 54.3% 是民营企业，国有企业占 15.0%。大量的民营企业给服务外包这一新兴产业带来巨大的市场活力，企业市场主体和竞争意识强烈。

近年来，海外投资者对中国服务外包产业未来发展持积极乐观态度。在中国的服务外包企业中，外商投资企业占有相当比重。在受访服务外包企业中，外商独资和中外合资、外资控股企业分别占到总数的 24.4% 和 6.3%，两者合起来约占服务外包企业总数的 1/3。外商投资的服务外包企业主要有三种类型：大型外资跨国企业在中国所建立的技术、后台运营等服务中心，以为本企业运营提供高效、专业化的服务为主要目的；为跨国企业提供配套服务或具有合作关系的外资服务外包企业，从维持长久稳定的客户关系的角度出发选择在中国开设企业；利用本地服务外包企业市场优势，采取投资合作的形式开发市场。

三、客户地域分布

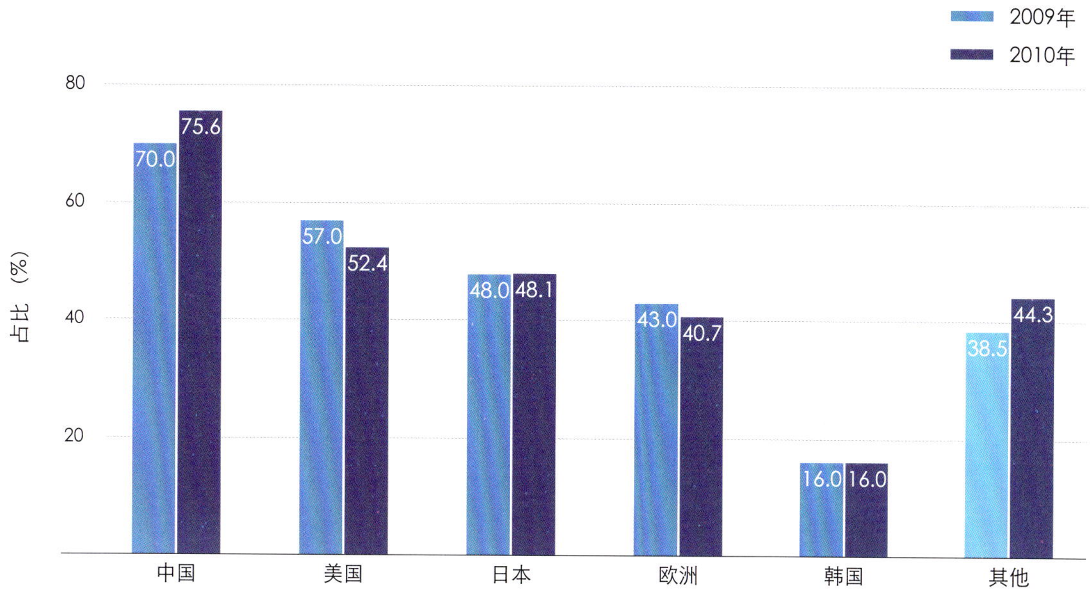

图 4-5　拥有各地域板块客户的服务外包企业占比情况

资料来源：21 个示范城市代表性服务外包企业问卷调查（截至 2011 年 3 月）

客户地域分布的多元化已经成为中国服务外包企业的显著特点之一。在受访的服务外包企业中，约 78% 的受访企业拥有来自上述 2 个以上地域板块的客户。

中国服务外包企业的能力日益得到全球客户的认可，多数企业与海外发包商保持持久稳定的合作关系。2010 年中国服务外包企业的海外客户依然以美国、日本、欧洲为主，拥有美、日、欧客户的服务外包企业数量分别占受访企业总数的 52.4%、48.1% 和 40.7%。与 2009 年相比，拥有美、欧客户的企业数量比例略有下降，拥有日、韩国客户的企业数量比例基本不变。

在 IT 影响扩展和全球化进程加速的作用下，一些传统的接包国也开始将一些业务转包出去。中东、非洲、拉丁美洲和亚太发展中地区等新兴国家或地区的发包需求在全球发包市场中所占的份额增长迅速。2010 年，拥有来自美、欧、日、韩之外其他地区客户的外包企业数量比例明显增加，占受访企业总数的 44.3%，比 2009 年上涨 5.8 个百分点。

2010 年全球经济和服务外包市场有企稳回升态势，但是海外客户对成本的控制更为严格，中国服务外包企业离岸业务的利润率有所下滑，企业投入转向在岸市场的开拓，2010 年有 75.6% 的受访服务外包企业表示拥有中国本地客户，这一比例较 2009 年上涨 5.6 个百分点。

四、客户行业分布

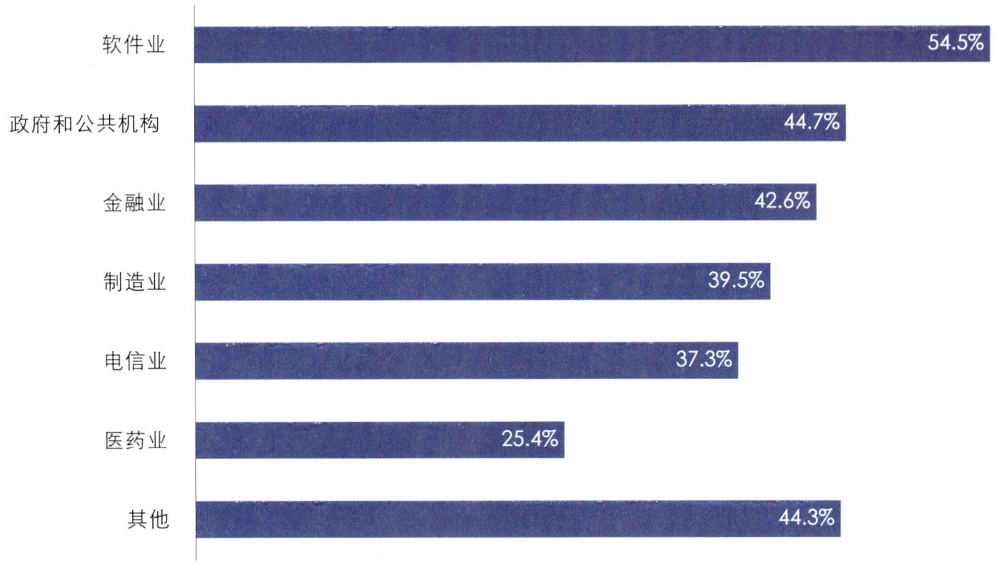

图 4-6 服务外包企业的客户行业分布

资料来源：21 个示范城市代表性服务外包企业问卷调查（截至 2011 年 3 月）

中国服务外包企业的客户主要集中在软件业、政府 / 公共机构、金融业、制造业、电信业及医药业等六个行业。在受访企业中，有 67.7% 的企业服务于多个行业的客户。

随着软件业分工的精细化发展，大量的软件企业开始对业务进行分解，把非核心的模块任务分包给其他服务外包企业完成。调研数据显示有 54.5% 的受访服务外包企业表示拥有来自软件业的客户，其数量比例居各行业之首。

在政策引导以及各级政府对服务外包发展的大力支持下，政府在信息化建设方面大量投入，释放出很大一部分发包业务，有 44.7% 的受访服务外包企业表示拥有来自政府和公共机构的客户，其数量比例在各行业中名列第二位。

除此之外，金融、制造业、电信、医药行业也是服务外包企业的重要客户来源，这四个行业释放了大量的 ITO、BPO、KPO 三类外包业务需求。拥有来自这三个行业客户的服务外包企业分别占受访企业总数的 42.6%、39.5%、37.3% 和 25.4%。

五、企业行业细分

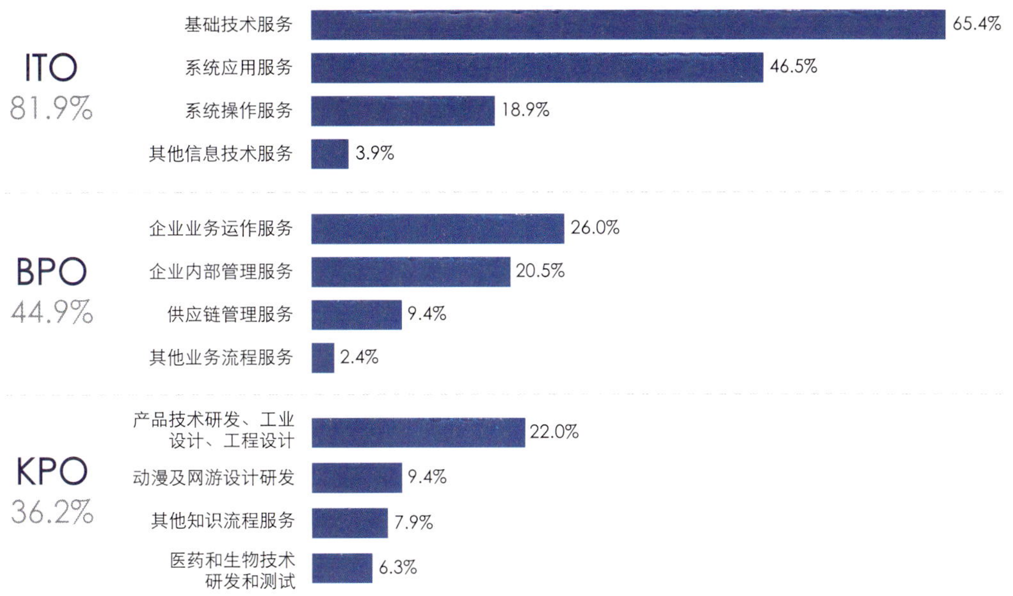

图 4-7 服务外包企业的行业分布

注：多数服务外包企业同时跨越 ITO、BPO、KPO 三个领域

资料来源：中国服务外包研究中心 21 个示范城市服务外包企业问卷调查（截至 2010 年 10 月）

从事 ITO 业务的企业在中国服务外包企业中占较大比例，调查显示，有 81.9% 的受访企业表示正在开展 ITO 业务。这些企业相对偏重技术服务，在工程类设计软件研发、嵌入式软件研发、行业系统平台开发等方面具有一定优势。其中，从事技术研发、软件开发设计、基础设计或基础管理平台整合管理等基础技术服务的企业数量最多，占 65.4%；其次是从事信息工程及流程设计、管理信息系统服务、远程维护等系统应用服务的企业，占 46.5%；从事系统操作服务（包括银行保险、医疗 / 体检、税务、法律等数据的处理及整合）的相对较少。

业务和市场开拓仍然是各类企业的经营重心所在，为了巩固和扩大市场，企业愿意购买外部专业化服务。在受访服务外包企业中，有 44.9% 的企业从事 BPO 业务。其中，最多的是企业业务运作服务，即为客户企业提供技术研发服务、销售及批发服务、产品售后服务及其他业务流程环节的服务等，占总数的 26.0%。此外，为客户企业提供企业后勤服务、人力资源服务、会计服务、数据中心等内部管理服务，以及供应链管理服务的外包企业也在逐步增加，分别达到 9.4% 和 2.4% 的比重。

已开展 KPO 业务的企业占受访企业的 36.2%，其中涉及最多的是产品技术研发、工业设计、工程设计等业务类型。

与此同时，跨 ITO、BPO、KPO 三个领域的互补发展是中国服务外包企业业务发展的又一特色，受访企业中兼跨二个以上领域的企业约占受访企业总数的 61.4%。

六、资质认证

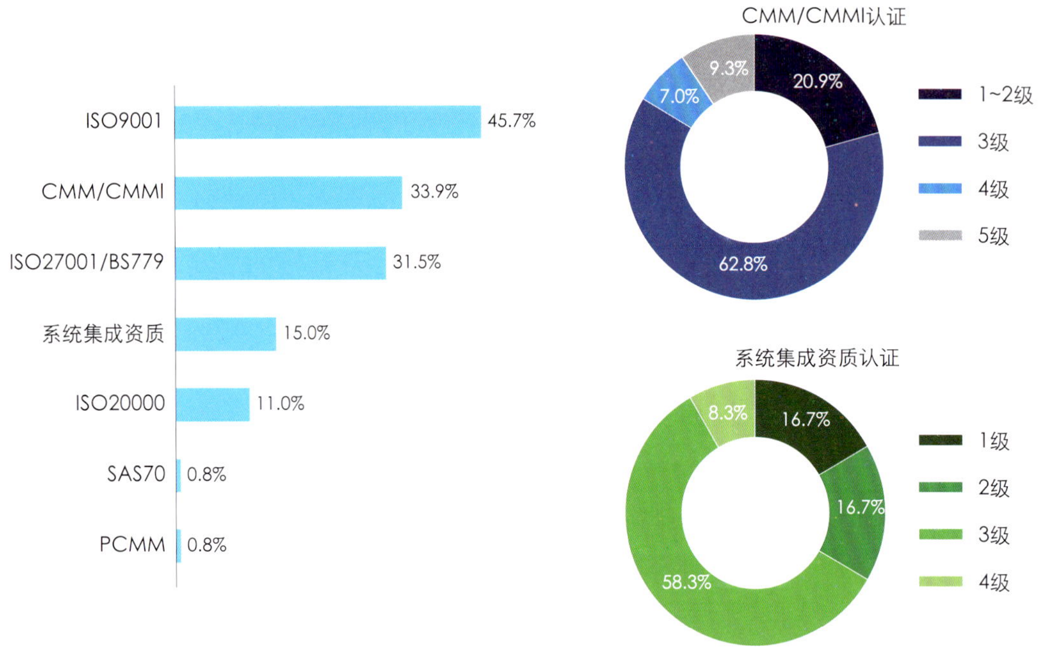

图 4-8 服务外包企业的资质认证情况

资料来源：中国服务外包研究中心 21 个示范城市服务外包企业问卷调查，2010 年 10 月

中国服务外包企业重视行业资质认证，在国家政策的大力支持下，截至 2010 年底，全国企业获得各类国际认证共计 6 632 个，其中六项国际资质认证 2 810 个（主要包括 CMMI、CMM、PCMM、ISO2001、SAS70、ISO27001 六类）。

受访服务外包企业中，具有一项以上国际资质认证的企业占 76.4%。其中，通过 ISO9001 认证的最多，占受访企业的 45.7%；通过 ISO27001/BS779、ISO20000 认证的企业也分别达到企业总数的 31.5% 和 11.0%。

其次是能力成熟度模型（CMM/CMMI）的认证，共有 33.9% 的企业通过不同等级的 CMM/CMMI 资质认证。其中，通过 CMM/CMMI 三级的最多，占 62.8%；通过第四级“可管理级”和第五级“优化级”的企业数量也分别达到 7.0% 和 9.3% 的比例，说明中国服务外包企业在软件质量方面已经具备一定的国际竞争力。

除此之外，系统集成资质认证也具有较高的影响力，尤其是对于来自国内政府和公共机构等方面的服务外包业务。有 15.0% 受访服务外包企业通过了不同等级的该项认证，其中达到三级资质的较为普遍，占到通过该项认证企业总数的 58.3%。

相对而言，中国服务外包企业在审计、人力资源等方面的管理制度上与国际标准还存在一定距离，受访企业中进行人力资源成熟度模型（PCMM）和美国会计师协会审计标准（SAS70）认证的企业较少。

七、融资渠道

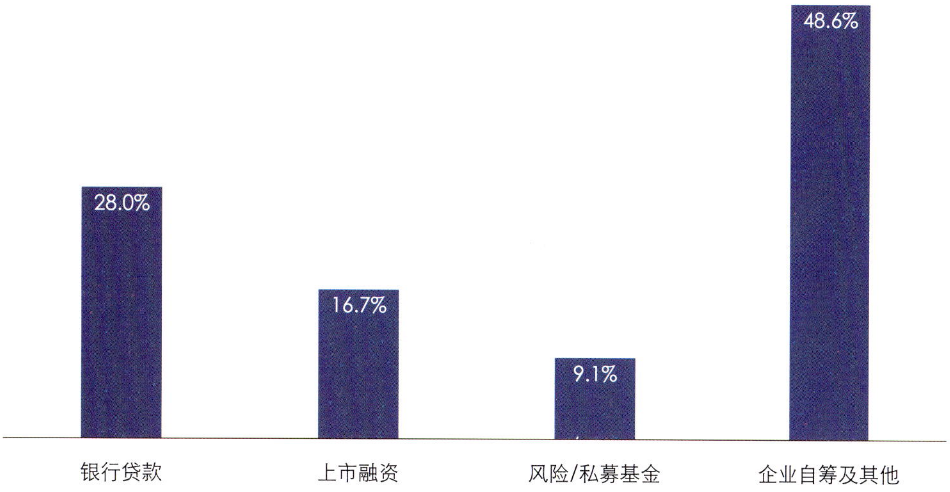

图 4-9 服务外包企业的融资渠道分布

注："融资渠道"在此次问卷设计中为多项选择

资料来源：21 个示范城市代表性服务外包企业问卷调查（截至 2011 年 3 月）

中国服务外包企业的资金来源主要有企业自筹、银行贷款、风险 / 私募基金、上市融资等多种渠道，其中企业家、合伙人自筹资金是服务外包企业最主要的资金来源，其次银行贷款的渠道也为多数服务外包企业提供了发展资金，有 28.0% 的受访企业表示银行贷款是募集经营运作所需资金的主要渠道。

服务外包产业作为新兴产业，蕴含着巨大的发展潜力，特别是那些科技含量高、创新能力强的企业，更容易吸引风险 / 私募基金的关注。9.1% 的受访企业表示受到来自风险基金或私募基金的资金支持。

上市融资是企业获得资本支持、扩大企业规模的有效途径。据不完全统计，截至 2010 年年底，在海外上市的企业约 20 多家，其中 2010 年上市的有海辉软件、软通动力、柯莱特、尚华医药等。同时，国内创业板的开放，也为服务外包企业在国内市场上市创造了良好的环境，调研中有 16.7% 的企业表示将通过国内资本市场上市融资。

第五章

中国服务外包示范城市和重点园区发展情况

主要观点

▶ 中国服务外包示范城市引领作用进一步凸显

- 规模不断扩大，KPO 增长较快，龙头企业增加，扶持力度加大
- 示范城市发展呈现三大趋势：着力打造服务外包品牌；产业呈现梯度转移；带动周边城市服务外包发展

▶ 服务外包园区进一步发展

- 企业进一步向园区集聚
- 园区发展空间加快拓展
- 不断创新园区发展模式
- 全面体现产城融合理念
- 虚拟园区成为重要载体

▶ 中国服务外包示范城市“十二五”发展规划

- “十二五”期间示范城市产业发展定位各异、特色鲜明
- “十二五”期间示范城市致力于在产业规模、企业发展及人才培育等方面实现大幅提升

第一节　中国服务外包示范城市发展情况

一、示范城市引领作用进一步凸显

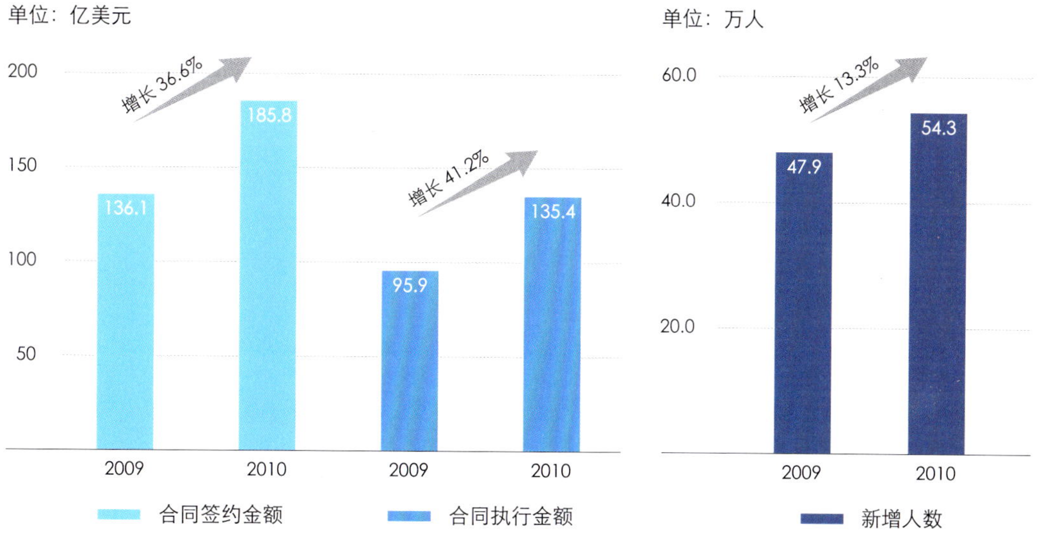

图 5-1　示范城市产业规模扩大

资料来源：中华人民共和国商务部

（一）规模不断扩大

2010 年 2 月，厦门市获批中国服务外包示范城市，中国服务外包示范城市总数达到 21 个。延续“十一五”前四年良好的发展态势，2010 年各示范城市服务外包产业稳步快速发展，总量不断增加，规模迅速扩大，对我国服务外包产业发展的引领作用不断加强。2010 年示范城市合同签约金额达 185.8 亿美元，比上年增长 36.6%；合同执行金额达 135.4 亿美元，比上年增长 41.2%，占全国总额的 93.6%。此外，2010 年示范城市在其他方面也取得良好的发展：新增企业 2 625 家，新增从业人员 542 622 人，新增认证数量达 1 402 个。

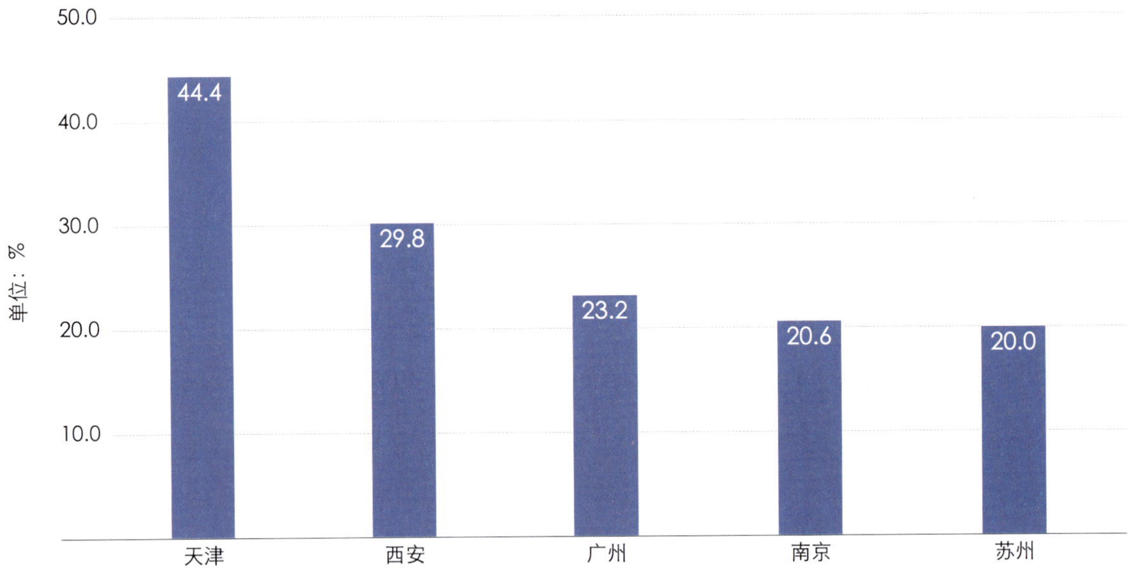

图 5-2　服务外包领域 KPO 业务不断增长

资料来源：示范城市年度工作汇报

（二）KPO 增长较快

一些示范城市凭借其区位优势、人力资源等秉赋优势，大力发展医药和生物技术研发和测试、产品技术研发、工业设计、技术服务等知识流程外包，KPO 呈现较快增长态势。天津市借助雄厚的制造业基础，积极发展基于生产的技术性知识流程服务外包，在医药和生物技术研发与测试、产品技术研发、工业设计、工程设计等领域服务外包业务占全部服务外包业务额的 44.4%；西安市依托雄厚的教育、科技研发实力和华为、中兴、西邮科技等一批国内外知名 KPO 研发企业，KPO 离岸合同额占比达到 29.8%；广州市离岸执行额中 KPO 占 23.2%；南京市离岸执行额中 KPO 业务占 20.6%；苏州市 KPO 业务占 20.0%。

图 5-3　中国万人以上服务外包企业代表

资料来源：示范城市年度工作汇报

（三）龙头企业增加

示范城市把吸引世界500强企业、国内外知名研发机构等龙头型重点企业作为服务外包产业发展推进工作的重要举措，精心组织了一系列境内外招商推介活动，对示范城市服务外包产业的飞跃式发展成效显著。服务外包企业已经逐步从原来单一的业务内容向多元化的方向发展，建立了全方位、专业化的高端服务体系，骨干服务外包企业在海外上市，企业规模不断扩大，2010年继东软集团股份有限公司之后，北京市文思创新公司、软通动力集团公司及中软国际有限公司在人员规模上再次突破万人。

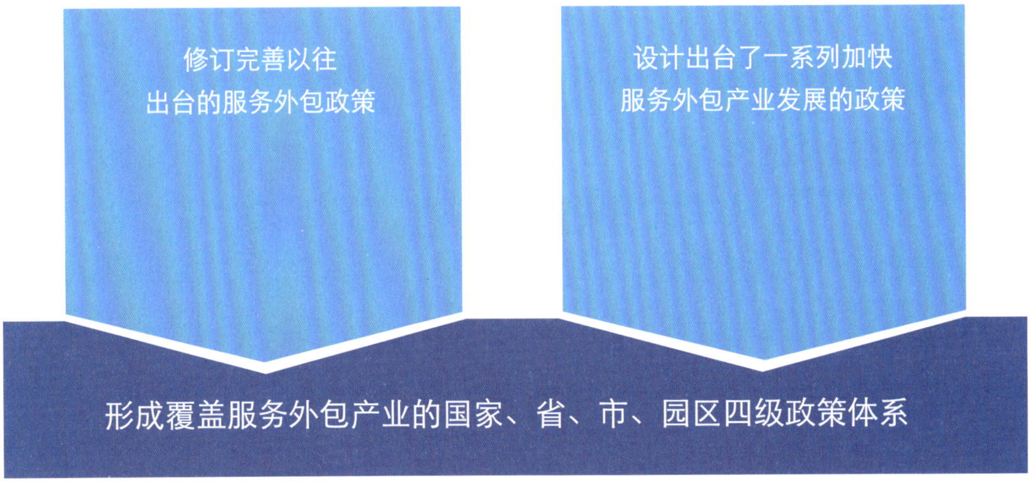

图 5-4　示范城市政策扶持力度加大

（四）扶持力度加大

2010 年《国务院办公厅关于鼓励服务外包产业加快发展的复函》颁布后，不少示范城市积极采取措施落实，推进政策创新，主要侧重于对公共服务平台建设、技术先进型服务企业的认定和税收减免、服务外包海关监管模式的创新等方面的政策设计，并且修订完善了以往出台的服务外包政策，例如包括上海在内的多个示范城市出台了《关于本市贯彻 < 国务院办公厅关于鼓励服务外包产业加快发展的复函 > 的实施意见的通知》，北京市出台了《北京市技术先进型服务企业认定管理办法》，天津市出台了《天津市服务外包公共服务平台认定暂行办法》，杭州市出台了《杭州市服务外包专项资金管理办法》、《杭州市服务外包公共平台资金管理办法》等政策；2010 年国务院确定厦门为示范城市后，厦门制订出台了《关于进一步加快软件和信息服务业发展的若干意见》、《关于加强服务外包统计工作的意见》、《厦门市技术先进型服务企业认定管理办法》等一系列加快服务外包产业发展步伐的政策；有些示范城市已经形成覆盖服务外包产业的国家、省、市、园区四级政策体系，如合肥市高新区出台了《关于鼓励软件、动漫和服务外包产业发展的若干政策》，合肥市经开区出台了《创新创业园入园企业扶持奖励政策》。

二、示范城市发展呈现三大趋势

图 5-5　示范城市发展呈现的三大趋势

（一）着力打造服务外包品牌

随着中国服务外包业务在国际外包市场上异军突起，扮演越来越重要的角色，示范城市开始注重城市品牌效应对服务外包产业的推动作用，凭借其资源优势、区位优势等禀赋，推出或正在研究酝酿具有城市个性、显示服务外包产业发展特点的城市品牌。如杭州着力打造“天堂软件、杭州外包”品牌，北京重点打造“北京服务”品牌等。

（二）产业呈现梯度转移

2010 年，以东部沿海城市为重点的服务外包产业积极向中西部内陆城市推进，呈现出一线城市接包、二三线城市交付的趋势。在长三角区域合同执行金额占比领先于环渤海、珠三角和中西部区域的发展格局下，区域间的差距正逐步缩小，主要表现在长三角区域份额有所下降，珠三角区域增势明显。2010 年随着厦门市的加入，珠三角区域发展后劲更足，2008 ~ 2010 年其所占份额分别为 4.7%、12.7%、15.4%。未来在国家战略布局的不断调整之中，中西部应有更多发展机会，各区域将协同共赢。

（三）带动周边城市服务外包发展

由于北京、大连、上海、广州等示范城市商务成本的上升，这些城市服务外包企业开始将低端业务向周边城市转移。以长三角为例，上海作为区域经济发展的龙头城市，对区域内产业的发展具有强大的带动效应，周边很多城市如宁波、嘉兴、南通采取积极措施承接上海产业转移。随着区域内其他城市基础环境不断优化，国际服务外包覆盖范围将随着产业梯度转移规律而扩大至区域内更多的城市。

第二节 服务外包重点园区发展情况

一、企业进一步向园区集聚

服务外包园区成为
服务外包产业发展的重要载体

2010年，重点园区加快推进基础设施、公共服务平台、人才培训等方面的建设步伐，同时针对性地出台了相关配套政策，吸引了众多世界著名企业和服务外包知名企业，形成了一批服务外包优势行业和特色服务外包产业集群

	省级示范园区数	市级示范园区数
北京市	6	-
天津市	9	-
上海市	11	-
重庆市	5	-
大连市	1	1
武汉市	-	1
哈尔滨市	-	8
成都市	3	3
西安市	-	5
济南市	3	3
苏州市	8	-
无锡市	7	8
厦门市	4	4

图 5-6　园区成为服务外包产业发展的重要载体

资料来源：部分示范城市工作汇报

服务外包园区成为服务外包产业发展的重要载体，示范城市加大园区的建设及认证管理力度，省级及市级示范园区涌现。

2010 年示范城市加快推进重点园区基础设施、公共服务平台、人才培训等方面的建设步伐，在发展规模、产业结构调整等方面取得了不少进展，部分园区还针对性地出台了相关配套政策，吸引了微软外包设计中心、IBM 软件创新中心、日本兄弟公司、新加坡石林集团、沛特尼电脑、富士通研发等世界著名企业和服务外包知名企业入驻，引进了 UPS 亚太区共享服务中心项目、耐克全球订单中心、印度塔塔信息技术智慧健康服务、惠普云计算研究开发中心、方正国际总部等重点项目，形成了一批服务外包优势行业和特色服务外包产业集群。

二、园区发展空间加快拓展

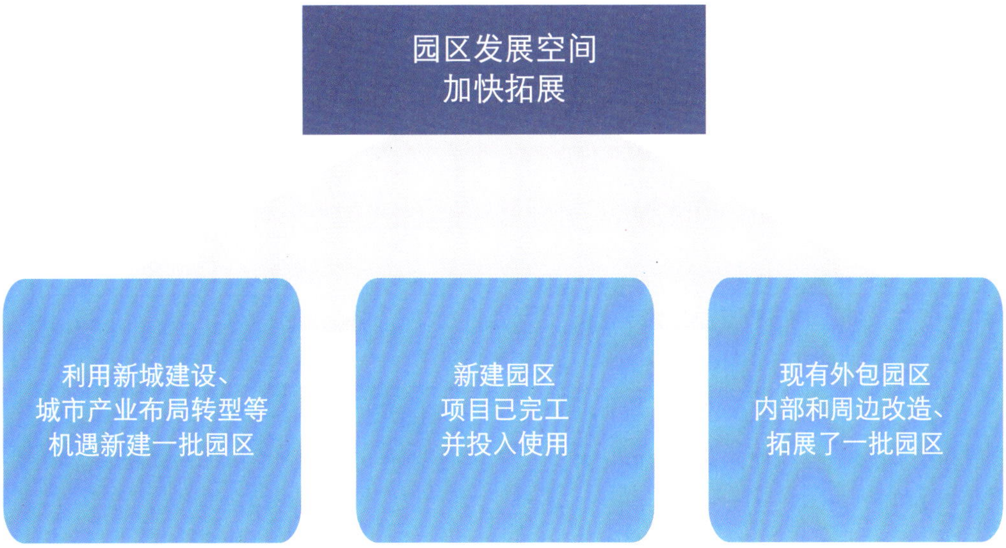

图 5-7　园区发展空间加快拓展

随着服务外包产业在中国的蓬勃发展，原有的服务外包园区已不能满足产业发展的新要求，一些城市受限于土地的制约，发展空间明显不足。2010年各示范城市积极加强和完善产业载体建设，不少新建园区项目已完工并投入使用，例如2010年规划占地面积50万平方米的大庆市服务外包园区一期、二期已经投入使用，苏州创业园二期、苏高新软件园二期共计23万平方米全面投入使用；地方政府同时加快利用新城建设、城市产业布局转型调整等机遇新建了一批园区，天津市正在建设华苑软件园BPO基地、空港EOD服务机构总部基地、京津金融服务外包园区、滨海新区云计算产业基地等服务外包载体，总规划面积超过700平方米；或是在现有外包园区内部和周边改造、拓展了一批园区，为未来服务外包产业预留了发展空间，如2010年武汉东湖开发区光谷软件园新增10万平米在建项目，国际服务外包中心、光谷软件城陆续开工建设。

三、不断创新园区发展模式

“官助民办”体制

一种企业与政府优势互补，市场经济与政府调控结合的新型模式。政府在宏观指导、政策制定、园区推介、整体管理方面主动参与，为园区营造投资、创业和发展的良好环境，同时由开发企业负责整个园区的基础建设、环境规划、招商引资、产业服务及配套管理等工作。

承诺制综合服务体系

为入驻企业提供综合服务，并接受公众监督的一种模式。主要提供人力资源、市场拓展、公共技术服务环境、基金项目申报、轻资产企业信用担保等投融资支持和商务生活配套等服务

异地联合　兴建园区

结合两地的优势，以资源互补为主要出发点共建园区。通常选择股份合作管理模式、异地生产统一经营模式、股份合作和委托招商综合模式等多种不同经营模式，以实现双方利益最大化。

创新政府运作模式

充分利用政府投资建设的优势，对于园区重大基础设施、重要功能设施明确由政府投资建设。这种模式不仅有利于规划与功能目标的实现，有利于确保建设进度，也有利于加强资本运作，增强园区开发建设的源动力

图 5-8　服务外包园区创新发展模式

服务外包园区在加快发展的同时，不断探索创新发展模式，一些重点园区借此已形成了自身的品牌效应和发展特色。如大连软件园采用“官助民办”体制，探索出一条政府和企业联手发展产业的新模式，并在天津、武汉、苏州等地实现了品牌输出；上海浦东软件园股份有限公司与昆山市人民政府共同投资，联合兴建昆山浦东软件园；西安软件园创新差异化价值服务，建立了健全完善、运行高效的承诺制综合服务体系；花桥国际商务城创新政府运作模式，对轨道交通、国际学校、国际生活社区、会议（论坛）中心等重要功能设施明确由政府投资建设。

四、全面体现产城融合理念

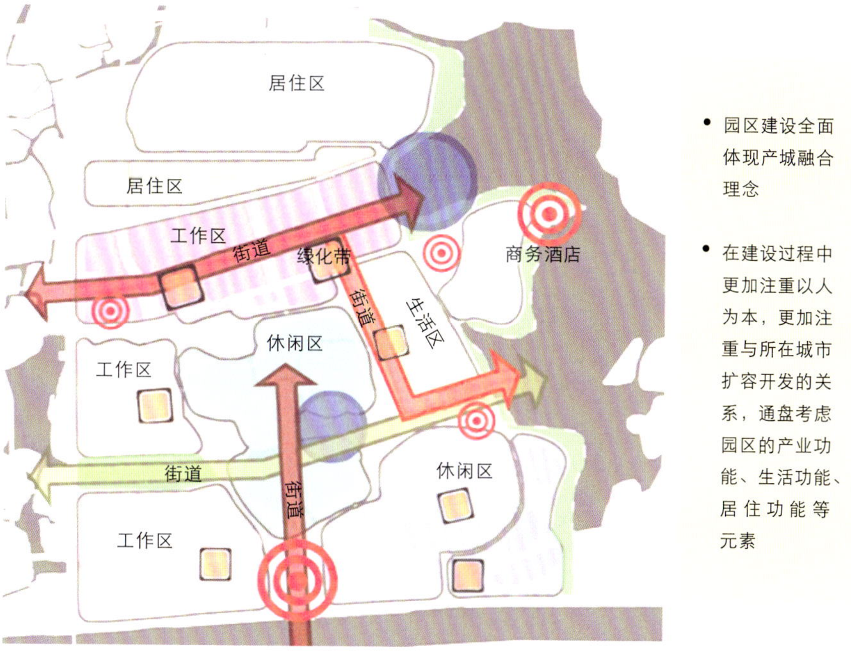

图 5-9 园区践行产城融合理念

把城市功能提升与优化环境服务水平紧密结合起来，积极营造适应城市需求的环境和服务体系，是服务外包园区建设的方向。2010 年示范城市重点园区在建设过程中更加注重以人为本，更加注重与所在城市扩容开发的关系，通盘考虑园区的产业功能、生活功能、居住功能等元素，在新一轮城市开发建设中起到了重要作用。

五、虚拟园区成为重要载体

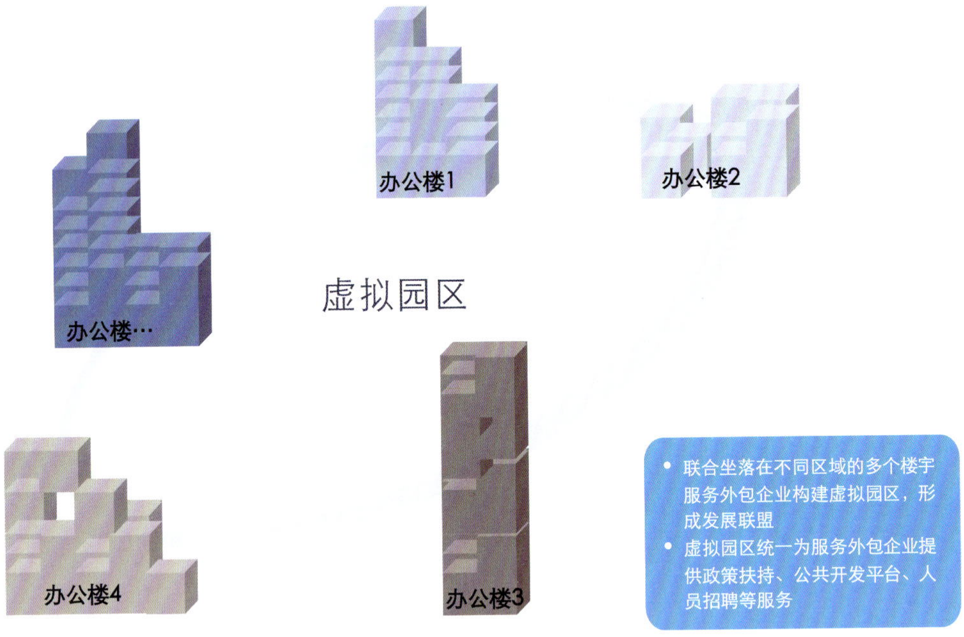

图 5-10　服务外包虚拟园区

在服务外包企业发展初期，城市形成了以楼宇为载体的企业集聚。考虑到企业位置便捷、员工生活工作的便利，楼宇内服务外包企业转移至园区需要较长的时间等因素，政府提出了虚拟园区的概念，联合区内多个楼宇服务外包企业构建虚拟园区，形成发展联盟。虚拟园区统一为服务外包企业提供政策扶持、公共开发平台、人员招聘服务等。这种虚拟园区的模式多在服务外包发展相对较晚的城市存在，成为服务外包企业的重要载体。

第三节 中国服务外包示范城市“十二五”发展规划

表 5-1 示范城市服务外包“十二五”发展规划情况

	发展定位	离岸外包合同执行金额/亿美元	企业数/个	从业人员/万人
北京市	服务外包高端业务的最佳着陆点和交易中心，进一步巩固全国领军城市地位	35～50	500	15
天津市	领先的制造业服务外包基地、跨国公司理想的共享运营中心和中国专业的服务外包人才培训基地	15	800	15
上海市	全球知名的服务外包中心城市、离岸服务外包承接的引领区、在岸服务外包发包的中心区和服务外包功能集聚的核心区、积极打造上海服务外包品牌	45	有所增长	有所增长
重庆市	国际知名电子商务、金融、加工贸易、虚拟电子票据结算中心；国际离岸数据云计算特别试验区	50	1500	50
大连市	国际知名服务外包承接地、国内领先的软件外包开发中心和高端服务外包承接基地	50	2 000	30
深圳市	加强深港合作，建设国际服务外包深圳交付中心	20	170	20
广州市	国际服务外包接发包中心、跨国公司最满意的共享服务中心、服务外包专业人才的培训中心以及我国新兴服务外包产业的先行发展区，成为具有国际门户和枢纽功能的国家服务外包中心城市	40	1 500	25
武汉市	有较大国际知名度的离岸服务外包交付中心，软件及服务外包产业若干细分领域国内外领先的研发中心和产业基地	8	300	15 以上
哈尔滨市	以“中国云谷”为龙头，打造以地理信息、文化动漫、呼叫中心和工业设计为特色的北方国际服务外包名城	5	800	12
成都市	国际知名、中西部领先的服务外包中心城市	10	1 000	25
南京市	构建创新型、高端化的国际服务外包产业体系，“南京智慧，服务全球”成为国内外较高知名度的城市品牌。南京成为“国内一流国际知名”的服务外包示范城市	70	1 500	50
西安市	中国 KPO 中心，服务外包人才培训中心	12	1 500	30
济南市	京沪间服务外包交互站、中国服务外包名城、世界知名服务外包基地	15	500	15
杭州市		30	700	
合肥市	中部地区服务外包核心城市，建设全国重要的金融后台服务基地、跨国公司共享服务中心集聚区和中国呼叫中心之都	10	1 000	15
南昌市	服务外包最佳接棒手、全国范围内具有影响力的服务外包示范城市	5	500	10
长沙市	ITO 与 BPO 并重发展	1.5	500	10
大庆市		20	600	8
苏州市	中国服务外包创新强市	70		30
无锡市	中国服务外包高地，世界服务外包基地	60 以上	1 200 以上	30 以上
厦门市	海峡西岸最大规模的服务外包中心城市	7.54	743	9.1

资料来源：示范城市工作汇报

2010年各示范城市陆续开展了对“十二五”时期服务外包发展的规划研究工作，目前各示范城市服务外包“十二五”发展规划工作已初步完成（表5-1）。

示范城市根据当地服务外包产业发展的优势与劣势，积极利用和应对外部环境的机遇与挑战，对未来五年服务外包产业进行了发展定位，形成特色。在着眼产业发展趋势，挖掘内生需求，实现差异发展的原则下，各示范城市科学筛选重点发展领域，合理规划发展布局，明确主要任务，落实保障措施。

各示范城市在发展定位上凸显不同。例如：北京市将致力于打造为服务外包高端业务的最佳着陆点和交易中心，进一步巩固全国领军城市地位；上海市将致力打造全球知名的服务外包中心城市；成都市提出成为中西部领先的服务外包中心城市的发展目标；西安市将着力打造中国KPO中心和服务外包人才培训中心；苏州市提出打造中国服务外包创新强市。

各示范城市在产业规模、企业发展数以及从业人员等方面都提出了明确的发展目标，并努力实现从量的增加向质的升级的转变。

第六章

投资促进与政策创新

主要观点

▶ 中国服务外包投资促进活动活跃创新

- 2010年国家层面投资促进活动规模不断扩大，活动规格日益提升，活动内容与时俱进，活动形式丰富多样，活动走出国门，走向全球
- 2010年地方政府越来越重视投资促进活动的组织开展，不仅锁定目标城市开展针对性的对接工作，同时瞄准海外市场，搭建企业对外平台

▶ 中国支持服务外包产业发展政策持续创新

- 2010年国家层面政策持续创新：政策覆盖面扩大；涉及领域更加广泛；聚集“软”实力的扶持；更加关注综合环境的营造
- 2010年地方政府在企业融资、上市、人才培养引进、企业在岸业务开展等方面探索性地做出细化部署，政策主要聚焦开设专项基金、提供税收优惠、加强财政支持、给予人才扶持等四个方面

第一节 中国服务外包投资促进

一、国家层面投资促进活动概述

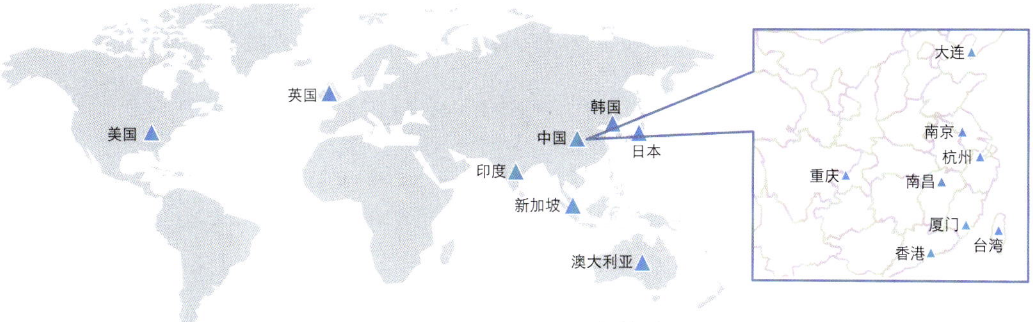

- 2010年06月11~12日
  第三届中国国际服务外包合作大会在南京举行
- 2010年06月15~17日
  第二届中国国际服务外包交易博览会在杭州举行
- 2010年06月22~25日
  第八届中国国际软件和信息服务交易会在大连举办
- 2010年09月08~11日
  第十四届中国国际投资贸易洽谈会在厦门举办服务外包系列活动
- 2010年09月26日
  第五届中国中部投资贸易博览会服务外包系列活动在南昌成功举办
- 2010年10月19~20日
  第三届国际服务贸易(重庆)高峰会暨2010服务外包洽谈会在重庆举行
- 2010年09月13~21日
  赴美国开展了一系列服务外包宣传推介活动
- 2010年11月01~06日
  赴印度开展服务外包境外宣传推介活动
- 2010年12月07~16日
  赴欧洲开展了一系列服务外包宣传推介活动
- … …

图 6-1　2010 年国家层面服务外包投资促进活动

资料来源：中国服务外包研究中心

以中华人民共和国商务部为主导，以中国国际投资促进会、地方政府为依托，在企业、行业协会、咨询机构等的积极参与下，2010 年在国（境）内外组织了多场次国家层面服务外包投资促进活动，其中在大连、南京、杭州、厦门、南昌、重庆等六个城市举办了服务外包投资促进活动，赴美国、印度、英国、新加坡、澳大利亚、日本、韩国、中国香港、中国台湾等地举办了服务外包投资促进活动，宣传和推介中国服务外包产业政策和发展现状，推介“ChinaSourcing”国家品牌，搭建服务外包企业对接平台。

二、国家层面投资促进活动创新

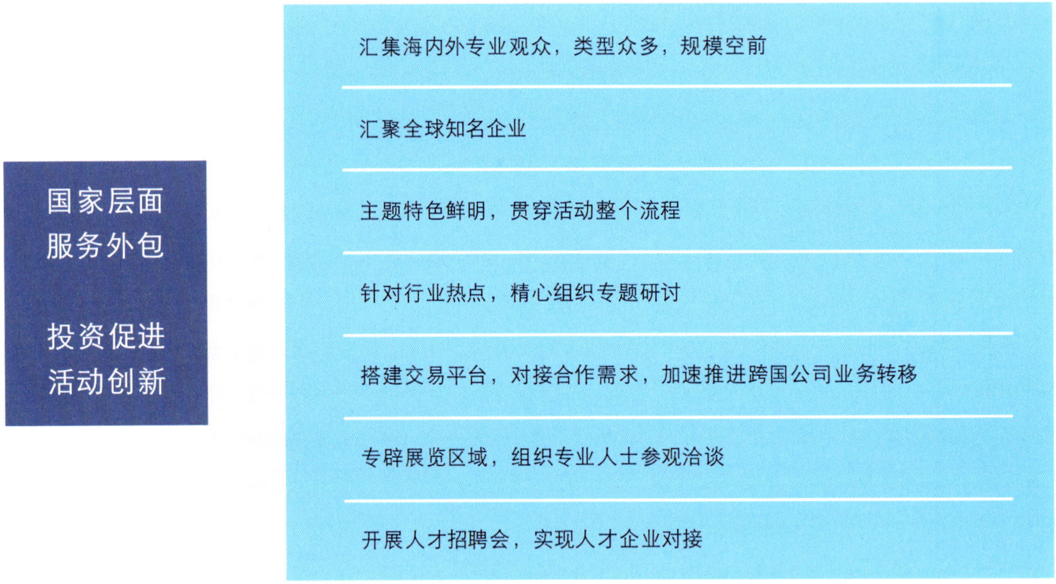

图 6-2　国家层面服务外包投资促进活动创新

与往年相比，2010 年服务外包投资促进活动规模更大、规格更高、专业性更强、形式更为丰富、国际间交流更为频繁。

（1）汇集海内外专业观众。在第二届中国国际服务外包交易博览会上，共邀请国内外买家共计 52 家，国内外服务供应商共计 80 家。

（2）汇聚全球知名企业。在第八届中国国际软件和信息服务交易会中汇聚了约 30 家知名跨国企业，日本、韩国、德国、加拿大、印度、爱尔兰等国家和中国香港地区纷纷组团参展。

（3）主题特色鲜明。在第二届中国国际服务外包交易博览会中以“2010 年服务外包——适者生存”为主题。

（4）针对行业热点需求组织专题研讨。在第二届中国国际服务外包交易博览会上就“如何拉近国际买家与中国服务供应商的距离”、“如何承接离岸应用开发与运营维护业务”、“区域数据中心对外包市场的影响”等议题举办了一系列讲座。

（5）搭建交易平台，对接合作需求。第二届中国国际服务外包交易博览会围绕金融服务外包、制造业服务外包，分别设置了两场以买家为主的闭门会议，将国际知名买家的服务采购案例分析同国内较强外包企业的服务外包案例分析相结合，实现了买家与发包商之间的业务交流。

（6）专辟展览区域，组织专业人士参观洽谈。在第二届中国国际服务外包交易博览会上，专辟展区连续滚动播放中国服务外包宣传片，服务外包企业展示，并且在展览期间组委会广泛邀请境内外服务外包买家、咨询机构、服务外包企业前来参观洽谈，促进交流合作。

（7）开展人才招聘会，实现人才企业对接。在第三届中国国际服务外包合作大会服务外包人才专场招聘会上，来自 13 个省辖市的 285 家外包企业进场设立摊位，省内 32 所高校 11 000 多名大学生及 200 多名省内外信息技术应用人才进场应聘。

三、地方层面服务外包投资促进

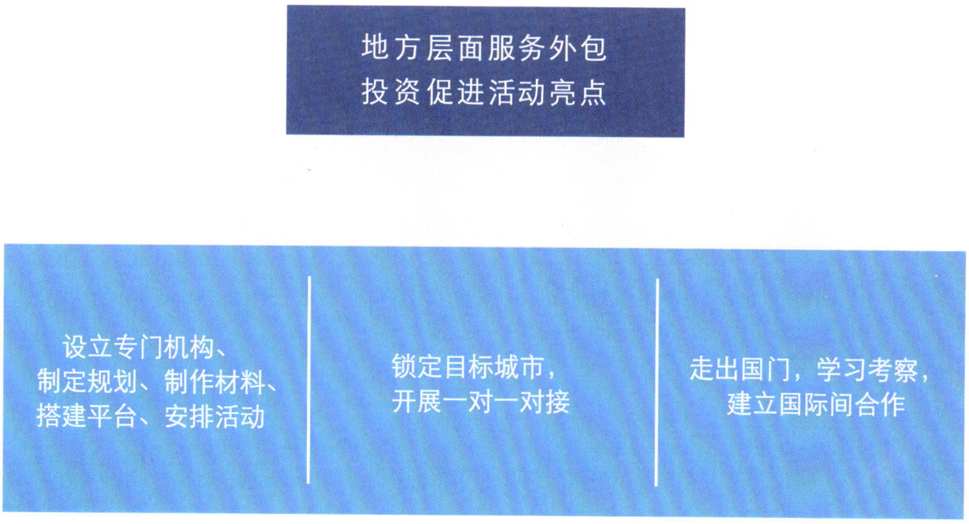

图 6-3 2010 年地方层面服务外包投资促进活动亮点

资料来源：示范城市工作汇报

地方政府除了组织当地企业及相关机构参加国家层面投资促进活动外，还根据当地特色，开展针对性的对接活动，为企业间合作搭建平台，2010 年地方层面投资促进活动约 40 余场。

（1）设立专门机构，负责招商政策制定、投资促进宣传手册制作、投资促进平台搭建、投资促进活动安排。例如西安市政府在市商务局设立了全市服务外包产业发展领导小组办公室，编制了一系列招商推介材料，搭建了全市发展服务外包的投资推广促进体系；大庆市政府在市经济合作促进局设立了服务外包产业工作领导小组办公室；苏州市制定了服务外包招商指引，确定招商重点，并根据各单位职能，明确了各招商牵头单位及任务分工；厦门市编制了“厦门市国际服务外包产业”、“国家支持服务外包产业发展政策汇编”以及“厦门市促进服务业发展文件汇编”等招商推介材料。

（2）锁定目标城市，开展一对一的对接活动。例如广州组织穗港客服中心发展合作交流会；西安在上海世博会期间策划举办了“西安－上海服务外包产业发展对接会暨中国二线城市服务外包发展机遇研讨会”，在大连软交会期间举办了“西安－大连服务外包产业发展恳谈会”；长沙组织长沙服务外包上海推介；厦门组织赴台的宣传推介工作。

（3）瞄准海外市场，通过设立海外办事处，搭建企业走出国门的平台，组织企业出国学习考察，建立国际间合作。例如天津组织了面向欧洲、日本、中国香港等地区发包商及国内知名服务外包企业的多场专题项目洽谈会及推介会；重庆在美国硅谷和日本大阪设立的招商代理点，成功推进服务外包招商引企工作；广州组织穗港澳赴英、法联合推介活动；哈尔滨组织企业赴日本及韩国开展招商推介和洽谈活动；西安在美国硅谷和加拿大多伦多分别成功举办了“美国硅谷•西安服务外包说明会”和“西安－多伦多服务外包恳谈会”等服务外包专题推介活动。

第二节 中国服务外包政策创新

一、国家层面服务外包政策创新

表 6-1 2010 年国家层面发布的服务外包相关政策文件

	政策名称	文 号	发文单位
1	《国务院办公厅关于鼓励服务外包产业加快发展的复函》	国办函〔2010〕69 号	国务院办公厅
2	《关于做好 2010 年度支持承接国际服务外包业务发展资金管理工作的通知》	财企〔2010〕64 号	财政部、商务部
3	《关于全面推广实施国际服务外包业务进口货物保税监管模式的通知》	署加函〔2010〕281 号	海关总署、商务部
4	《关于示范城市离岸服务外包业务免征营业税的通知》	财税〔2010〕64 号	财政部、国家税务总局、商务部
5	《关于支持和鼓励服务外包企业海外并购的若干意见》	商合发〔2010〕358 号	商务部、发展改革委、财政部、人民银行、银监会
6	《关于扩大跨境贸易人民币结算试点有关问题的通知》	银发〔2010〕186 号	中国人民银行、财政部、商务部、海关总署、国家税务总局、银监会
7	《关于服务外包企业人民币跨境贸易结算有关问题的通知》	商办财函〔2010〕1439 号	商务部办公厅、中国人民银行办公厅
8	《关于进一步做好促进服务外包产业发展有关工作的通知》	人社部发〔2010〕56 号	人力资源和社会保障部、商务部
9	《关于在江苏、浙江两省开展地方高校计算机学院培养服务外包人才试点工作的通知》	教高厅函〔2010〕34 号	教育部办公厅、商务部办公厅
10	《工信部关于鼓励服务外包产业加快发展及简化外资经营离岸呼叫中心业务试点审批程序的通知》	工信部通字〔2010〕550 号	工信部
11	《关于技术先进型服务企业有关企业所得税政策问题的通知》	财税〔2010〕65 号	财政部、国家税务总局、商务部、科技部、国家发展和改革委员会

资料来源：中华人民共和国商务部

2010 年，围绕《国务院办公厅关于鼓励服务外包产业加快发展的复函》，国家服务外包产业发展政策出台密集，扶持力度持续加大。政策扶持主要集中在支持企业做强做大、加快产业人才培养、支持产业载体建设、优化产业发展环境等四个方向（表 6-1）。

政府对服务外包产业支持力度持续加强，2010 年中央财政安排承接国际服务外包业务发展资金超过 5 亿元人民币，同比增长 30%。

扩大政策适用城市范围

- 将国际服务外包业务进口货物海关保税监管模式推广到目前全部21个服务外包示范城市
- 对服务外包示范城市以外地区符合条件且劳动用工管理规范的技术先进型服务外包企业，经批准实行特殊工时制度
- 放宽示范城市定额支持的条件，给予所有示范城市500万元定额支持

降低企业受惠门槛

- 放宽技术先进型服务企业认定条件，将技术先进型服务业务收入占本企业总收入70%的比例降低到50%，并取消企业需获得国际资质认证的要求
- 放宽申请资金支持企业的条件，将服务外包业务额不低于150万美元下调至50万美元；其中境外最终用户提供服务外包业务额占70%以上降低到50%以上
- 将营业税免税政策扩大到示范城市所有离岸服务外包业务

图 6-4 政策创新一：政策覆盖面扩大

（一）政策覆盖面扩大

国家层面的服务外包产业扶持政策覆盖面扩大，主要体现在覆盖城市扩大及企业门槛降低两个方面。从2010年出台的政策来看，部分扶持政策从仅适用于个别试点城市向21个示范城市扩展，从仅适用于21个示范城市向所有发展服务外包产业的城市扩展。同时政策所能受惠的企业也更加广泛，企业申请条件放宽，满足申请条件的企业越来越多。

图 6-5　政策创新二：涉及领域更加广泛

（二）涉及领域更加广泛

为了更好地契合服务外包产业发展需求，2010 年国家层面政策的扶持领域更加深入，关注企业国内市场开拓的同时，扶持企业“走出去”；关注企业日常运营的同时，提供企业对外结算便利（跨境贸易人民币结算，服务外包企业从事国际（离岸）服务外包业务以人民币结算，并可纳入国际服务外包业务统计）；关注平台建设的同时，对平台的维护给予支持。同时，国家层面政策对专业化细分领域提供针对性扶持，不仅出台呼叫中心业务的相关政策，同时扩大认证支持的范围，认证支持不仅限于信息化领域的认证，如：开发能力成熟度模型集成（CMMI）、开发能力成熟度模型（CMM）、信息安全管理（ISO27001/BS7799）等；同时延伸至医药领域，如：国际实验动物评估和认可委员会认证（AAALAC）、优良实验室规范（GLP）；金融领域，如：环球同业银行金融电讯协会认证（SWIFT）；呼叫中心领域，如：客户服务中心认证（COPC）等。

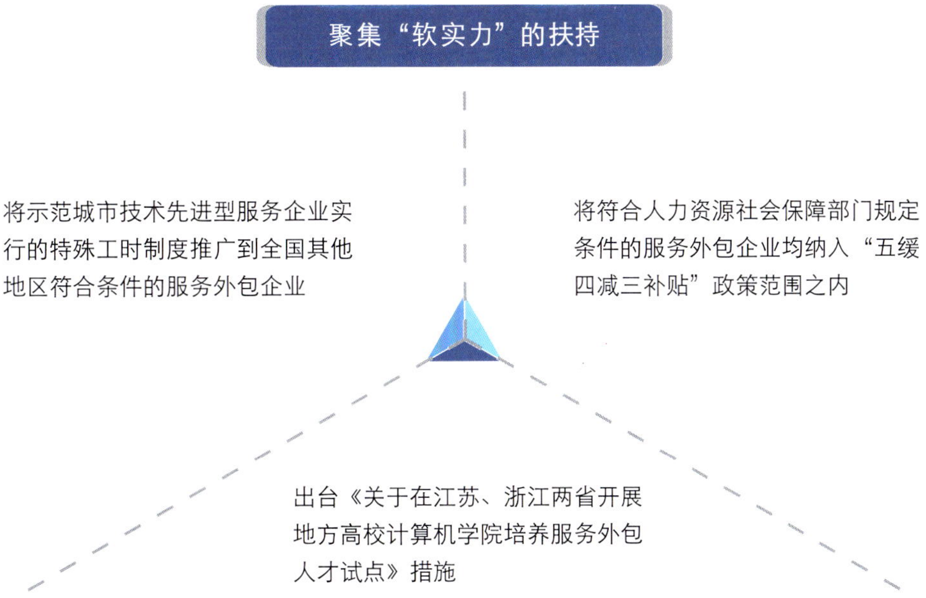

图 6-6 政策创新三：聚集“软”实力的扶持

（三）聚集“软”实力的扶持

2010 年《国务院办公厅关于鼓励服务外包产业加快发展的复函》中，明确提出加强服务外包人才的培训和引进。并将符合人力资源社会保障部门规定条件的服务外包企业均纳入“五缓四减三补贴”政策范围之内。将示范城市技术先进型服务企业实行的特殊工时制度推广到全国其他地区符合条件的服务外包企业。

此外，教育部办公厅、商务部办公厅联合出台了《关于在江苏、浙江两省开展地方高校计算机学院培养服务外包人才试点》措施，这一措施的出台为我国培养满足服务外包产业发展需求的专业化、有实操经验的专业人才提供了良好的平台。

做好金融服务工作

- 做好有关金融服务工作。各金融机构要认真落实金融支持服务外包产业发展的各项措施，积极开展适合服务外包企业特点的金融产品和服务方式创新，拓宽服务外包企业的融资渠道。努力解决服务外包企业特别是中小企业融资难的问题。大力支持符合条件的服务外包企业境内外特别是创业板上市

明确申请条件

- 申请资金支持的服务外包企业需如实填报《服务外包统计报表制度》中规定的报表
- 申请资金支持的培训机构在上年度培训机构申请中无虚报、瞒报等违规行为
- 省级（含服务外包示范城市）商务主管部门应根据上述条件制定培训机构管理办法并报商务部备案，对培训机构进行规范化管理和指导，对符合规定的服务外包人才培训机构进行备案

简化申请流程

- 简化技术先进型服务企业申报核准程序
- 贯彻落实《国务院办公厅关于同意简化外资经营离岸呼叫中心业务试点审批程序的复函》
- 简化服务外包企业海外并购项目审批程序
- 简化服务外包企业实行特殊工时制度的审批程序

增加申请机会

- 改进企业对外投资资金、人才培训资金、国际资质认证资金申报核准程序，由原来每年1次改为每年2次拨付，使企业加快获得资金支持

图 6-7 政策创新四：更加关注综合环境的营造

（四）更加关注综合环境的营造

国家政策逐渐走出过去单纯提供资金支持、税收优惠、奖励、补贴等方式直接简单地推动企业成长的模式，转向通过营造服务外包产业综合环境促使企业发展壮大的模式。

2010 年国家政策中，除了从人才培养、平台搭建方面提供支持外，通过以下几种方式完善综合环境：简化申请流程、增加申请机会、明确申请条件、做好金融服务工作。

二、地方层面服务外包政策创新

开设专项基金

- 服务外包专项基金，中小企业发展专项基金，中小企业海外开拓基金，服务外包人才引进基金等各类专项基金

提供税收优惠

- 企业所得税/营业税优惠
- 房产税/土地政策优惠
- 支持创新及研发的税收优惠

加强财政支持

- 根据注册资本或业绩提供资金补助
- 提供基础设施（包括房屋、设备、技术平台的建设及租用）补助
- 根据新设立服务外包企业性质给予资金支持
- 对通过国际认证的奖励
- 对于开拓国际市场的支持

给予人力扶持

- 人才引进及管理
- 人才培养体系的完善
- 人才培训补贴及贡献奖励

图 6-8　示范城市服务外包政策创新

2010 年，除示范城市积极完善服务外包相关政策外，非示范城市服务外包相关政策陆续出台。地方层面政策在对服务外包企业融资、上市、人才培养引进、企业在岸业务开展等方面探索性地做出细化部署。

地方层面政策主要涉及开设专项基金，提供税收优惠，加强财政支持，给予人才扶持等四个方面。

（一）开设专项基金

各地政府每年提供服务外包专项基金，助力服务外包企业全方位成长，此外还设立中小企业发展专项基金，中小企业海外开拓基金，服务外包人才引进基金等各类专项基金等扶持服务外包企业发展。

（二）提供税收优惠

企业所得税 / 营业税优惠，各示范城市根据国家对服务外包企业的政策，结合当地实际情况对新设立企业、经认定的软件外包企业 / 研发 / 设计 / 创意等技术先进型服务企业、经有关部门批准的转制科研外包企业等实施前若干年企业所得税及营业税优惠；房产税 / 土地使用税优惠，企业总部、研发中心、物流等用地享受土地使用税优惠，新设企业总部或地区总部享受房产税优惠；支持创新及研发的税收优惠，对服务外包企业研究开发具有自主知识产权的新产品、新技术、新工艺所发生的技术开发费予以税前扣除。

（三）提供财政支持

根据注册资本或业绩提供资金补助。对注册企业按注册资本分级别提供资金补助；提供基础设施（包括房屋、设备、技术平台的建设及租用）补助。提供购置费、租赁费用补助；根据新设立服务外包企业性质给予资金支持。按企业总部、研发中心、国际培训机构、信息技术服务企业等性质的不同给予资金支持；对通过国际认证的奖励。按照国际认证的不同，提供相应的资金奖励；对于开拓国际市场的支持。对境外开设分支机构、境外上市、境外并购活动提供资金支持。

（四）人才引进和培训扶持

地方政府重视服务外包人才的培育及引进，从人才引进及管理，人才培养体系的完善，人才培训补贴及贡献奖励三个方面给予扶持。人才引进及管理：对中高端人才提供安家补贴、落户扶持、小孩入学支持，简化出国办理手续、个人所得税优惠等；人才培养体系的完善：鼓励地方高校开展服务外包相关课程，协调行业协会引进培训课程；人才培训补贴及贡献奖励：对中高端人才再培训提供补贴，对已获得中央财政服务外包专项资金人才培训支持的服务外包企业给予培训支持，按照培训人数的不同分层补贴，对实习实训基地提供补贴。

第七章

人力资源与人才培训

主要观点

▶ 中国丰富的教育资源为服务外包发展提供了人才支持

- 中国服务外包从业人员规模持续增长，2010 年新增从业人员 78.1 万人
- 中国服务外包从业人员智力密集程度越来越高，整体素质逐步提高

▶ 多元立体的中国服务外包人才培训体系得到良好发展

- 2010 年全国新增受训服务外包从业人员 23.9 万人，其中示范城市新增受训服务外包从业人员 18.7 万人，占总体规模的 78.2%。
- 在国家政策的指导下，各培训机构创新培训模式，提高人才与企业的匹配度
- 典型培训机构涌现：南大苏富特 IBM-ETP 实训基地、苏州工业园区培训基地、西安软件服务外包学院、天津市大学软件学院等

第一节 中国服务外包的人力资源

一、人才供给情况

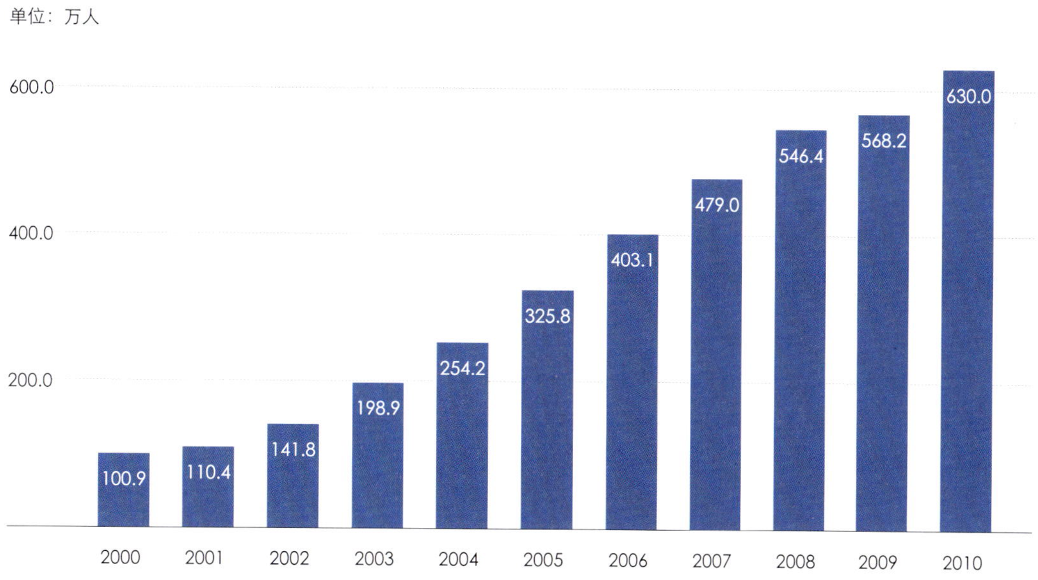

图 7-1 中国普通高等教育毕业生（专、本、研）情况

资料来源：中华人民共和国教育部

中国丰富的高等教育资源，为服务外包产业发展提供了人才支持。截至 2011 年 4 月 27 日，具有普通高等学历教育招生资格的院校共计 2 429 所（个），其中普通本科院校 820 所，普通高职院校 1 228 所，经国家批准设立的独立学院 311 所，经国家审定的分校办学点 70 个。

2010 年普通高等教育本专科毕业生和研究生毕业生共 630.0 万人，为服务外包发展提供了大量高素质人才储备。

二、从业人员情况

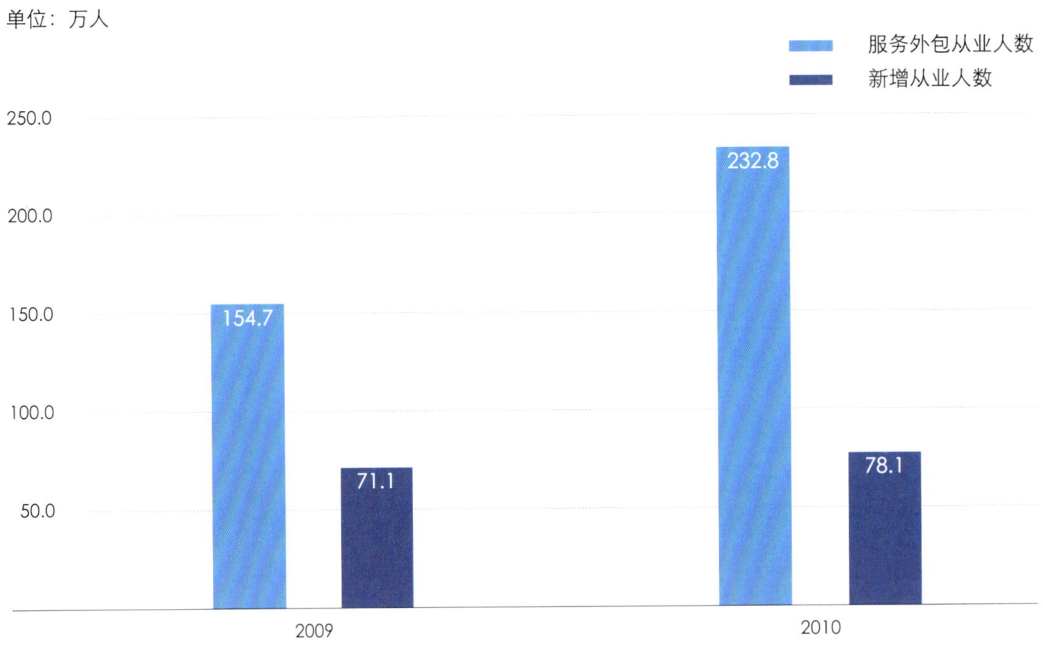

图 7-2　2009 ~ 2010 年服务外包新增就业情况

资料来源：中华人民共和国商务部

（一）2010 年服务外包新增就业情况

服务外包企业成为大学生就业的重要方向之一。截止 2010 年底，中国服务外包企业从业人员共计 232.8 万人，与 2009 年相比增长 9.8%，其中示范城市服务外包从业人员共计 174.1 万人，占全国服务外包从业人员规模的 74.8%。

2010 年，中国服务外包从业人员持续迅速增长，全年新增服务外包从业人员 78.1 万人，其中示范城市新增服务外包从业人员 54.3 万人，占新增总人员的 69.5%。

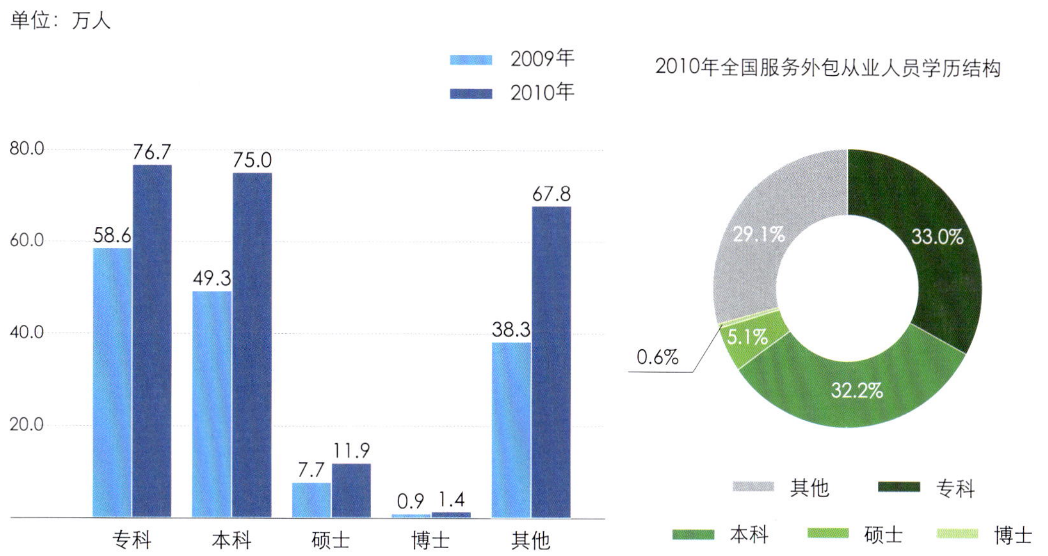

图 7-3 2009 ~ 2010 年服务外包从业人员学历情况

资料来源：中华人民共和国商务部

（二）2010 年服务外包从业人员结构

服务外包从业人员以大专及以上学历人才居多，2010 年大专及以上学历的从业人员占人员总规模的 70.9%，其中本科及以上学历从业人员占总规模的 37.9%，超过专科学历从业人员规模。

服务外包从业人员智力密集程度越来越高，整体素质呈现逐步提升趋势。相比 2009 年的人才结构，2010 年本科及以上学历从业人员占比有所增加。

第二节 中国服务外包的人才培训

一、人才培训概况

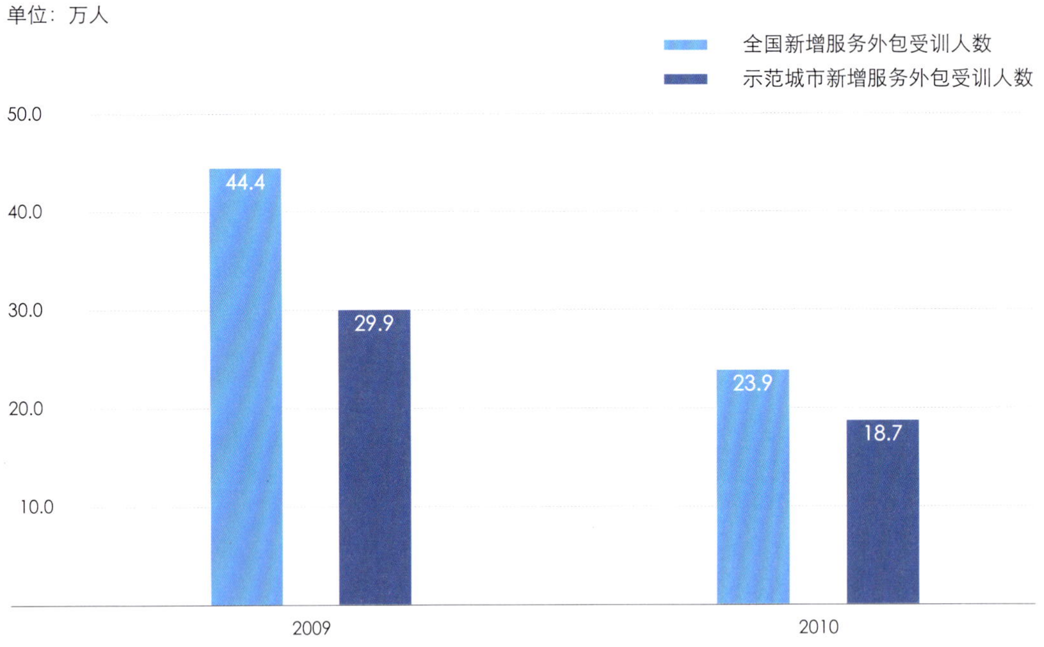

图 7-4 2009 ～ 2010 年服务外包新增受训人数情况

资料来源：中华人民共和国商务部

在各类院校、培训机构、外包企业、行业协会、外包园区的共同参与下，多元立体的中国服务外包人才培训体系得到良好发展。

2010 年全国新增受训服务外包从业人员 23.9 万人，其中，示范城市新增受训服务外包从业人员 18.7 万人，占总体规模的 78.2%。2010 年示范城市平均新增受训人数 0.89 万人左右。服务外包从业人员总体专业水平逐步提升。

二、培训模式创新

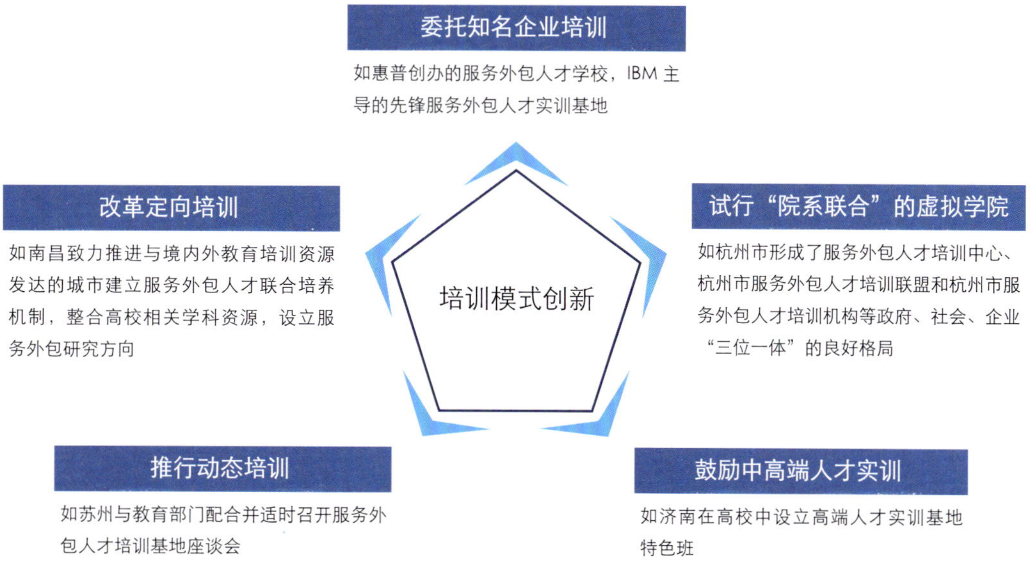

图 7-5 服务外包培训模式创新

2010 年服务外包人才的培训模式上呈现如下几个特色：重视提高人才的专业技能的同时，关注人才的实践能力；加强基础人才的培养同时，提升中高层人才的能力；与企业对口培训同时，开展培训后派遣工作；高职院校开设服务外包专业课程，补充培训机构的培训；探索不定期的实时培训。2010 年，形成的培训创新模式包括：“院系联合”的虚拟学院模式，中高端人才实训模式，动态培训模式，不定向培训模式，知名企业培训模式。

（一）试行“院系联合”的虚拟学院模式

根据社会需要，采取专业融合和校企联合分类培养的灵活机动的人才培养模式，做到快速有效地培养服务外包人才。这种模式摒弃了招生、专业基础教育和学生日常管理等大量的工作，紧密联系企业、政府和其他机构，集中精力针对性的抓好供需环节和实践教学等重点工作。

各高校和高职学院的很多专业都与服务外包相关，但是每个专业的学生都不能完全符合要求，根据这种情况，此模式用校企联合建立的服务外包实训基地，以此为平台，重点针对相关专业大四的学生，把原来最后一年的毕业设计和实习进行调整，设置交叉学科，新兴边缘学科，进行一定程度的专业融合，有效地提高毕业生的综合技能，这样既可以满足不同的企业对人才需求数量和类型的不同，又可以将不同专业基础的毕业生培养成符合条件的服务外包复合型人才。

例如，杭州市设立全国首家服务外包本科院校杭州国际服务工程学院。该学院以 IT 软件和外语专业为基础，开设细分金融、项目管理等专业；走“多元化合作、多层次办学、学历教育与社会培训并重”的发展之路，聘请最优秀的专家学者和企业家授课；推行“三明治”式教学模式，实行“文凭证书+国际认证专业证书”双证制；强化实训，根据“订单”办“企业班”，和产业联盟合作建设实训基地与研发中心等。

（二）鼓励中高端人才实训模式

中高端人才的实训模式有企业自身培训和政府搭台培训两种类型，企业自身培训，主要是指由知名企业自身建立中高端人才的实训基地，培训内容员工的同时，吸收外面人员的培养；政府搭台培训的模式，通常是由政府搭台，与境外跨国企业建立合作关系，组织市区内企业学习提升。例如济南在高校中设立高端人才实训基地特色班，由联盟企业安排专家开展系列专业讲座，学生可在假期定向进入相关联盟企业进行参观、实习。以“教育机构与企业实训相结合、国内培养与国外培养相结合、高端人才与基础人才相结合”的原则，校企合作、在培训机构、高校中设立企业人才定制班。

（三）推行动态培训模式

动态培训，通常由政府、行业协会、园区组织开展，重点对服务外包相关政策、发展现状及趋势进行培训，供园区内企业了解行业内最新动态，挖掘行业发展机会。例如：2010年国内外包行业协会邀请国内外著名行业专家开展讲座，针对外包行业最新发展动态、发展趋势、行业最新研究成果对全体会员单位进行了系列培训，受到企业欢迎。以苏州为例，与教育部门配合并适时召开服务外包人才培训基地座谈会，成为了苏州动态灵活地进行行业培训的重要方式。

（四）改革定向培训模式

不定向培训是指培训人才面向全国服务外包企业，在培训后培训机构通过人才派遣外包的模式与服务外包企业展开合作。对于培训机构而言，培训是基础，人才派遣是新的盈利渠道。改变以往培训机构仅为合作企业或当地政府提供服务外包人才的定向培训模式。以南昌为例，该城市致力推进与境内外教育培训资源发达的城市建立服务外包人才联合培养机制，整合高校相关学科资源，设立服务外包研究方向，获得了良好的效果。

（五）委托知名企业培训模式

知名企业培训通常是由国际知名的服务外包企业开设的培训学校，如惠普创办的服务外包人才学校，IBM主导的先锋服务外包人才实训基地。通过知名企业的品牌效应，更容易吸引大量的培训学员；同时知名企业先进的管理经验、业务经验也为学员提供了较高的学习平台。这类培训机构的学员除了被知名外包企业吸收外，在市场上也更加有竞争力，容易受到更多服务外包企业的青睐。

三、典型培训机构

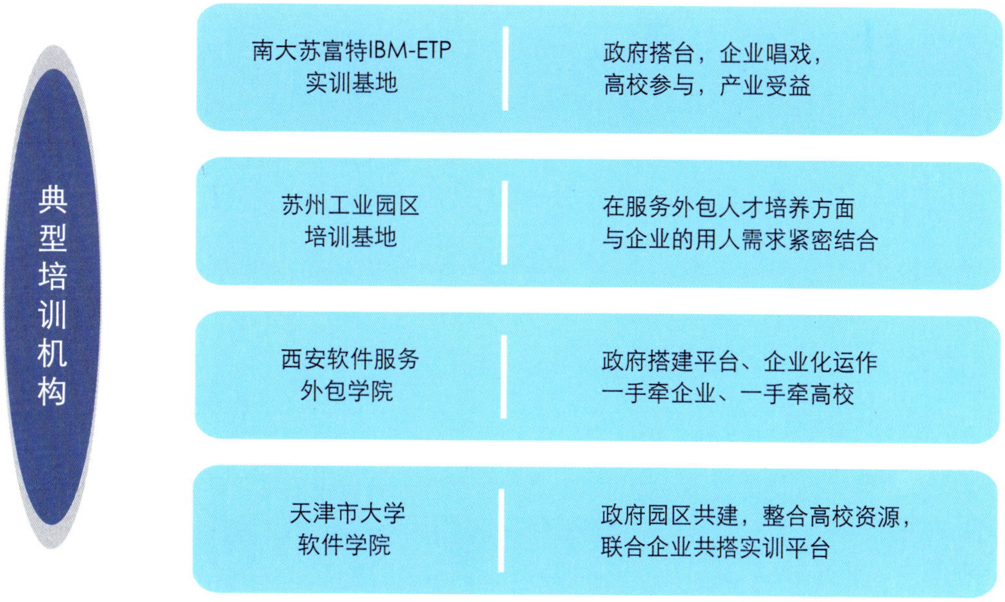

图 7-6 服务外包典型培训机构

2010 年服务外包培训机构较多，其中有代表性的有南大苏富特 IBM-ETP 实训基地、苏州工业园区培训基地、西安软件服务外包学院等培训机构。

（一）南大苏富特 IBM-ETP 实训基地

南大苏富特 IBM-ETP 项目由南京鼓楼区政府、IBM（中国）、南京大学和江苏南大苏富特科技有限公司合力打造，自 2009 年 3 月以来已招生 5 期，共培养大学生 1 108 名，学员就业率达到 97%，其中 34.9% 进入 Infosys、IBM、埃森哲、萨迪扬等跨国企业，37.3% 进入中兴、华为、联创等国内大型企业，25.3% 进入国内中小型企业。

该项目采用“政府搭台，企业唱戏，高校参与，产业受益”的模式：“政府搭台”，由政府出资解决培训基地、设备等硬件配套；“企业唱戏”，南大苏富特公司专门成立服务外包人才培训中心，负责“IBM-ETP 项目实训基地”的实际运营；“高校参与”，先后在南京 20 多所高校中通过校园宣讲活动、职业素养讲座、实践课程参观等形式，宣传软件服务外包知识，并为南京师范大学、南京邮电大学、南京林业大学等多所高校提供学生实训基地；“产业受益”，与南京当地知名服务外包企业开展定向培训。

该项目定位于中高端服务外包人才的培养，主要吸收理工类专业大学本科（大三、大四）及硕士在校生。采用 IBM 的全套 ETP 培训知识体系，以实用型、应用型人才为培养目标。并运用 IBM 公司成功的教学管理经验，实施标准化管理，保障了教学质量的稳定性和均衡性。

（二）苏州工业园区培训基地

苏州工业园区培训基地在服务外包人才培养方面与企业的用人需求紧密结合，大量采用嵌入式课程、定单式培养等创新模式，培养大量的中高端外包人才和基础性外包人才。各院校及培训机构在专业设置、课程安排方面大多先与用人单位进行沟通，再进行教育培训，因此保证了学员的高就业率。

该培训基地通过引进优秀培训机构和培训课程、建设公共实训基地、支持院校与企业合作培养、紧缺专业人才培训项目补贴等方式，鼓励各类主体参与服务外包人才的教育和培养。

目前培训基地拥有16所院校、7个公共实训基地和40余家培训机构，相关专业大专及以上学历毕业生可达6 000余人，年培训能力1.2万人次，主要为软件、集成电路设计、动漫、离岸客户服务、物流、呼叫中心和金融财务等行业输送人才。

（三）西安软件服务外包学院

西安软件服务外包学院（CISSST）由产业主管部门及教育主管部门共同出资组建。学院的功能定位是：多层次的软件产业适用型人力资源交付中心；开放性和共享性的实习、实训基地和认证中心；创新的产业链、技术链、学科链和人才链的无缝对接平台；国际化的软件人才培养合作平台；努力打造成与国际接轨的、领先的、多层次的、适用性、工程化人才培养基地。

西安软件服务外包学院形成了鲜明的特色：政府搭建平台、企业化运作；一手牵企业、一手牵高校；政府资金集中使用高效、前置；示范作用带动培训行业；行业技术、技能领跑者，带动高校教学创新；企业新的“人力资源服务部”。

（四）天津市大学软件学院

天津市大学软件学院由天津市教委、商务委、科委、经信委及滨海高新区共同创建。学院规划在校生规模1万人，提供10 000座位进行多媒体教学，600座位语音训练室，38套外文卫星电视的视听室及近40 000 ㎡的实训区。

学院以软件和信息服务产业实用人才需求为导向，整合南开大学、天津大学、天津工业大学等高校的软件人才培养教育资源，联合IBM、微软、中软等国内外知名软件企业，共同搭建教学与实训平台，创新人才培养模式，培养多层次的具有创新精神的适用性人才，实现产业链、学科链、人才链的紧密对接。

第八章

信息技术与服务外包

主要观点

▶ 云计算和物联网技术的发展给服务外包产业催生了巨大的市场机遇，促进服务外包产业创新

- 基于“云”平台和“云”模式的外包服务出现
- 国内基于物联网的外包服务将成为一大热潮
- 政府重视云计算和物联网对服务外包产业发展的影响，作为探索云计算和物联网的专业园区正在涌现，云计算和物联网公共服务平台正在搭建

第一节 信息技术发展对服务外包产业影响概述

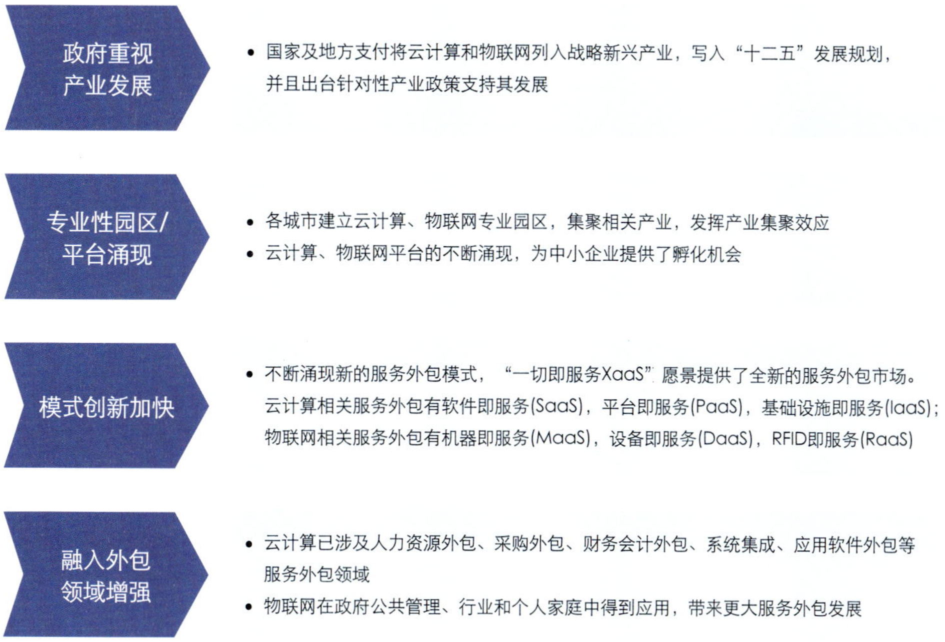

图 8-1　2010 年云计算、物联网与服务外包结合的特征

服务外包产业是信息技术和互联网双重技术推动下的产物，其发展和变革受到信息技术发展的影响和作用。2010 年云计算和物联网技术的发展给服务外包产业催生了巨大的市场机遇。

2010 年，在云计算的浪潮下，基于“云”平台和“云”模式的外包服务已经出现，并日趋成为外包行业发展的主流和趋势。新的服务模式、运作模式和业务模式的出现，将会带来新的行业机遇。据 IDC 的最新数据显示，未来中国云计算服务市场将以接近 40% 的复合增长率快速增长。

物联网是继计算机、互联网之后世界信息产业的第三次浪潮，2010 年政府将“加快物联网的研发应用”纳入重点产业振兴范围。中华人民共和国工业和信息化部已经开始统筹部署宽带普及、三网融合、物联网及下一代互联网发展，并将物联网发展列为我国信息产业三大发展目标之一。在中国政府一系列相关产业政策的扶持下，国内基于物联网的外包服务将成为一大热潮。

2010 年，云计算、物联网等信息技术与服务外包产业发展联系更为紧密，主要体现在以下四个方面：政府重视产业发展、专业性园区 / 平台涌现、模式创新加快、融入外包领域增加。

第二节 云计算与服务外包

一、政府促进云计算服务外包创新发展

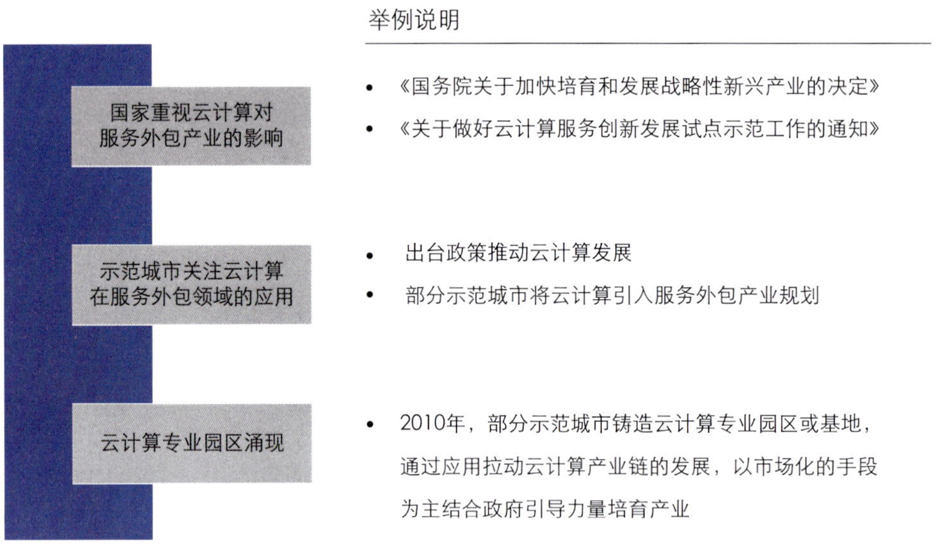

图 8-2 政府促进云计算服务外包创新发展

（一）国家重视云计算对服务外包产业的影响

2010 年 5 月发布的《国务院关于加快培育和发展战略性新兴产业的决定》中，明确提出促进云计算的研发和示范应用。2010 年 10 月 25 日国家发改委联合工业和信息化部印发《关于做好云计算服务创新发展试点示范工作的通知》，明确提出北京、上海、深圳、杭州、无锡等 5 个城市将先行开展中国云计算服务外包创新发展试点示范工作。

（二）示范城市关注云计算在服务外包领域的应用

在国家政策的引领下，各示范城市十分关注云计算的发展，出台政策推动云计算发展，部分示范城市将云计算引入服务外包产业规划，出台优惠政策扶持云计算园区建设、扶持云计算公共平台的建成，引导企业开展云计算相关研发。例如：上海市制定了《上海推进云计算产业发展行动方案（2010 ～ 2012）》，北京制定了《建设中关村国家自主创新示范区行动计划（2010 ～ 2012 年）》和“祥云工程”实施方案。

（三）云计算专业园区涌现

2010 年，部分示范城市铸造云计算专业园区或基地，通过应用拉动云计算产业链的发展，以市场化的手段为主结合政府引导力量培育产业。例如 2010 年，中国电信上海分公司与上海市市北高新园区签署了战略合作框架协议，共同打造上海市云计算产业基地，该基地正式揭牌落户上海市北高新技术服务业园区。此外北京、深圳等地也纷纷规划云计算基地的建成，构筑云计算产业链。

二、云计算公共服务平台建设

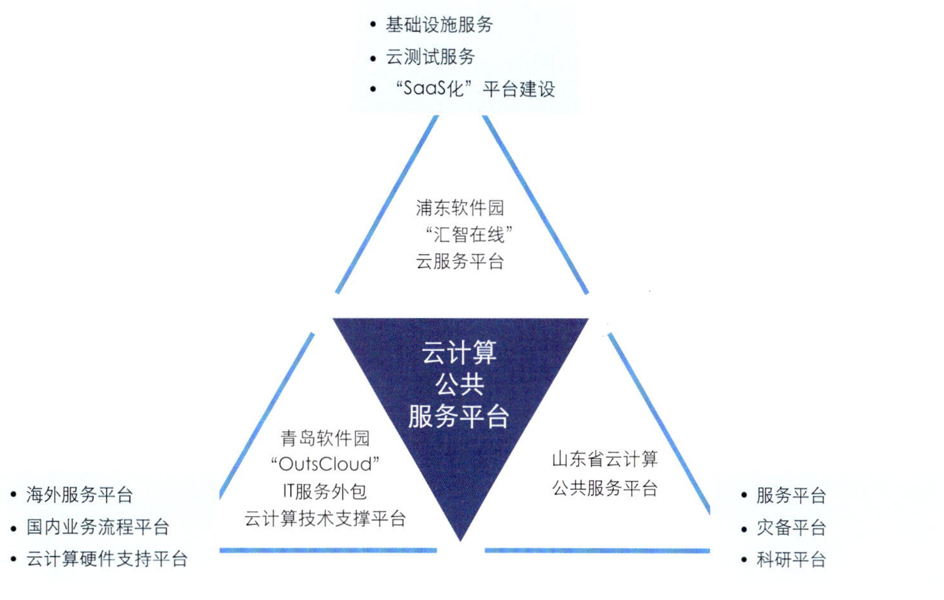

图 8-3　云计算公共服务平台

2010 年云计算公共服务平台涌现，云平台越来越成为软件和外包园区提供公共服务的升级路径。园区的云公共平台目前主要有两种模式：一是苏州、无锡和浦东的基础设施模式，即将 IT 基础设施和公共软件的服务平台向云迁移升级，形成技术服务模式的云平台；二是青岛软件园的模式，将宣传推广、门户网站，接发包等业务也集成到云上，形成公共服务模式的云平台。典型的云计算公共平台如下所示：

（一）浦东软件园“汇智在线”云服务平台

2010 年 9 月，浦东软件园正式启动“汇智在线”云服务平台建设，该平台主要面向科技型中小企业的需求，为企业提供各种个性化、差异化服务。主要服务对象包括浦东软件园现有 300 多家入驻企业，1 200 多家注册企业及整个张江高科技园区的 6 000 余家企业。

平台主要规划三方面的功能：基础设施服务，云测试服务，“SaaS 化”平台建设，满足企业在技术支持与网络运维、人才培养与人才交流、运营咨询与商务推广、企业孵化与投融资、生活配套与基础保障等方面的需求。

（二）青岛软件园“OutsCloud”IT 服务外包云计算技术支撑平台

2010 年 4 月，青岛软件园开始筹建“Outscloud”IT 服务外包云计算技术支撑平台。借助青岛软件园的信誉吸引，承接外包业务，以国际化、标准化的开发环境及流程控制来保障项目的顺利实施，孵化中小外包企业。

平台分为海外服务平台、国内业务流程平台和云计算硬件支持平台。其中海外服务平台，致力于海外客户关系管理，建立海外宣传门户网站、海外接发包平台、海外项目监理平台、客户关系管理平台及知识产权保护平台；国内业务流程平台，主要负责接包以后的项目管理和标准化控制流程，对企业的开发过程进行质量控制和跟踪，并在交付时进行测试，完成对项目的有效管理和验收；云计算硬件支持平台，是IT外包的硬件支撑体系，整合现有的软件开发平台、动漫服务平台、外包服务平台、集成电路平台等资源。

（三）山东省云计算公共服务平台

2010年4月，山东省经济和信息化委员会启动“山东省云计算服务平台建设及应用”项目，由山东省科学院计算中心负责项目的实施及推广应用。该平台旨在围绕山东省的云计算应用需求，整合省内14个软件园的资源，积极调动运营商、IT厂商等多方力量，建设一个面向全省软件企业、中小企业、政府、软件园区、普通大众的云计算公共服务中心，成为全省信息化资源的建设、管理、运行及服务提供的基础支撑。

平台可以分为服务平台、灾备平台及科研平台：

服务平台主要提供设施服务、平台服务、在线服务三类，设施服务是按需提供虚拟主机、存储空间、网络环境等内容；平台服务主要提供开发平台、计算平台、物联平台、动漫平台等；在线服务主要为中小企业提供企业门户、即时通讯、OA、软件开发、客户关系管理、进销存管理、财务管理、ERP、分销供应链管理等一站式的信息化服务。

灾备平台主要为企业和政府用户提供完善的备份级、数据级和应用级的信息系统灾难备份服务。

科研平台主要为科研课题提出、课题研究过程以及成果转化推广提供技术支撑。

第三节 物联网与服务外包

一、政府重视物联网对服务外包产业的影响

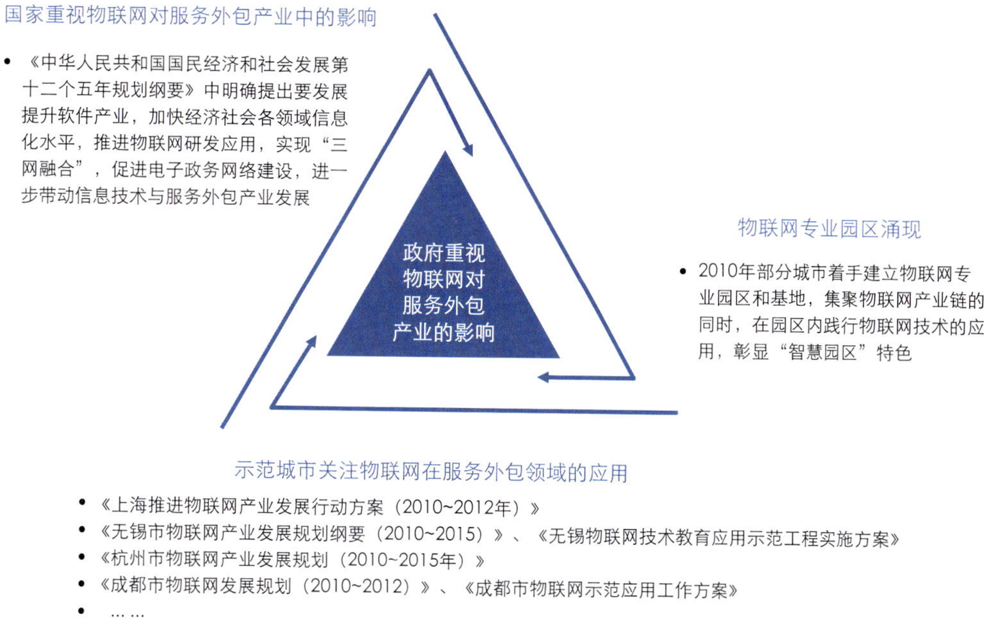

图 8-4 政府重视物联网对服务外包产业的影响

（一）国家重视物联网对服务外包产业中的影响

《中华人民共和国国民经济和社会发展第十二个五年规划纲要》中明确提出要发展提升软件产业，加快经济社会各领域信息化水平，推进物联网研发应用，实现“三网融合”，促进电子政务网络建设，进一步带动信息技术与服务外包产业发展。国家科技部已将武汉、深圳列为全国智慧城市建设试点。

“十二五”规划明确提出，发展宽带融合安全的下一代国家基础设施，推进物联网的应用。物联网将会在智能电网、智能交通、智能物流、智能家居、环境与安全检测、工业与自动化控制、医疗健康、精细农牧业、金融与服务业、国防军事十大领域重点部署。

（二）示范城市关注物联网在服务外包领域的应用

2010年地方层面政府出台政策规划物联网的发展，除了规划物联网发展的重点领域、主要载体、形成产业发展路径，同时明确发展任务，并且制定保障措施保障规划的落地实施，个别城市还以项目的形式，明晰项目主要承接单位及完成时间，更大力度地保障了物联网产业的发展。

（三）物联网专业园区涌现

2010年部分城市着手建立物联网专业园区和基地，集聚物联网产业链的同时，在园区内践行物联网技术的应用，彰显“智慧园区”特色。例如：上海市成立了“上海物联网中心”，并筹备建设浦东物联网产业基地和嘉定物联网产业基地。杭州市建立杭州高新区物联网园区。无锡市围绕打造国家传感网创新示范区，正加快建设传感网产业园、传感网信息服务园、传感网大学科技园、无锡感知中国博览园，以及无锡滨湖国家传感信息中心、无锡南长传感网高新园。

二、物联网公共服务平台建设

表 8-1 物联网公共服务平台

平 台	成立时间	平台简介
物联网标识公共服务平台	2010 年 10 月	由中网公司建立的国内首个“物联网标识公共服务平台”作为兼容各种编码标准的解析枢纽系统，通过一个物联网标识能够映射多种应用，如定位信息资源、定位物品应用等，实现了从互联网到物联网的跨越
江苏物联网物流应用公共平台	2010 年 10 月	采用射频技术、全球定位系统、无线视频等多种现代信息传输技术，建设包括车货仓三方对接、集装箱资源整合、公铁水多式联运、危化品全方位监管等 9 大工程，从而实现车货仓实时管理、物流资源合理利用
深圳市物联网公共技术服务平台	2010 年 12 月	信息门户服务、中间件服务、行业解决方案服务、测试服务、行业人才培训服务、工具软件服务、专利池服务、源代码共享服务等

2010 年国内物联网公共服务平台应运而出，平台各具特色，主要涉及以技术为抓手的平台、以应用为内容的平台、以服务为目标的平台三种类型。

（一）以技术为抓手的平台：深圳市物联网公共技术服务平台

深圳物联网公共技术服务平台是华南第一个正式成立的物联网服务平台，成立于 2010 年 12 月，该平台旨在搭建中国科学院与物联网企业的桥梁，使中科院的先进技术能很好地为企业服务，更有效更快捷地将技术转变成产业。平台提供的具体服务包括：信息门户服务、中间件服务、行业解决方案服务、测试服务、行业人才培训服务、工具软件服务、专利池服务、源代码共享服务等。

（二）以应用为内容的平台：江苏物联网物流应用公共平台

江苏物联网物流应用公共平台于 2010 年 10 月正式启动。该公共平台采用射频技术、全球定位系统、无线视频等多种现代信息传输技术，建设包括车货仓三方对接、集装箱资源整合、公铁水多式联运、危化品全方位监管等 9 大工程，从而实现车货仓实时管理、物流资源合理利用。

（三）以服务为目标的平台：物联网公共服务平台

国家工信部软件与集成电路促进中心（CSIP）拟搭建物联网公共服务平台，分为共性技术信息平台、人才培训服务平台、知识产权公共服务平台、决策支撑公共服务平台及品牌推广公共平台五类。搭建共性技术信息平台，从系统应用的角度出发，建设面向物联网应用的系统测试平台、验证检测平台，建设共性技术工具库和解决方案库；建立物联网人才培训服务平台，结合国家信息技术紧缺人才培养工程（NITE）从物联网课程体系建设、物联网师资体系建设、物联网培训实训基地建设、物联网人才服务体系建设四大方面开展工作，开发一批高端课程、培育一批高端讲师、建设一批实训基地、培养一批实战人才；建立物联网知识产权公共服务平台，从产业的知识产权战略规划、关键领域知识产权分析、关键领域知识产权预警三个方面开展工作，行成若干数据库；建立决策支撑公共服务平台，主要是从战略研究的角度出发，构建物联网产业发展的战略研究体系，为政府决策、产业布局、企业创新，提供前瞻性、战略性、全局性的理论依据和决策支撑；建立物联网品牌推广公共平台，重点构建物联网系统解决方案高端品牌和推广应用品牌，通过博览会、高峰论坛、供需见面会、推广网站等方式做好物联网相关产品和系统解决方案的推广，有效地提升了物联网品牌形象。

第九章

中国国际服务外包“十二五”发展思路

主要观点

- “十一五”时期中国服务外包产业发展迅速。截至 2010 年 12 月，我国共有服务外包企业 12 706 家，其中万人企业达到 4 家，从业人员 232.8 万人

- “十二五”时期，国际环境为我国服务外包产业提供了战略性的发展机遇，国内环境提供了良好和扎实的发展基础
  - 发展目标：在产业规模、自主创新能力、从业人员结构、运行环境、区域布局、国际竞争力等方面有望实现进一步提高和完善
  - 重点领域：将巩固提升软件、基础设施、金融、通信、医药研发等优势领域；重点突破文化创意、工业设计、商务、物流以及云计算等关键领域；积极培育医疗、公共服务等新兴领域
  - 重点区域：将继续发挥东部沿海城市龙头作用，鼓励中西部城市加快发展，支持东北和边境城市积极发展，积极打造服务外包城市集群和服务外包产业带
  - 重点任务：提高产业国际竞争力，增强企业创新能力，优化人才资源结构，改善公共服务质量，推动区域协调发展，提升开放经济水平
  - 保障措施：创新体制机制，强化政策支持，整合国内外资源，形成与国际环境接轨的市场规范和产业运行机制

第一节 服务外包“十一五”发展回顾

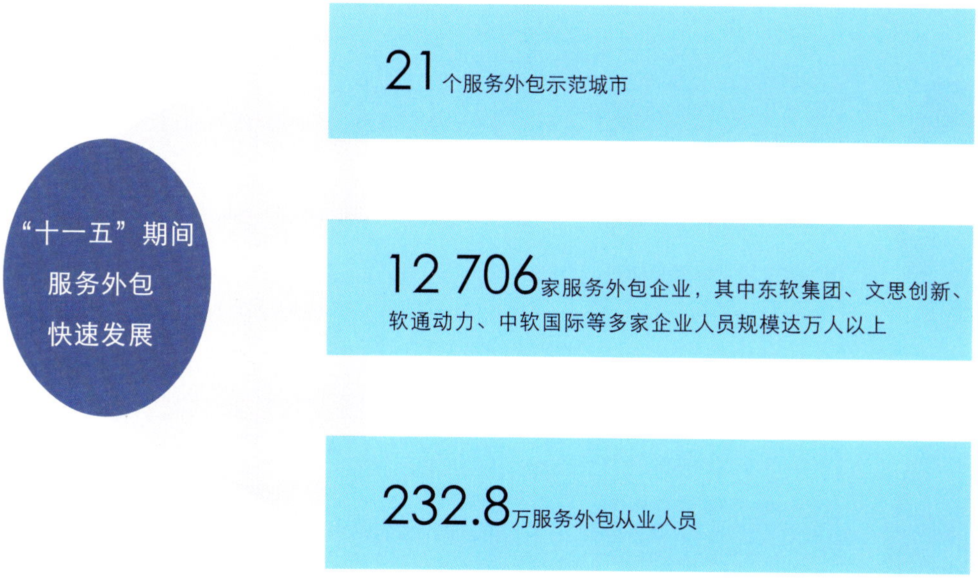

图 9-1 “十一五”期间我国服务外包产业快速发展

资料来源：中国服务外包研究中心

“十一五”期间，我国国际服务外包产业以示范城市为依托，紧紧把握全球新一轮产业结构调整趋势，依靠市场、环境和基础设施等优势，探索创新，快速发展。从商务部实施服务外包“千百十”工程到国务院《国务院办公厅关于鼓励服务外包产业加快发展的复函》发布，先后认定了21个示范城市，构成了我国服务外包产业发展的主要载体。截至2010年12月，我国共有服务外包企业12 706家，从业人员232.8万人，已拥有东软集团、文思创新、软通动力、中软国际等多家万人企业。各项主要指标近两年保持了100%以上的高速增长。同时建立了有效的部际合作协调机制，出台了相关行业标准，在政策支持、人才培养、机制体制、品牌创建等各个方面成效显著。

第二节　服务外包“十二五”发展思路

一、国内外环境分析

图 9-2　“十二五”期间国内外服务外包产业环境

全球服务外包市场规模不断扩大，预计到2020年间，全球潜在的服务外包市场需求将达到1.65～1.8万亿美元。借助成本、环境和配套设施等优势，全球服务业加快向我国转移，为我国进一步发展国际服务外包产业带来更大机遇。新一代信息网络技术的发展直接推动服务外包在交付模式、服务模式与合作模式等方面的创新，助推我国国际服务外包产业的持续蓬勃发展。

“十二五”时期，我国国民经济将继续保持持续稳定发展的势头。随着经济结构转型加快，人均国民收入稳步增长，国内科技和教育整体水平进一步提升，工业化、信息化、城镇化、市场化、国际化的深入发展，为国际服务外包产业的发展提供了更加有利的环境。

二、总体发展目标

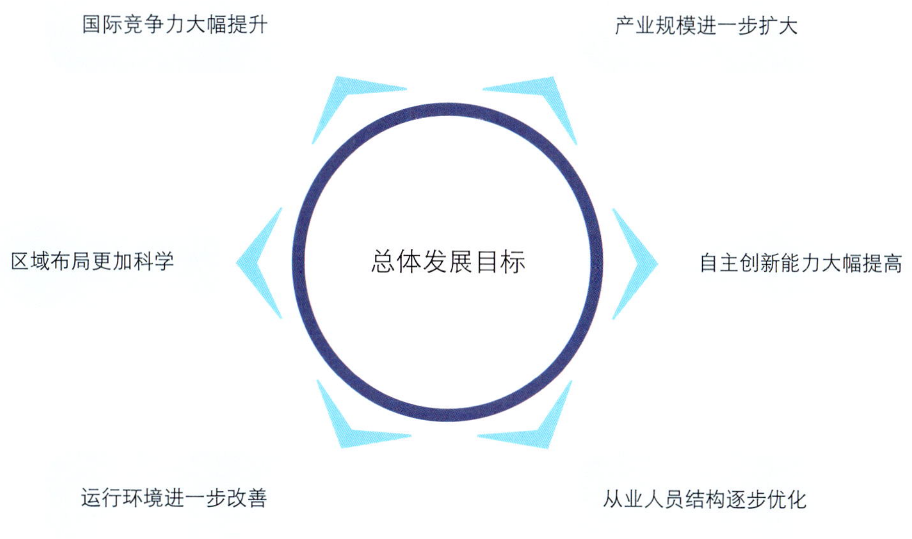

图 9-3　“十二五”中国国际服务外包产业总体发展目标

“十二五”期间，中国国际服务外包产业要立足当前发展阶段，把握未来发展趋势，创新发展思路，实现国际服务外包产业的跨越发展。

（1）产业规模进一步扩大。产业总量持续高速增长，承接离岸外包业务执行额年均增幅保持较高增长速度。

（2）自主创新能力大幅提高。掌握一批拥有自主知识产权的核心技术，行业技术能力和企业核心竞争力进一步增强，企业自主创新能力大幅提高，自主品牌建设取得突破，建成一批行业技术中心、企业孵化中心和成果转让中心，形成若干创新能力较强、品牌知名度较高的产业集群。

（3）从业人员结构逐步优化。就业吸纳效果进一步显现，从业人员队伍结构不断优化，人才培养体制机制更加完善，宽领域、多层次、多渠道培训体系基本建立，引进一批具有国际市场开拓能力的高端人才，逐步建成一支有活力、有竞争力的高素质人才队伍。

（4）运行环境进一步改善。政策法规体系更加健全，市场规则更加完善，知识产权保护得到加强，科学合理的统计体系和综合评价体系逐步建立，示范城市、服务外包园区基础设施建设水平不断提高，网络通信、电力供应、办公居住用房等基础条件大幅改善，政府服务更加高效，产业基础研究新成果不断涌现。

（5）区域布局更加科学。城市间、地区间联动合作机制基本建立，不同城市和地区错位发展、东中西部协调发展局面初步形成，产业集聚度进一步增强，示范城市引领带动作用更加明显，建成若干具备一定规模的特色园区和产业带，打造全球服务外包交易中心，成为国际服务外包业务的集散平台和产业交流平台。

（6）国际竞争力大幅提升。产业接单能力、海外交付能力、市场开拓能力显著提高，产业国际化程度加深，利用外资的规模和水平显著提高，企业跨国经营能力进一步提升，“走出去”步伐逐步加快，“中国服务”品牌得到全球高度认知，产业全球影响力不断增强。

三、重点发展领域

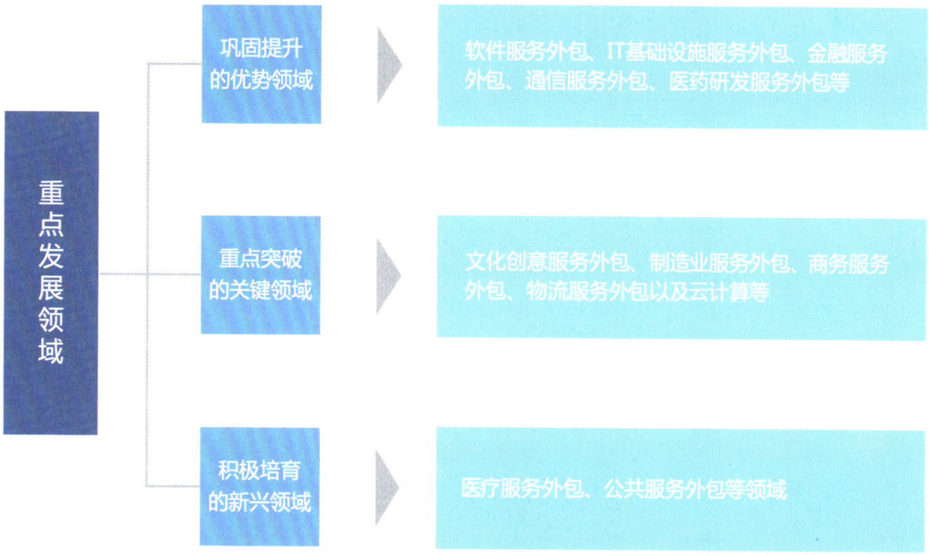

图 9-4 “十二五”中国国际服务外包产业重点发展领域

紧紧围绕转变经济发展方式与产业优化升级的新要求，针对国家重点支持发展的现代服务业和战略性新兴产业，立足我国国际服务外包发展的客观实际，鼓励发展具有高知识含量、高附加值、高创新性的信息技术服务外包（ITO）、业务流程服务外包（BPO）和知识流程服务外包（KPO）。基本可分为巩固提升优势领域、重点突破关键领域、积极培育新兴领域等三大领域。

（一）巩固提升优势领域

坚持做大规模、做强实力、加强集聚、扩张优势，进一步夯实现有优势行业发展基础，着力提升产业发展能级，“十二五”力争在软件服务外包、IT 基础设施服务外包、金融服务外包、通信服务外包、医药研发服务外包等领域实现较大发展。

（二）重点突破关键领域

坚持以市场需求为导向，以自主创新为核心，聚焦我国国际服务外包产业关键领域，“十二五”力争在文化创意服务外包、制造业服务外包、商务服务外包、物流服务外包以及云计算等领域实现较大突破。

（三）积极培育新兴领域

紧紧把握全球服务外包产业发展的新动向和新趋势，着力培育技术和安全要求高、行业成长性好、国际上已经发展成熟、国内发展潜力巨大的医疗服务外包、公共服务外包等领域。

四、重点发展区域

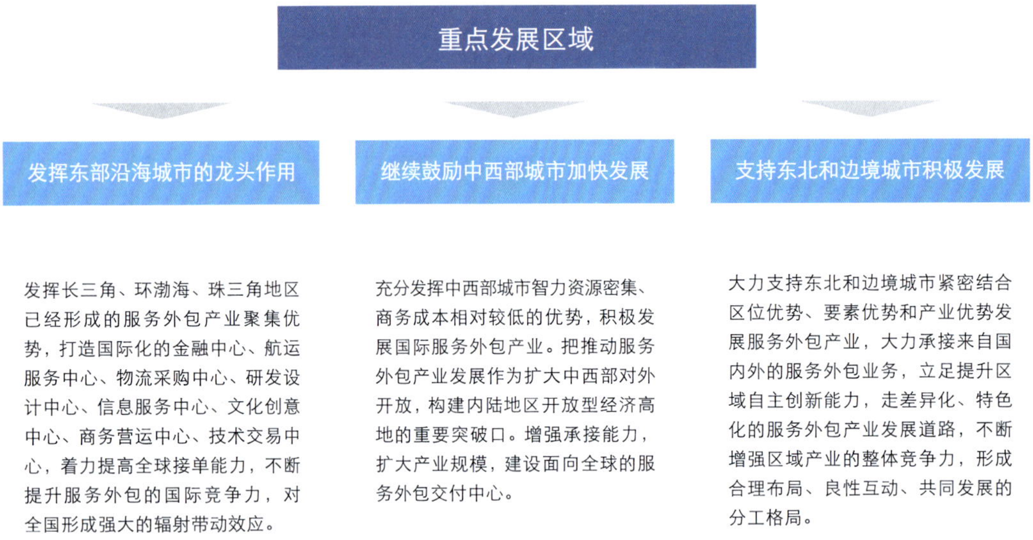

图 9-5 "十二五"中国国际服务外包产业重点发展区域

立足现有产业基础、区位优势、资源环境等因素，积极构建以示范城市为主体，辐射带动周边城市发展，分工有序、各具特色的产业发展格局，积极打造服务外包城市集群和服务外包产业带，包括发挥东部沿海城市的龙头作用、继续鼓励中西部城市加快发展、支持东北和边境城市积极发展。

（一）发挥东部沿海城市龙头作用

发挥长三角、环渤海、珠三角地区已经形成的服务外包产业聚集优势，打造国际化的金融中心、航运服务中心、物流采购中心、研发设计中心、信息服务中心、文化创意中心、商务营运中心、技术交易中心，着力提高全球接单能力，不断提升服务外包的国际竞争力，对全国形成强大的辐射带动效应。

（二）继续鼓励中西部城市加快发展

充分发挥中西部城市智力资源密集，商务成本相对较低的优势，积极发展国际服务外包产业。把推动服务外包产业发展作为扩大中西部对外开放，构建内陆地区开放型经济高地的重要突破口。增强承接能力，扩大产业规模，建设面向全球的服务外包交付中心。

（三）支持东北和边境城市积极发展

大力支持东北和边境城市紧密结合区位优势、要素优势和产业优势发展服务外包产业，大力承接来自国内外的服务外包业务，立足提升区域自主创新能力，走差异化、特色化的服务外包产业发展道路，不断增强区域产业的整体竞争力，形成合理布局、良性互动、共同发展的分工格局。

五、重点任务

图 9-6 “十二五”中国国际服务外包产业发展重点任务

“十二五”期间，我国服务外包产业发展着重在提高产业国际竞争力、增强企业创新能力、优化人才资源结构、改善公共服务质量、推动区域协调发展及提升开放经济水平等方面做好工作，推动国际服务外包产业规模和水平再上新台阶。

在提高产业国际竞争力方面，重视培育服务外包领军企业，推动中小企业加快成长，加快产业集群化发展；在增强企业创新能力方面，应大力优化创新环境，不断丰富创新内涵，健全自主创新机制；在优化人才资源结构方面，应建立多层次人才结构体系，健全多元化人才培养机制，完善多样化人才输送渠道；在改善公共服务质量方面，应不断完善政策环境，着力优化政府服务，加强载体平台建设，积极开展基础研究；在推动区域协调发展方面，应发挥示范城市带动作用，推进区域合作交流；在提升开放经济水平方面，应促进国际国内共同发展，提高产业开放水平，增强全球资源配置能力，推进“中国服务”品牌建设。

六、保障措施

图 9-7 “十二五”中国国际服务外包产业发展保障措施

“十二五”期间，我国国际服务外包产业发展，需要创新体制机制，强化政策支持，整合国内外资源，形成长效的产业推进机制。主要包括：加强体制机制保障、加大政策支持力度、提升人才队伍素质、开拓国际国内市场、建立评估指导体系。

在加强体制机制保障方面，应完善组织协调机制，深化“部省市”合作机制，建立区域合作机制；在加大政策支持力度方面，应优化多层次的政策支持体系，完善财政税收扶持体系，健全高效投融资体系，加大服务外包知识产权保护力度；在提升人才队伍素质方面，应着力从抓好高校育人环节，加大在职培训力度，积极引进高端人才三方面着手；在开拓国际国内市场方面，不但大力开拓海外市场，同时引导国内需求释放；在建立评估指导体系方面，从完善服务外包统计制度，建立综合评价制度，加强分类指导评估三个方面着手。

专　论

专 论

新视角 新思考

一、服务经济——观察服务外包的新视角

（一）服务经济的内涵及特征

服务经济的主要特征是服务化、信息化，知识与创新等高级生产要素成为推动发展的核心动力。服务化体现在更多的制造业企业不仅是提供物品，而是提供“包括物品、服务、支持、自我服务和知识”的服务包（bundle）。

市场经济制度环境的完善是**服务经济**发展的关键。**服务经济**以知识的运用和人力资本的投入为核心，其资源配置只有通过市场机制才有效率。因此，**服务经济**的发展对制度环境具有更高层次的要求，需要有完善的市场化、法制化、国际化、创新化的制度环境，具体表现在税收、信用、监管、准入、法律、统计等方面。

（二）服务经济在细分重构的推动下蓬勃发展

世界在**细分重构**。20 世纪 90 年代以来，为了提高社会生产效率并且满足需求复杂化的要求，企业的业务流程被不断优化、商业模式被不断创新，市场运行单元被不断重组、产业之间的边界逐渐模糊，带来了现代经济环节、生产组织方式和产业结构的重构。

细分重构催生了大量的**中间需求**，从而推动着**服务经济**的蓬勃发展。

二、服务外包与服务经济的互动演进

（一）服务外包是细分重构的重要形式

服务外包属于产品内分工，是**细分重构**的一种重要形式。目前，医药业服务外包的内容已基本涵盖了医药产业链的各个环节，包括：早期药物发现、药理毒性测试、1 ～ 3 期临床研究、剂型研究、配方开发、工艺改造、药效分析测试、产品物理成型与包装设计、产品发布推广与销售支持、物流与医药企业财务管理、药物经济学分析、商业咨询与药效追踪、相关政策法规咨询等。

（二）服务外包带来的中间需求服务助推着服务经济发展

服务外包中的信息技术外包服务（ITO）、业务流程外包服务（BPO）、知识流程外包服务（KPO），都属于“为其他商品和服务的生产者用作中间投入的服务”，即**中间需求**服务。服务外包带来的这三类外包服务与四点**中间需求**服务之间均存在着紧密的联系（图 1），有力地推动着**服务经济**发展。

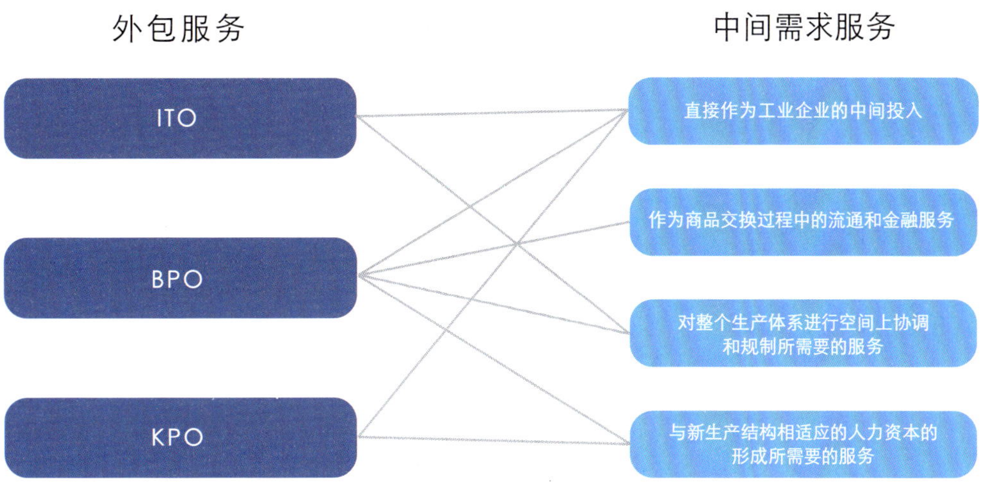

图 1　外包服务与中间需求服务之间的关系

（三）服务外包的发展需要服务经济中制度环境的进一步完善

在服务外包这种服务活动的“外部化”过程中，企业通过组织结构的分工分置，使得以上那些**中间需求**推动所扩张的服务活动以外在现实的形象表现为社会经济服务活动的扩张。**服务经济**中制度环境是使这一分工得以实现并推动**服务经济**发展的重要影响因素。

在当前中国**服务经济**各行业中，服务外包行业发展的制度环境已经得到了很大程度的改善，并在诸多方面取得了突破性的进展。政府扶持服务外包发展的政策在渐进中不断集成创新，在税收、监管、人才培训等多个方面取得了突破性进展，是我国发展**服务经济**过程中的有效尝试，具有良好的示范效应和先导性作用。

但是，我国服务外包发展的制度环境还存在着需要进一步完善的方面，主要与我国发展**服务经济**的整体制度环境有关（表 1）。其中，尤其是税收等制度限制了服务外包的进一步细化分工以及服务外包产业链的延伸，在一定程度上限制了服务外包、**服务经济**的发展。

表 1　我国服务经济中制度环境总体上存在的问题

存在问题	描　述
服务领域多元化市场主体发育和企业制度建设滞后	服务领域国有经济比重依然较高；服务领域现代企业制度建设滞后；服务领域民营经济和中小企业发展环境有待改善。
要素和服务市场发展改革滞后，市场机制作用不强	市场机制对服务市场资源配置作用有待进一步增强；人力资源要素市场供给和自由流动依然受到限制；缺乏完善和灵活的投融资服务体系。
服务领域的收入分配制度尚不完善	涉及服务业发展所依赖的高级要素和无形资产参与收入分配的制度安排尚不健全，影响服务业创新能力的提升和发展动力的形成。

三、新视角，新思考

（一）关注服务外包产业新兴业态

伴随着**细分重构**进一步推动着**服务经济**的发展，经济活动的服务化、信息化特征将更为明显，同时将不可避免地催生了大量的服务外包新兴业态。

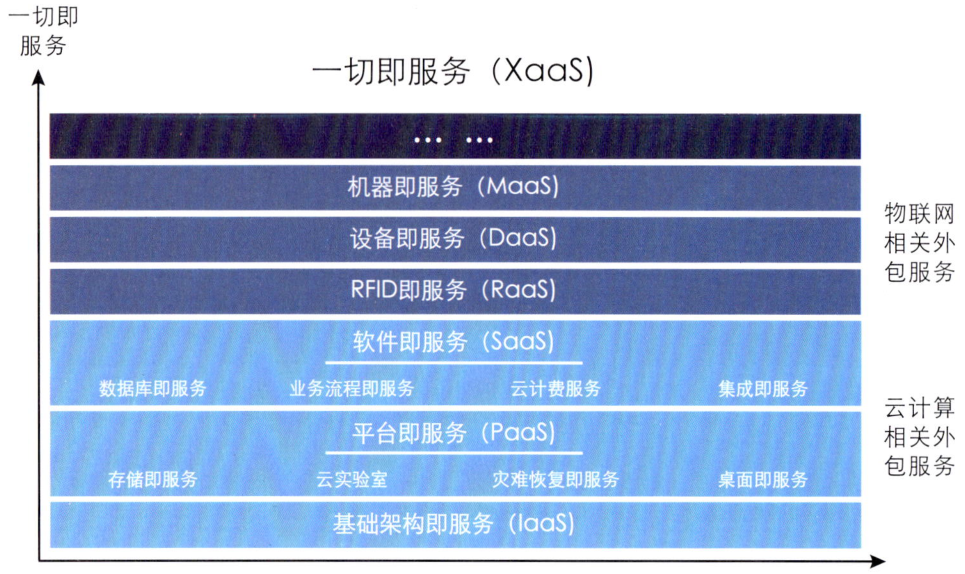

图 2 信息技术发展与服务外包产业新型业态

在产业发展中，应该敏感地捕捉到这些服务外包新兴业态所带来的发展机遇，深入地研究和把握服务外包新业态的发展规律并出台相应的鼓励政策，推动我国服务外包产业的跨越发展。

（二）制定服务外包企业战略新对策

细分重构背景下的**服务经济**中，服务外包企业可以采用服务主导逻辑引领企业战略制定，并着力在平台和生态系统、服务供应链等方面加强管理，指导企业的战略制定和产业的培育。服务主导逻辑认为：①服务是所有经济交换的根本性基础，所有经济交换的目的和内容就只有一个——服务；②企业和顾客共同创造价值，企业提供价值主张，然后在被顾客接受后与其一起合作时创造价值；③所有参与者都是资源整合者，共同组成服务生态网络和平台。

（三）外包新政的新建议

建议 1. 在 21 个示范城市中逐个将离岸服务外包纳入到增值税扩围的试点。其依据是 2010 年 12 月中旬召开的中央经济工作会议明确提出的“研究推进在一些生产性服务业领域扩大增值税征收范围改革试点”的精神。

建议 2. 加强对知识流程外包（KPO）的政策支持，促进企业研发投入。苏州 KPO 企业数超过 BPO 企业数的事实给了我国优先发展 KPO 的信心和启示。①将 KPO 置于 ITO、BPO 之前予以重视，打通自主研究开发（R&D）产业化环节；②支持 KPO 企业进行首次公开募股（IPO）；③通过政府政策引导，将包括 KPO 企业在内的各类企业通过 IPO 所募得的资金投入到 R&D 中。

建议 3. 对离岸外包业务转包给在岸外包的**首单**或**首包**团体给予优惠。一项离岸服务外包业务转移到中国之后，服务外包企业往往会根据其他地区和企业的成本、技术、人员优势将业务再进行转包。这种模式有效地形成了不同服务外包企业之间的专业化分工，同时有效利用了各地的区位优势，带动了中国服务外包产业的繁荣发展。对于 21 个示范城市中承接在岸外包的**首包**企业

（即：A 企业将自己承接的离岸业务部分转包给境内企业 B，则 B 为承接在岸外包的**首包**企业），在还没有纳入**增值税扩围**的阶段，给予免征营业税或差额征收营业税的优惠政策。倘若**首包**企业联合其他接包企业（包括承接**首包**转包业务的二级接包商、三级接包商……）进行团体接包，应允许对在岸外包的**首包**团体给予**首包**企业的以上优惠政策。

建议 4. 完善服务外包统计制度。服务外包作为一种新兴的服务业业态，由于其跨行业、跨领域的特征非常明显，且各方对服务外包的确切分类没有达成共识，因此统计方面存在诸多困难。建议，在现有服务外包统计制度的基础上，根据国际服务外包发展趋势，深度把握产业内涵，建立真实反映国际服务外包产业发展特点的统计标准和指标体系。同时，加强数据采集工作，运用信息化手段，全面、准确、及时、充分地报送相关数据，提高数据质量，为宏观决策服务。

中国服务外包研究中心 朱晓明

专 论

中国建设服务外包交易中心与交付中心的探讨[1]

近年来，我国已经成为承接全球服务外包的主要目的地。麦肯锡研究（2008）认为，金融危机之后，跨国公司后台乃至研发业务呈现出由欧美向亚太、中东欧等地区加速转移，中国有望成为全球承接服务外包的第二大中心。“十二五”时期，随着我国结构调整加快，服务业快速发展，我国服务外包产业将继续保持快速发展态势，承接国际服务外包能力将进一步增强，我国将有可能形成若干个全球服务外包交易中心和交付中心。

一、服务外包交易中心和交付中心的界定与要素条件

（一）服务外包交易中心的概念与要素条件

1．服务外包交易中心的概念

服务外包交易中心是指买卖双方聚集的中心和交换的中心。从交易成本（Transaction Cost）分析来看，交易中心扮演买卖双方之间的中介角色，可以大幅度减少买卖双方寻找、沟通、合同签订、交通等成本。如图 1 所示：假设有三个供应商、三个客户，在没有中介时，双方最大可能的连接次数为 9（3×3）；存在信息中介时，双方最大可能的连接次数为 6（3+3）。显然，供应商和客户联系的数量有中介时比没有中介时要少。以此类推，当推广至 m 个供应商和 n 个客户时进行分析，可以得出同样的结论。

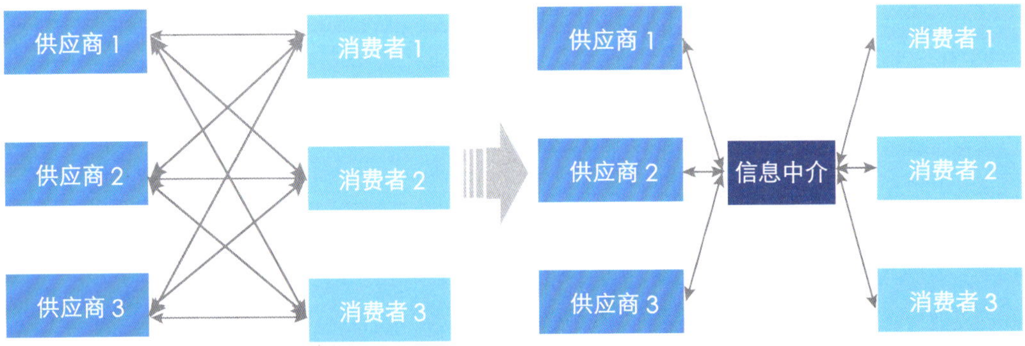

图 1　交易中心的信息中介分析

资料来源：作者整理。

2．服务外包交易中心的要素条件

根据理论分析，服务外包交易中心需要具备以下要素条件：

（1）大量国际买方与卖方聚集。仅有需求方存在的市场，或仅有供给方存在的市场，都无法

1　本文得到对外经济贸易大学 211 工程重大课题“Outsourcing to China: An Emerging ChinaSourcing Advantage”的支持，作者表示衷心感谢。

形成交易中心。市场交易中心需要买卖双方的大量聚集。服务外包交易中心，其特点应该是大量跨国公司地区总部、跨国公司研发中心、跨国公司营销中心以及国内大企业、大型金融机构等发包方聚集，同时，还有大量跨国服务提供商地区总部、本土服务提供商总部、跨国公司后台中心等接包方的聚集，从而真正实现在交易中心完成接单合同签订、人员调配、资源整合等窗口功能，而在更具成本、规模与人力资源优势的交付中心完成服务工作。

（2）区域较高的国际化程度。服务外包是开放型经济的重要组成部分，是以国际化为支撑、充分运用国际资源的高端服务业。服务外包交易是在不同国家之间进行的。因此，区域的开放型经济水平、国际化程度与是否可能成为服务外包交易中心具有密切关系。一般来讲，利用外资水平较高、国际贸易发达的区域，在外包接单渠道上具有优势。此外，服务外包交易中心应具备较高的国际知名度和影响力，将有利于配置国际资源。

（3）雄厚的服务外包产业基础。区域较好的服务外包产业基础是形成交易中心的必要条件。服务外包产业聚集度高、辐射带动能力强，对于周边区域拉动效应较强，将有利于形成行业影响力，有利于聚集服务外包人才、信息、渠道等要素资源。

（4）大量高端国际化人才的聚集。服务外包交易中心主要完成商务谈判、合同签约、合同执行、商务运营等环节，需要聚集大量高端人才。这些人才不仅需要技术能力，更要具备较高的国际商务能力、语言交流能力、文化沟通能力等，熟悉和了解发包国的文化、习俗、商业惯例、法律法规等。

（二）服务外包交付中心的概念与要素条件

1．服务外包交付中心的概念

交付指产品或服务提供给客户的若干行为，其质量很大程度上取决于这些行为的组织方式与过程控制。从成本角度分析，服务外包交付中心是为了降低外包分工所产生的生产费用，获取由外包产生规模经济的一种空间表现形式。将重复性的、彼此相关联的工作放到相对低成本地区，既强化了知识共享，又降低了交付服务的成本。从规模经济角度分析，价值链上不同环节的服务在某一区域聚集，进而形成服务交付中心（Services Deliver Center）。规模效应对服务外包产业至关重要。譬如，惠普将中国作为第六个全球服务外包的枢纽，主要交付城市在武汉、苏州；软通动力总部位于北京，将天津、无锡、广州作为三大全球服务交付中心。

2．服务外包交付中心的要素条件

（1）大量的服务外包供应商集聚。这些企业在空间上聚集，在产业链上形成同质型或上下游相关企业。这些企业的集聚促进了规模经济，成为交付中心最主要的特征。由信息技术驱动的国际服务外包，体现的是全球范围产业转移与区域分工，是价值链上的不同工序或区段在空间上分散化地展开到不同国家和经济体。这种服务转移不是表现为产业的整体和完整的价值链转移，而是表现为承接全球价值链的某一服务功能、某一工序流程、某一研发环节的转移。服务外包这一特征有利于城市在价值链的某个工序快速聚集大规模服务交付团队，从而实现某个工序的最佳生产规模，同时获得区域比较优势与规模经济效益。

（2）较为突出的成本优势。服务外包交付中心通常需要具备相对较低的成本。由于服务外包是典型的智力密集和人力资本密集型产业，人力资本投入占比最高，较低的人力成本是最为主要的因素。由于不同国家各类人力资源相对稀缺程度和价格不同，在技术和其他条件许可的情况下，把不同服务活动拆分到人力资源价格相对较低的国家进行，能够通过节省成本获得比较利益。国际服务外包的承接地大多为发展中国家，也主要是由于与发达国家工资水平的差距仍然很大，并且还会持续相当长的时期，有明显的人力成本优势。此外，房租成本、通信成本、商务成本、生活成本、信息安全成本等都是影响因素。

（3）丰富的高等教育人力资源供给。服务外包产业的主要就业群体是大学生。因此，一个地区的高等教育资源丰裕程度、学科结构多元化程度、大学生数量对于服务外包交付中心有十分密切影响。服务外包交付中心主要在于对智力密集型人才规模的需求。譬如，印度供应商为美国客户提供的呼叫中心服务，为一个客户提供服务的人员动辄就达到数千人。

（4）良好的IT基础设施与生活环境。服务外包交付业务主要通过网络传输进行，因此，服务外包交付中心需要良好的通信基础设施支持。稳定的电力供应、高速宽带互联网、大容量的数据备份中心等都是交付中心基础设施的核心内容。由于服务外包从业人员以高学历群体为主，这类人群对于城市环境、配套功能、生活品质、文化品味等软性环境要求较高。因此，服务外包企业聚集区应是城市配套设施比较完善的功能区域（Polis，District），这对于员工稳定性具有较大影响。

（5）较好的服务业发展基础。服务业是服务外包发展的基础，为服务外包提供产业环境、人力资本和市场空间，呈现双向因果关系。尤其是以知识密集为主的生产性服务业。如信息技术服务、金融服务、商务服务、文化创意等，这些与服务外包密切关联的产业，为发展面向国际的服务外包业务提供了最为直接的生态环境，从而促进了两者的互动共生。

二、基于21个示范城市的实证分析

从2006年至2010年，国务院先后批准了北京、天津、上海、重庆、大连、深圳、广州、武汉、哈尔滨、成都、南京、西安、济南、杭州、合肥、南昌、长沙、大庆、苏州、无锡、厦门等21个城市为示范城市。在国家优惠政策扶持下，这些示范城市服务外包产业取得快速发展、产业聚集程度不断提高，示范引领和辐射带动作用日益增强。本文以21个示范城市为对象，对于我国形成全球服务外包交付中心和交易中心进行实证分析。

（一）关于服务外包交易中心的分析

1．对21个示范城市的综合判断

根据上述服务外包交易中心四个要素条件——大量买方卖方聚集、国际化程度、雄厚的服务外包产业基础、高端人才聚集度与吸引力。

我们选择服务外包十大领军企业总部、十大在华全球服务供应商总部、入驻世界500强企业作为买方和卖方聚集的指标，实际利用外资额作为国际化程度的指标，服务外包离岸执行额、服务外包从业人员数量、服务外包企业数、百家服务外包成长型企业数量作为服务外包产业基础的指标，211院校数量作为高端人才聚集度的指标，分析21个示范城市成为全球服务外包交易中心的前景。

如表1所示，北京在入驻世界500强企业、服务外包十大领军企业、十大在华全球服务供应商总部、百家服务外包成长型企业数量、服务外包从业人员数量以及211院校数量上均处于领先地位。上海在实际利用外资金额、入驻世界500强企业、百家服务外包成长型企业数量、服务外包从业人员数量、211院校数量上处于全国的前列。北京、上海是最有可能成为全球服务外包交易中心的城市。大连、深圳国际开放水平较高，实际利用外资金额分别列第4、5位，深圳入驻世界500强企业数量列第3位；这两个城市服务外包产业基础雄厚，服务外包离岸执行额分别列第7、8位，地理位置优势突出，有可能成为区域性交易中心。

表1　示范城市作为交易中心的相关指标评价

示范城市	服务外包十大领军企业总部 / 家	十大在华全球服务供应商总部 / 家	入驻世界500强 / 家	实际利用外资金额 / 亿美元	百家服务外包成长型企业数 / 家	211院校数量 / 所
上海		1	260	111.21	10	10
天津			130	108.5	2	4
大连	1	1	91	100.3	5	2
苏州			130	85.35	7	1
成都			130	64.1	2	5
北京	6	8	256	63.6	17	27
重庆			113	63.44	5	2
杭州	1		82	43.56	9	1
深圳			181	42.97	3	
广州			140	40(估计)	4	4
无锡	1		76	33	6	1
武汉			81	32.93	2	7
南京			100	26.76	8	8
长沙			102	22.38	4	3
南昌			36	20.18		1
厦门	1		48	16.97		1
西安			123	15.67	5	7
合肥			51	14.3	3	3
济南			38	10.4	4	1
哈尔滨			23	7.03		4
大庆			24	26.1	1	

资料来源：教育部；商务部中国服务外包研究中心；各市统计公报或商务部门网站；实际利用外资为2010年数据、入驻世界500强企业为2010年累积数。

进一步从国际知名度与投资吸引力来分析21个示范城市。根据IBM关于全球区域发展2010年度报告分析，如图2所示，上海名列第2位，北京名列13位，在全球投资、经济活动的热点城市排名均处于优势地位，这又进一步说明北京、上海发展全球服务外包交易中心的巨大潜力。

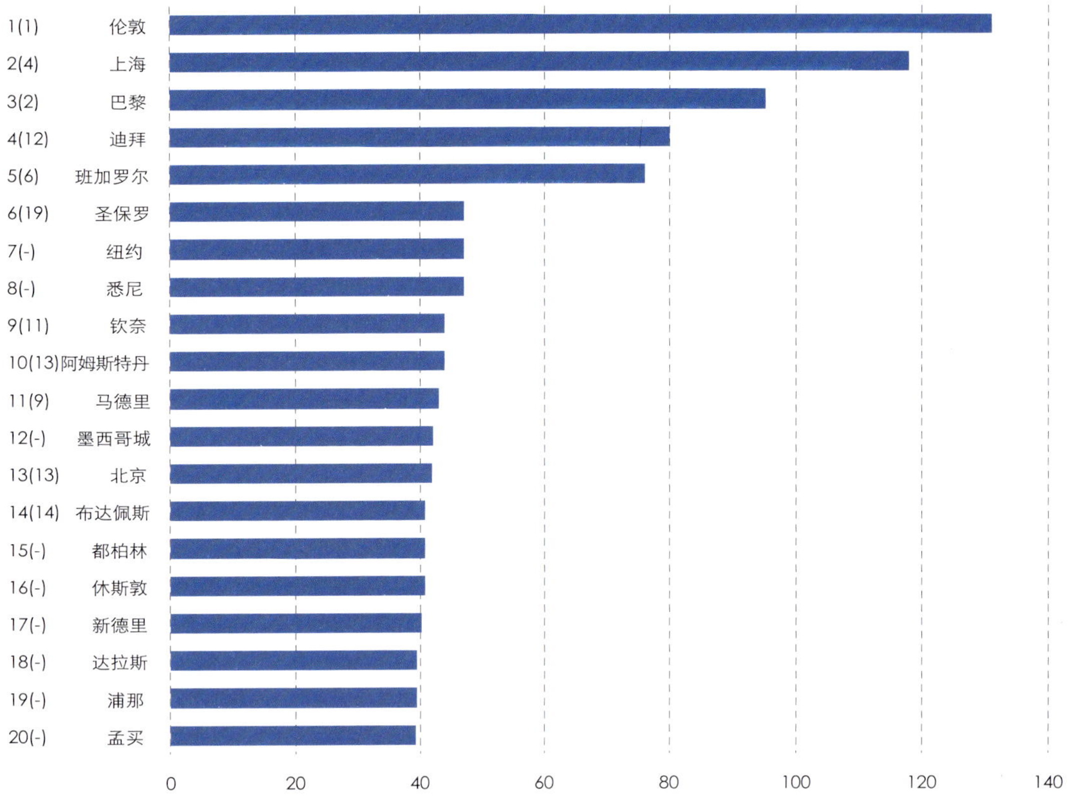

图 2　全球投资吸引力城市排名

资料来源：IBM Global Location Trends Annual Report（2010）

2．北京成为全球服务外包交易中心的主要优势

从表 1、表 2 可以看出，北京绝大部分指标明显领先于其他城市。北京的优势在于其高端要素资源优势、城市品牌优势、高度国际化优势。主要体现在大量的高端人才储备和大规模的跨国公司总部聚集。北京是全球高等院校最为密集的区域之一，也是我国高端人才最为密集的区域，在科技、文化、教育、信息、服务等方面都具有明显优势；城市品牌有较强的国际竞争力，尤其是成功召开奥运会之后，国际影响力大大增强。目前，落户北京的跨国公司地区总部 42 家，外资研发中心 250 余家。这些优势有利于服务外包企业整合国际资源，建设服务外包总部基地，成为接单的窗口。

从实际情况来看，北京目前已经基本形成了全球服务外包交易中心的雏形。

（1）发包方的大量聚集。世界 500 强中有 256 家在北京投资。北京也是跨国公司在中国建立研发中心最集中的城市，目前，北京有包括微软、Google、IBM、诺基亚、Oracle 在内的 350 家外资公司及研发机构，其中包括 46 家世界 500 强企业在北京设立独立的研发机构。另外，北京作为首都聚集了大量的国内大中型企业总部、银行金融机构总部。这些国有大型企业和世界 500 强企业、外资研发机构构成了发包方的集群。

（2）接包方的大量聚集。2008 年、2009 年全国十大服务外包领军企业中，有 6 家企业总部设在北京，包括文思创新、博彦科技、软通动力、中讯计算机、中软国际、海辉高科技等。在 2010 年十大在华全球服务供应商中，地区总部位于北京的企业占到 8 家。目前，北京有 400 余家从事服务外包的企业。全国百家成长型服务外包企业中北京有 17 家。

（3）雄厚的服务外包产业基础。2010 年，北京离岸外包收入达到了 15.29 亿美元，比 2009 年增长了 4.8 亿美元，增长速度达到 45.9%，在示范城市中产业规模位于前列。在北京市商务委系统登记的服务外包企业 400 余家，从业人员在 10 万人左右。离岸业务超过千万美元的企业达 35 家，2010 年，涌现两家人员规模超万人企业，已有五家服务外包企业在海外上市，通过 CMM/CMMI 评估的企业达 194 家。

（4）良好的基础设施和较高的国际化水平。在首都国际机场运营的航空公司共有 78 家，其中有国内航空公司 15 家，国外（含港澳）航空公司 63 家。北京首都机场开通了 127 个国内航点，172 个国际航点。首都国际机场旅客吞吐量达到 6 533 万人次，同比增长 16.8%，排名亚洲第一位、世界第三位。根据 CNNIC2011 年 1 月发布的报告，北京互联网普及率高达 69.4%，无线通信基础设施的建设已经基本完善，排名全国第一，北京的宽带用户已经达到 351.2 万户，北京网民人数达到了 1 218 万。截至 2009 年，北京市共有星级饭店 815 家，其中五星级 54 家。

3．上海成为全球服务外包交易中心的主要优势

截至 2009 年，上海服务外包离岸执行金额列全国第一位，具有雄厚的服务外包产业基础。211 院校数量居第二位。从发展环境上看，上海作为中国的经济中心、金融中心、商贸中心，也是中国国际化程度最高的城市之一，实际利用外资额列全国第 1 位。在金融服务、航运物流、国际商贸、文化科技、创意产业、国际会展等服务业方面具有较强的国际竞争力。

上海市有跨国公司地区总部 178 家，外资研发中心 215 家，全球六大专业服务外包公司中，IBM、惠普、EDS、埃森哲都已落户上海。通过世博会的成功举办，上海作为国际化大都市的品牌形象进一步提升。大量的现代化建筑、海派文化，尤其成为对欧美最具吸引力的城市之一。上海市作为国际航运中心，浦东机场的日均起降航班达 560 架次，虹桥机场的日均起降航班也达 500 架次以上。浦东国际机场已经成为世界主要的航空枢纽港，通航浦东机场的中外航空公司已达 48 家，航线覆盖 73 个国际（地区）城市，62 个国内城市。

4．深圳、大连成为区域性服务外包交易中心的主要优势

深圳是我国最具创新活力的城市，人才吸引度高，信息技术、金融服务等高新技术产业和服务业具有较强国际竞争优势。在区位上比邻香港，长期以来形成了“香港接单，深圳服务”的模式。“十二五”时期，深港合作共建国际化大都市，将为深圳成为国际性金融中心、信息技术交易中心创造有利条件，同时，也使深圳具备了面向香港的信息技术服务外包、金融服务外包交易中心的潜力。

大连服务外包产业起步早，不仅有良好的基础设施、优美的环境、丰富的服务外包人才储备，而且积累了丰富的国际客户资源。大连在十大领军企业、在华全球供应商总部、百家服务外包成长型企业数量都在全国处于前列。素有“北方香港”美誉的大连位于东北亚经济区与环渤海经济圈的核心位置，与日本、韩国、朝鲜和俄罗斯的远东地区相邻，是欧亚大陆桥的重要连接点，实际利用外资列全国第 3 位。由于历史与地理因素，大连和日本具有较为紧密的联系，对日外包业务占据了大连服务外包业务总量的 80% 左右，这也是大连服务外包发展最突出的特点，因此，有望成为面向日本市场的区域性服务外包交易中心。

（二）服务外包交付中心的分析

1．对 21 个示范城市的综合判断

根据上述服务外包交付中心五个要素条件——大量的服务外包供应商集聚、较为突出的成本优势、丰富的高等教育人力资源供给、较好的服务业发展基础、良好的 IT 基础设施与生活环境。我们以服务外包离岸执行额、服务外包从业人员数量、服务外包企业数作为产业指标，分别选择职工年平均工资、房价作为成本指标，高等学校在校学生数作为人力资源供给指标、第三产业占 GDP 比重作为服务业发展指标，互联网、绿化覆盖率等作为 IT 基础设施与生活环境指标，来分析 21 个示范城市在发展服务外包交付中心的前景。

表 2　示范城市作为交付中心的相关指标评价

	职工年平均工资 / (元/年)	2010 年新房均价 / (元/平米)	高等学校在校学生 / 人	第三产业占 GDP 比重 / %	互联网普及率 / %	建成区绿化覆盖率 / %
北京	57 025.81	22 310	574 758	73.60	69.40	37.15
天津	41 646.4	8 958	386 437	38.15	52.70	35
上海	56 606.7	19 168	502 899	53.82	64.50	40.62
重庆	28 363.63	5 720	484 487	43.46	34.60	68.94
大连	35 534.26	9 678	230 524	46.62	44.40	44
深圳	43 731.49	16 978	64 675	51.04	55.30	45.01
广州	47 044.75	12 560	680 000	61.32	55.30	35.01
武汉	28 436.62	6 196	704 453	53.55	50.00	37.40
哈尔滨	27 427.16	7 939	441 765	52.99	29.50	33.71
成都	32 959.17	6 630	518 561	51.58	60.00	38.55
南京	40 474.63	12 016	714 041	51.78	42.80	46.13
西安	30 635.37	5 398	570 950	53.34	34.43	40.29
济南	33 680.38	7 760	601 453	56.81	36.20	36.43
杭州	41 501.38	25 840	361 436	50.55	53.80	38.60
合肥	31 376.93	6 255	325 358	48.84	22.70	35.26
南昌	29 656.7	5 573	447 868	43.98	28.90	70.30
长沙	32 407.98	5 339	352 886	54.77	27.30	36.29
大庆	36 184.19	4 814	59 730	12.76	29.50	43.17
苏州	38 209.53	9 103	120 846	42.65	42.80	41.95
无锡	39 710.31	7 843	94 343	45.23	42.80	43
厦门	32 343.5	9 660	108 919	46.18	50.90	38.40

资料来源：中经网统计数据库；CNNIC 年度报告；部分来源网络

如表1所示。南京、无锡、苏州、杭州具有雄厚的服务外包产业基础。截至2009年，离岸服务外包执行总额分别列全国第4位、第2位、第5和第6位。2010年南京、杭州、无锡、苏州离岸服务外包执行额分别为11.85亿美元、13.79亿美元、15.36亿美元和12.69亿美元。如表2所示，南京、杭州、无锡、苏州的高等学校在校学生数分别列第1、13、19、17位；绿化覆盖率分别列第3、10、7、8位。在政府支持力度、商业环境、对外开放水平上明显优于中西部城市。同时，这些城市的人力、房价等成本要显著低于北京、上海、深圳等一线城市。因此，具有成为服务外包交付中心的巨大潜力。

在中西部地区，西安、成都、武汉服务外包产业基础好于其他中西部城市，成本优势显著，高等教育人力资源充裕度较高，通信基础设施、人居环境较好，服务业发展程度相对较高。2010年，西安、成都、武汉离岸服务外包业务总额分别为1.58亿美元、2.58亿美元和1.26亿美元。西安、成都、武汉的高等学校在校学生数分别列第6、7、2位，高校质量与在校学生总量均处明显优势；在职工年平均工资列第17、13、19位，房价列第19、14、16位，具有较大的成本优势；互联网普及率分别列15、3、9位；建成区绿化率分别列第10、12、14位；第三产业占GDP比重分别列第7、6、10位。这些都说明在大规模、流程型服务交付中心方面具有很好的发展潜力。

随着通信等基础设施在各城市间的差别缩小，二、三线城市的成本优势突出，吸引着越来越多的一线城市服务外包企业在二、三线城市设立交付中心。由于北京、上海等一线城市综合成本（薪金、房租、生活等）不断上升，推动了国内重点服务外包企业快速向二、三线城市发展，尤其是将结构化、流程型、标准化的大规模交付业务配置到成本优势明显的二三线城市和中西部地区，形成了较为明显的一线城市接单，二三线城市交付的分工模式，近两年来这种趋势尤其明显。这与上述分析具有很好的一致性。

2．南京、无锡、苏州、杭州成为交付中心的主要优势

南京普通高等学校41所，211院校8所，在校大学生70余万，全国排名第一，但相比北京、上海成本较低，这使得大量服务外包提供商落地南京。国内领军服务外包企业——软通动力、文思创新、东软等相继在南京市设立分支机构。法国凯捷、新加坡腾飞、微软中国、美国毕博、印度萨蒂扬等跨国公司在南京市建立了各类服务外包交付中心。

无锡服务外包产业近年来增长迅猛。在一系列优惠政策支持下，已经吸引美国IBM、大展、福瑞博德，日本NEC、富士通、NTT DATA、索尼软件，印度NIIT、Zensar（增萨），以及软通动力、海辉软件、中软国际、浙大网新、东软集团、文思创新等国内外知名企业入驻。目前，全国十大服务外包领军企业，已有8家在无锡投资设立区域总部或业务交付中心。十大领军型服务外包企业——以生物医药研发为特色的药明康德总部位于无锡。

杭州作为长三角的中心城市，以人才优势、区位优势和投资创业环境优势成为企业投资的主要目的地。杭州市不仅拥有完善的通信、交通、网络等基础设施，丰富的人才储备和教育科研机构，还是世界休闲之都和宜居城市。浙大网新总部位于杭州，跨国公司TATA、三星、诺基亚、微软、摩托罗拉、英特尔、TCS、NEC、Infosys等在杭州设立了软件研发中心。

苏州近年来服务外包产业发展迅猛。强生财务共享中心、三星半导体分拨中心、博世IT服务中心、耐克物流中心、凯捷中国交付与共享中心、金融服务交付中心等纷纷落户苏州。苏州制造业发达，比邻上海，可以依托当地的制造业优势和上海的金融服务业优势，大力发展服务外包产业。

3．西安、成都、武汉成为交付中心的主要优势

西安市已经形成了以研发服务外包为主，跨国公司和国内大企业为龙头，ITO 和 BPO 共同发展的服务外包产业格局，在通信、金融软件研发和国际集散控制（DCS）解决方案的技术研发服务领域已形成领先优势。2010 离岸服务外包业务总额 1.58 亿美元，同比增长 32.59%，软件和服务外包企业突破 1 000 家，从业人员突破 9 万人。西安软件园聚集了全市 90% 的软件和服务外包企业。以 IBM、Intel、SAP、EMC、香港电讯盈科等为代表的一大批全球知名公司先后落户西安，13 家世界 500 强企业在西安从事服务外包业务。我国华为、中兴通讯等企业也在西安设立了研发中心。

成都市已经形成以信息技术服务外包为主，覆盖研发、工业设计、市场营销、人力资源、财务会计等业务流程的服务外包产业体系。2010 年，成都市服务外包离岸执行金额 2.58 亿美元，同比增长 100% 以上，其中 ITO 占 90% 以上，服务外包从业人员 7 万人，各类服务外包企业 600 家。其中，天府高新区聚集了全市 70% 以上的服务外包企业。近两年，成都开放程度不断增强，2010 年实际利用外资超过 60 亿美元，在全国处于领先位置。行业龙头——埃森哲、IBM、威普罗（Wipro) 等先后落户，并且吸引包括西门子、DHL、马士基等大型跨国公司在成都建立共享服务中心、运营中心或研发中心。

武汉市已经逐步成为在嵌入式软件和空间信息技术、信息安全、制造业信息化等应用软件领域的国家级服务外包产业基地。2010 年离岸外包执行金额 1.26 亿美元，软件及服务外包企业 550 余家，从业人员 5 万人。目前，已经有惠普（原 EDS) 武汉交付中心、IBM 武汉全球交付中心、法国电信联想利泰（联合）研发中心、方正软件研发中心、博彦－德国电信合作项目等国内外知名服务外包企业在落户。世界航运巨头泛亚班拿公司、银联商务等在武汉设立共享服务中心或后台服务中心。武汉光谷软件园聚集服务外包企业 60 多家，从业人员约 2 万人，其中本土服务外包企业占 70%。

三、结论及建议

通过上述理论研究与实证分析，我们得出以下结论与建议。

第一，通过运用空间分工理论和规模经济理论，对服务外包交易中心和交付中心形成的要素条件进行研究，对 21 个示范城市的实证分析表明，北京、上海有可能成为未来的全球服务外包交易中心，深圳、大连有可能成为区域性交易中心。南京、无锡、杭州、苏州、成都、西安、武汉有可能形成全球或区域性服务外包交付中心。

第二，从服务外包产业的价值链分离与资源组合角度来看，与韩国、新加坡、印度等国家不同，我国幅员辽阔，不同地区的要素禀赋、产业结构存在相当大的差异，因而有可能在整个全球服务外包价值链上占据不同的环节。基于客观存在的要素禀赋差异，着眼于发挥不同示范城市的比较优势，借助区域市场中心城市协调不同城市间的专业化分工合作，形成囊括全球服务外包价值链尽量多的环节、更为完整的产业分工体系。

第三，服务外包产业有必要、有可能在示范城市之间实现错位竞争、梯度发展的格局。21 个示范城市在要素禀赋结构——人力资本、国际化程度、产业基础、高端人才聚集度、商业环境等

存在相当大的差异。为了保证服务外包产业有序、稳定、可持续发展，示范城市需要结合自身的资源优势条件，走特色化的发展道路，形成空间分工协作的产业生态环境，避免城际竞争导致的无效内耗。

在总部聚集程度高、国际化与开放程度较高、高端人才吸引力强、产业起步较早的中心城市形成“总部经济与交易中心”，引领整个产业发展并辐射带动其他城市；在具备良好基础设施与生活环境、充裕的科教育资源和人力资源，以及成本优势明显，服务业优势明显的二、三城市形成相当规模的优质企业与交付团队聚集，从而形成若干在价值链某些工序具有国际竞争力的“全球服务外包交付中心”。

第四，全球服务外包市场交易中心和交付中心的形成主要靠市场机制发挥作用，政府可以在其中发挥积极的推动作用。通过在制定产业规划、产业政策等方面进行积极引导，加快构建全球服务外包交易中心和交付中心，促进服务外包产业的有序、良性和健康发展。

国家发改委宏观经济研究院　王晓红
对外经济贸易大学　殷国鹏
中国人民大学　杨波

专 论

关于完善服务外包统计体系刍议

“服务外包”概念自20世纪80年代中期提出以来，各国政府、行业协会、国际咨询公司、研究机构纷纷从不同角度给出了服务外包的定义和统计边界。我国从2007年开始，由商务部和工业和信息化部分别建立“服务外包业务管理和统计系统”和“软件与信息服务外包产业统计系统”对该产业的发展数据进行采集。进入“十二五”的开局之年，我国服务外包产业迎来新的发展机遇，同时也面临国际市场竞争日益加剧的挑战。明确产业边界，完善产业统计，用准确的数据反映产业发展状况，用详实的统计分析为国家相关管理部门实施支持政策提供参考，这将对服务外包产业的健康有序发展起到重要的推动作用。

一、国际相关结构关于服务外包的统计边界

目前，由于国际一些知名咨询公司、研究机构对服务外包定义的理解存在差异，因此对服务外包产业的统计边界存在明显差异。

（一）国际数据公司（IDC）

IDC对服务外包的定义基于其对服务市场的理解，IDC的服务市场涉及IT服务市场和业务服务市场两类。其中，IT服务市场中外包的部分被定义为IT服务外包，业务服务市场中外包的部分被定义为业务流程外包（表1）。

IT服务包括IT外包（ITO）、咨询及系统集成（C&SI）以及技术产品支持（TPS）三类。其中根据外包服务模式的不同，IT外包可以分为应用管理、桌面管理、网络管理及整体信息系统的外包等传统的“一对一”的外包服务模式，以及“软件即是服务”（SaaS）和托管服务在内的“一对多”的外包服务模式。

业务服务包括业务咨询服务、业务流程外包服务（BPO）等。其中，业务流程外包涉及采购、财务会计、培训及人力资源、客户服务等水平业务流程服务及特定垂直行业流程服务。

表1　IDC公司关于外包的细化分类

分　类	内　容
ITO	应用管理
	桌面管理
	网络管理
	信息系统外包
	托管应用程序管理
	托管基础设施服务

（续表）

分类	内容	
BPO	水平业务流程服务	客户管理
		财务与会计
		人力资源管理
		采购与物流管理
		培训
	特定垂直行业流程服务	

资料来源：IDC 公司

（二）Gartner 公司

Gartner 按最终用户与 IT 服务提供商所使用的主要购买方法，将 IT 服务市场分为离散式服务和外包（即服务外包）。外包指为了随时交付 IT 服务而将管理责任在一定程度上转移给一家外部提供商，服务的实施与服务水平和成果相联系。外包又分为 IT 外包（ITO）和业务流程外包（BPO）（表 2）。

表 2　Gartner 公司关于外包的细化分类

分类	内容
ITO 定义为：包括产品支持和专业服务相结合的投资组合，向客户提供 IT 基础结构，企业应用，和业务流程服务，或两者兼有，帮助确保接受服务方成功达成其使命	数据中心外包
	桌面外包
	网络外包（企业和公共网）
	企业应用外包
BPO 定义为：将一个或几个 IT 密集的业务流程委托给一家外部业务提供商，后者则根据固定的可计量的履约标准拥有、管理和操作选定的流程	企业服务 包括：人力资源（HR）、财会服务、付款服务、管理服务
	供应管理服务 包括：购买流程、储存流程、移动流程管理服务
	需求管理服务 包括：客户选择、客户吸纳、客户保留、客户拓展管理服务
	运营服务 包括：金融服务运营、政府和教育运营、生产运营、零售、批发和运输运营、卫生保健运作、通讯与公用设施运营服务

资料来源：2004 Gartner, Inc. 世界 IT 服务市场定义指南，2Q04

（三）印度全国软件与服务企业行业协会 (NASSCOM)

2007 年之前，NASSCOM 关于服务外包领域的研究提出 IT-ITES 的概念，即 IT 服务和基于 IT 的服务。2007 年，NASSCOM 提出了新的服务外包概念，指出服务外包是基于 IT 的业务流程外包（IT-BPO）。建立在 IT 和网络平台之上，任何外包的作业经数据化之后，转移出去的业务流程和办公作业都属于服务外包。NASSCOM 对服务外包产业边界的界定与 IDC 基本一致，在其每年出版的印度年度服务外包产业发展报告中，大量的数据出自 IDC 的研究。

NASSCOM 的服务外包分为 IT 服务支持、BPO、工程设计与产品研发三类（表 3）。

表 3　NASSCOM 关于外包的细化分类

分类	一级指标	二级指标
IT 服务支出	基于工程	IT 咨询
		系统集成
		网络咨询和集成
		定制应用程序开发
	外包	应用程序管理
		托管应用程序管理
	IS 外包	网络及桌面外包
		托管基础设施服务
	支持和培训	硬件部署和支持
		软件部署和支持
		IT 教育和培训
BPO	垂直行业特定的 BPO	
	知识服务 KPO	
	水平业务领域 BPO	客户管理
		财务与会计
		人力资源管理
		采购与物流管理
		培训
工程设计与产品研发（ER&D）		

资料来源：Nasscom2010 年年报

（四）埃森哲公司 (Accenture)

Accenture 定义的服务外包分为 ITO 及 BPO 两类，其分类中的 BPO 业务与 IDC 的范围相似，但在 BPO 业务中纳入了知识流程外包业务，在 ITO 中纳入了嵌入式软件开发（表 4）。

表 4　ACCENTURE 关于外包的细化分类

分　类	内　容	
ITO	IT 基础设施	
	IT 应用	定制软件开发
		软件研发
		软件本地化 / 全球化
		软件测试
		应用软件外包
	嵌入式软件开发	

（续表）

分 类	内 容	
BPO	财务与会计	
	人力资源	
	培训与教育	
	采购	
	客户关系	
	供应链 / 物流	
	设施管理	
	与具体行业相关的外包	服务
		研发（合同研究组织 CRO）
	知识流程外包（KPO）	

（五）麦肯锡公司 (McKinsey)

麦肯锡对服务外包的研究主要基于业务的劳动技术要求及交易的复杂程度，为此麦肯锡将服务外包划分为五类（图 1）。

图 1　麦肯锡公司的服务外包划分标准

二、中国政府关于服务外包的统计边界

自 2006 年底由商务部牵头发起的促进服务外包产业发展的“千百十”工程以来，我国政府陆续出台了包括财税、人才培训、大学生就业、特殊工时、海关监管、电信服务、金融支持、知识产权保护、投资促进等 20 多项服务外包产业支持政策，政策落实力度持续加大，政策支持体系日趋完善，产业统计体系也在逐步建立，中华人民共和国商务部和工业和信息化部分别根据业务管

辖的不同范围，对服务外包产业的统计边界作了不同界定。

（一）中华人民共和国商务部

中华人民共和国商务部从2007年开始建立对服务外包产业的统计体系，统计边界逐步明确，服务外包业务管理和统计系统运转顺畅，已积累三年的月统计数据及年统计数据。

商务部对服务外包的统计主要包括信息技术外包（ITO）、业务流程外包（BPO）、知识流程外包（KPO）三类（表5）。统计方法主要采用服务外包企业和各级商务主管部门在线申报和审核的方式，省级和示范城市商务主管部门于每月5日前完成对上月统计信息的审定，信息汇总上报到商务部后，采取抽查的方式对企业申报的信息进行核查，目前该项工作归口于商务部服务贸易司。

商务部统计的服务外包产业发展数据主要为政府决策提供重要参考，同时用于中国服务外包产业发展白皮书的撰写，以呈现当年全国服务外包产业的发展全貌，作为业内分析研究的基础。

表5　商务部关于服务外包业务范围

分类	一级指标	二级指标	内　容
信息技术外包服务（ITO）	软件研发及外包	软件研发及开发服务	用于金融、政府、教育、制造业、零售、服务、能源、物流和交通、媒体、电信、公共事业和医疗卫生等行业，为用户的运营/生产/供应链/客户关系/人力资源和财务管理、计算机辅助设计/工程等业务进行软件开发，定制软件开发，嵌入式软件、套装软件开发，系统软件开发软件测试等
		软件技术服务	软件咨询、维护、培训、测试等技术性服务
	信息技术研发服务外包	集成电路设计	集成电路产品设计以及相关技术支持服务等
		提供电子商务平台	为电子贸易服务提供信息平台等
		测试平台	为软件和集成电路的开发运用提供测试平台
	信息系统运营维护外包	信息系统运营和维护服务	客户内部信息系统集成、网络管理、桌面管理与维护服务；信息工程、地理信息系统、远程维护等信息系统应用服务
		基础信息技术服务	基础信息技术管理平台整合等基础信息技术服务（IT基础设施管理、数据中心、托管中心、安全服务、通信服务等）
业务流程外包服务（BPO）	企业业务流程设计服务		为客户企业提供内部管理、业务运作等流程设计服务
	企业内部管理数据库服务		为客户企业提供后台管理、人力资源管理、财务、审计与税务管理、金融支付服务、医疗数据及其他内部管理业务的数据分析、数据挖掘、数据管理、数据使用的服务；承接客户专业数据处理、分析和整合服务
	企业运营数据库服务		为客户企业提供技术研发服务、为企业经营、销售、产品售后服务提供的应用客户分析、数据库管理等服务。主要包括金融服务业务、政务与教育业务、制造业务和生命科学、零售和批发与运输业务、卫生保健业务、通信与公共事业业务、呼叫中心等
	企业供应链管理数据库服务		为客户提供采购、物流的整体方案设计及数据库服务
知识流程外包（KPO）			知识产权研究、医药和生物技术研发和测试、产品技术研发、工业设计、分析学和数据挖掘、动漫及网游设计研发、教育课件研发、工程设计等领域

资料来源：财政部 商务部《关于做好2010年度承接国际服务外包业务发展资金管理工作的通知》财企〔2010〕64号

（二）中华人民共和国工业和信息化部

中华人民共和国工业和信息化部（简称“工业和信息化部”）从软件与信息服务业的角度将服务外包定义为“软件与信息服务外包产业”，产业划分为ITO与BPO（表6）。工业和信息化部主要通过各省、自治区、直辖市、计划单列市和副省级省会城市的软件服务业主管部门，新疆生产建设兵团信息化工作办公室的渠道，每年年底发放《中国软件与信息服务外包企业调研问卷》，通过企业反馈问卷完成数据采集工作。至今已连续统计四年，并已连续两年编写《中国软件与信息服务外包产业发展报告》，对外发布产业发展数据，目前工业和信息化部由软件服务业司具体负责该项工作。

表6　工业和信息化部关于服务外包业务范围

类别	主要业务
ITO	信息系统设计、信息技术运维、测试评估、信息系统规划、信息技术管理咨询、信息技术培训、信息系统工程监理、IC设计、软件设计、软件开发等外包服务
BPO	数据处理、软件运营服务、容灾服务、物流管理服务平台、电子商务管理、在线娱乐平台、在线教育平台、数字内容加工处理、呼叫中心、互联网数据中心等外包服务

资料来源：工业和信息化部网站

服务外包统计口径的不同，不仅为我国服务外包产业的对外宣传带来不便，同时为研究机构、企业对产业发展现状、趋势的判断造成困扰。为了营造良好的产业发展环境，指导产业的有序扩张，明晰服务外包统计边界，统一统计口径意义重大，在此基础上建立完善的服务外包统计体系迫在眉睫。建立专门的统计部门、专业的统计队伍、完善的指标体系、高效的监管制度，都是建立完善的服务外包产业统计体系不可或缺的因素。

中国服务外包研究中心 江维

专 论

提高服务外包产业创新能力研究

一、服务外包产业创新的重要意义

（一）创新是提升服务外包产业竞争优势的核心要素

在“平的世界”中，创新日益成为服务外包企业和产业发展的核心要素。当前，服务外包企业的创新能力已经成为除了成本、质量、风险之外，发包方越来越重视的要素，这种现象在金融、电信、医药等知识密集型产业的服务外包中尤为常见。与此同时，服务外包范围从传统的信息技术服务外包和业务流程服务外包，逐步扩展到知识流程服务外包，在提供产业发展新机遇的同时也考验了服务外包企业的创新能力。

创新意味着高附加值，意味着竞争力。服务外包企业可以通过创新获取服务外包价值链中的高附加值订单，提升自身竞争力。实践证明，创新是许多服务外包企业成长壮大的法宝。通过创新管理提升创新能力，积极开展技术、服务模式、行业解决方案等创新，已经成为服务外包企业打造核心竞争力、实现跨越式发展的重要途径。

国际上的一些服务外包承接地由于重视营造服务外包创新发展的环境，引导服务外包企业创新，已经从“成本和人力资源优势驱动”的发展阶段演化到“创新驱动”的发展阶段，成功地实现了服务外包产业升级。在国际服务外包市场竞争愈加激烈的今天，创新无疑已构成了服务外包产业竞争优势的核心要素。

（二）服务外包创新是促进客户所在产业升级的重要抓手

服务外包产业与客户所在的产业有着密不可分的联系。服务外包中的信息技术外包服务（ITO）、业务流程外包服务（BPO）以及知识流程外包服务（KPO）是提供给客户所在产业的，用作客户生产商品和提供服务的中间投入，即中间需求服务。这些外包服务有的直接作为工业企业的中间投入，有的作为商品交换过程中的流通和金融服务，有的作为与新生产结构相适应的人力资本的形成所需要的服务，有的作为对整个生产体系进行空间上协调和规制所需要的服务。

这种紧密联系使得服务外包产业创新对客户所在产业的升级起到了特殊而重要的角色，服务外包的创新水平在一定程度上影响了其所服务客户所在产业的发展水平。服务外包产业的创新可以有效地带动客户所在产业的创新，可以被认为是促进客户所在产业升级的重要抓手。以银行业为例，作为全球最大的金融服务外包企业之一，IBM 公司在为银行业客户提供外包服务的过程中，除了提供硬件、软件和标准服务之外，还有一项重要的创新资产——金融业务模型，该模型凝聚了公司专家们在全球不同的金融项目应用开发中的智慧结晶。IBM 于 2008 年创建了中国金融卓越中心，希望能够帮助中国的银行业客户在未来做更好的转型和产品创新的工作，传统的银行业客户完全可以利用此项全球创新经验和服务提升国际竞争力，实现产业转型升级。

二、服务外包产业创新的概念、层次和类型

（一）服务外包产业创新的本质是服务创新

服务外包产业创新不仅是服务外包企业的个体创新行为，它也是产业中各个参与主体的相互作用、相互学习而导致的创新，是知识在各个参与主体间转移、溢出、吸收的结果，由政府、园区、行业协会等共同营造的创新支撑体系深刻影响着服务外包产业的创新。

服务外包产业创新在本质上属于服务创新，相比较制造产业创新而言，有着更为丰富和复杂的内涵，涵盖丰富的内外部交互活动，在创新的形态、新颖度范围、适用对象、可复制性、形式多样性、顾客导向性等方面均体现出自身的特点（表1）。

表1　服务外包业创新与制造产业创新的比较

项　目	服务外包产业创新	制造产业创新
创新的形态	一种概念性和过程性活动，结果是一种无形的概念、过程和标准	一种有形活动，结果是一种有形产品
创新的新颖度范围	范围较为宽广，创新谱较宽，包括从渐进性的小变化到根本性变化	范围较狭窄，其变化是一种显著、可见的有形变化，而且必须可复制
创新的适用对象	主要针对企业，很多创新是根据特定企业顾客的需求特点开发的	主要针对整个产业，某项新技术的引入经常引起整个产业的变化
创新的可复制性	经常是针对客户问题的一种新的解决办法，可能只出现一次而不会重复出现	必须具有某种可复制性：一个新产品必须能够大量生产和销售，一种新的生产过程或组织形式能被持久引入
创新的形式多样性	形式多样，包括：技术创新、产品创新、过程创新、市场创新、组织创新、专门化创新、传递创新等	主要是由技术引发的创新，技术维度占据着主导地位
创新的顾客导向性	多数以顾客需求为导向，顾客不仅推动了创新的出现，并作为合作生产者影响创新结果	技术导向性明显，虽然也考虑顾客需求，但技术推动型创新仍占据主导

（二）服务外包产业创新有多个层次和类型

服务外包产业的创新具有一定的层次性，可以分为：单个服务外包企业的创新、接发包企业之间的创新、服务外包产业链的创新三个层次，而每个层次中又包含不同创新类型（图1）。

1．单个服务外包企业的创新

单个服务外包企业的创新有解决方案创新、业务流程创新、技术创新以及服务模式创新等类型。

（1）解决方案创新。服务外包企业可以基于所积累的垂直行业经验开发出针对于某种流程或业务的创新解决方案，帮助客户解决复杂繁琐的难题，从而成为客户值得依赖的合作伙伴并获得高附加值的服务订单。Infosys公司专注于银行和金融服务业，创新并推出了Finacle银行通用解决方案，有力地提升了公司其他的系统集成、咨询顾问、业务流程等外包业务。

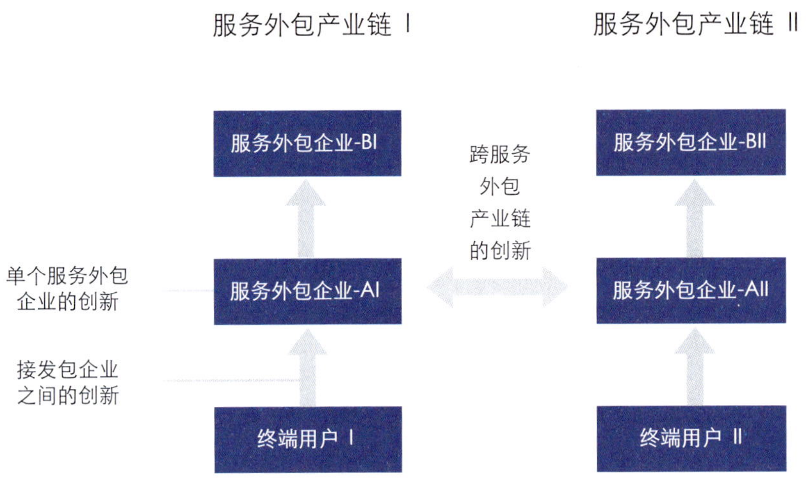

图 1　服务外包产业创新的层次

（2）业务流程创新。服务外包企业可以通过开展企业内部的业务流程创新来提升运营效率。华道数据公司创新业务流程，把客户端零散的小规模业务处理集约化和“生产线化”，保证了公司为客户提供独特的价值。

（3）技术创新。服务外包企业可以在咨询和系统集成服务方面开发指定领域的专门技术并使之系统化，从而获取持续的利润。Wipro 公司当年意识到无线网络技术在连接客户工具和人员电脑方面将发挥重要作用，因而投资研发此项技术并将其应用到为客户专门设计的微处理器技术中。

（4）服务模式创新。信息技术的发展给服务外包服务模式的创新带来了机遇。IBM 公司利用云计算技术创新外包服务，在爱尔兰都柏林开放一个新的数据中心，依托云计算所形成的强大处理能力，向客户提供软件和 IT 服务开发等协作项目的应用软件等云计算外包服务。

2．接发包企业之间的创新

接发包企业之间的创新涉及发包方客户、服务外包企业等不同主体，体现为不同的服务交付模式和治理模式，这些创新模式为接发包方提供了更多的选择。目前，单一的合作模式正在被创新的多元化灵活的模式所取代，例如，对于需求定义比较清晰与稳定的项目可采用定价方式；对于需求不确定性大的项目，可采用工时核算的方式；对于长期合作的客户，服务外包企业可以帮助设立专门的离岸开发中心（ODC），以保持开发团队和技术专长的稳定性；对于希望建立自己附属离岸中心（Captive Center）的客户，为帮助客户减低风险度和初期投资，提高资本使用有效性，服务外包企业可以提供“建立－运行－转移（BOT）模式”。

3．跨服务外包产业链的创新

当今的竞争不再仅仅是单一企业间的竞争，在某种程度上更是服务外包产业链之间的竞争。竞争可能带来跨服务外包产业链的创新，跨越进入到利润空间更大的服务外包产业链。例如，从 ITO 产业链到 KPO 产业链的跨产业链创新。印度就是一个很好的例子，从高智力、资产密集型的 ITO 产业链跨越渗透到工程和研发服务的 KPO 产业链，随之带来了区域内相关服务外包企业的整体升级。

三、提升中国服务外包产业创新能力建议

（一）构建服务外包产业创新的支撑体系

服务外包产业创新的实现离不开良好的支撑体系。各级政府、园区和行业协会均应发挥积极作用，构建有利于产业创新的支撑体系，在财政扶持、公共服务平台建设、金融支持、知识产权保护环境营造等方面推动服务外包产业创新。

第一，加大服务外包创新财政扶持。各级政府应不断增大科研投入，提高科研支出在财政支出的比重，从而增强企业对外来技术的吸收、学习和创新能力。各级财政还可以成立创新基金，奖励重视创新的服务外包企业，鼓励资助企业的国际专利申请，从而刺激服务外包企业的创新。

第二，搭建公共服务平台。公共服务平台可以增强服务外包企业之间各种形式的联系和合作，增强知识的共享水平和效率，促进创新成果的应用和传播。各级政府和园区在搭建公共服务平台的时候，应该注重设计促进知识信息交流的机制和模块，运用先进的信息技术和网络平台，将学术界、企业界、政府、研究机构等各方资源进行有效整合。

第三，完善产业创新的金融支持。金融机构应从信贷政策上向服务外包企业创新倾斜，对于有创新成果的服务外包企业贷款给予便利。政府可以整合社会力量和风险资金设立创新投资基金，为服务外包企业的融资提供渠道，此举仅有利于为企业的创新募集资金，分担创新过程的风险，同时也分散了集中于金融体系的风险。

第四，营造良好的知识产权保护环境。良好的知识产权保护环境有利于保护服务外包企业的创新成果，激励服务外包企业创新。应进一步健全知识产权保护相关的配套法律法规，依法打击侵犯知识产权的行为，建立一个公平、公正、公开的市场竞争环境。

（二）加强服务外包企业的智力资本创新管理

作为服务外包产业创新的主要主体，服务外包企业的创新能力必然影响着服务外包产业创新的能力。作为轻资产的企业，服务外包企业创新能力提升应落脚在加强对智力资本的创新管理上，包括对人力资本、结构资本和关系资本的创新管理（图2）。

1. 人力资本的创新管理

人力资本是体现在企业员工身上的资本，是对人力资源的开发性投资而形成的可以带来价值增值的资本形式。人力资本的创新管理可以从三个方面开展：

（1）培育创新的企业文化。创新依赖于人的积极性和创造性的发挥，对人力资本的创新管理需要有效激发员工的创新自觉性和积极性，培育人性化的鼓励创新的企业文化。

（2）鼓励员工参与创新。将创新作为普通员工和高级经理绩效考核的重要内容。对于企业的一些关键创新人物，可以将他们安排在研发实验室式的机构里，实现组织分离，使他们能集中精力开展创新项目。

（3）积极开展员工培训。面临着信息技术的更新换代，员工的知识结构和工作能力需要通过培训来更新和提高。企业通过培训可以促进外部知识的内化，并能将内部员工的隐性知识在组织内扩散与分享，在增加企业知识的存量与广度的同时提高企业的技术吸收能力。

图 2　服务外包企业的智力资本创新管理

2．结构资本的创新管理

结构资本将企业视为一个由决策、执行运转两大职能所构成的一种系统结构，分别由治理结构资本、业务流程资本来实现。结构资本的创新管理可以从三个方面开展：

（1）建立促进创新的平台。服务外包企业可以在内部构建了信息共享网络，在不影响客户权益的情况下，把外包过程中的经验在网络上分享。同时，投入人力进行研发，充实信息共享网络中的知识资本。

（2）建立专门机构资助创新。专门机构负责审核员工提出的创新构想和方案，给予资助并承担咨询师的角色，促使这些创新构想得以实现。

（3）建立知识产权管理制度。企业应制定有关企业知识产权工作的知识使用规章制度和知识保密制度，包括核心技术领域的控制制度，同时建立合理的知识产权利益分配与奖励制度。

3．关系资本的创新管理

关系资本主要指企业的客户关系、供应商关系及所属产业上下游间关系网络。关系资本的创新管理可以从两个方面开展：

（1）加强合作，培育良好的伙伴关系。企业可以采用开放的创新模式，与客户、用户和学术界一起加强战略合作、一起共创知识产权、一起预测和开创新的技术领域。在此过程中，更多地理解客户方的语言和商业文化，加强客户关系管理。

（2）设立技术监听站（Technology Listening Post, TLP）。技术监听站是企业知识开发和创新系统中担负着获取外部知识战略使命的外围机构。服务外包企业可以积极在美国、欧洲以及发达的服务外包产业集群中设立技术监听站，跟踪和获取东道国及竞争对手的知识，并将大量信息知识及时、准确、直接地传递到国内，使企业及时了解世界前沿技术动态，调整创新方向。

中国服务外包研究中心　季 成

专论

推动我国金融服务外包发展的战略思考

一、全球金融服务外包发展态势

金融服务外包是指金融机构将其部分事务委托给外部机构或者个人处理。2005年2月，巴塞尔银行监管委员会公布的《金融服务外包》文件，将金融服务外包定义为“受管制实体在持续性的基础上利用第三方来完成一些一般由受管制现在或将来所从事的事务，而不论该第三方当事人是否为公司集团内的一个附属企业，或为公司集团外的某一当事人。”金融服务外包不仅包括将业务交给外部机构，还包括将业务交给集团内的其他子公司去完成的情形；不仅包括业务的初始转移，还包括业务的再次转移（称之为“分包”）；不仅包括银行业务的外包，还包括保险、基金等业务领域的外包。从外包内容上看，金融服务外包包括金融信息技术外包（ITO）和金融业务流程外包（BPO）。金融信息技术外包，是指金融企业以长期合同的方式委托信息技术服务商提供部分或全部的信息技术服务，主要包括应用软件开发与服务、嵌入式软件开发与服务，以及其他相关的信息技术服务等。金融业务流程外包是指金融企业将非核心业务流程和部分核心业务流程委托给专业服务提供商来完成，主要包括呼叫中心、财务技术支持、消费者支持服务、运营流程外包等。

金融服务外包最早产生于20世纪70年代，当时发达国家一些金融公司为节约成本，将打印及记录等业务外包。20世纪90年代后，金融服务外包进入飞速发展时期，外包业务扩展到IT部门及人力资源等更多领域。近年来，发达国家出现了新一轮金融服务外包浪潮，在所有行业中，金融业外包规模已经仅排在制造业之后位居第二，覆盖了银行、保险、证券、投资等各类金融机构以及各种规模的金融机构。全球金融服务外包呈现以下发展态势：

第一，金融服务外包规模持续迅猛增长。以软件及信息服务为代表的现代服务业正以空前的速度实现跨国界转移，专业化服务出现全球化的发展趋势，尤其是金融后台服务行业正进入高速成长期。金融机构在全球IT技术的发展、成本压力以及自身安全要求和转移风险等因素的驱动下，通过将前、后台业务分离，将金融后台服务包括金融数据处理、金融服务软件及系统研发、金融灾难备份、清算中心、银行卡业务等外包来提高效率，更专注于核心业务，增强其在全球金融领域中的竞争力。

第二，金融服务外包的内容逐渐深化。金融服务外包起步于金融ITO，成长壮大于金融BPO，而发展趋势将是金融KPO。以前的金融服务外包主要是IT业务的外包，包括提供桌面协助、大型数据系统或网络的连接等服务。近年来，许多大型银行竞相将其操作管理中一些具有特殊功能的业务派送到海外，离岸外包业务从一般IT服务扩展到金融服务领域，外包的商业模式也从一般软件配套服务进入了运营操作过程承包。目前，外包市场逐步向纵深即KPO发展，一些专精特定业务的外包商目前很受市场欢迎。近年来，这些提供特殊专精功能的外包商为了保持其竞争力而不断加大外包业务的深度，正在大力开拓专家型外包业务，并配以高科技的智能应用，创造出新的知识资本，大力降低成本。

第三，离岸金融服务外包趋势不断扩大。离岸金融服务外包是指金融企业将自己的部分业务委托给外国企业的一种商业行为。由于行业竞争的加剧，各公司的利润率不断下降，同时客户提出更高要求的服务，推动了各金融服务公司在不断降低成本的同时提高服务品质。最初，欧美的公司进行离岸外包是充分利用全球的劳动力差价进行劳动力套利，发展中国家低廉的劳动力降低了公司成本，使公司在竞争中获得成本优势。许多跨国公司试图通过建立离岸交易及服务中心来提高本机构整体效率。金融机构除将业务外包给服务商外，也会把一些业务交由海外附属机构来完成。德勤会计师事务所的统计显示，2001 年仅有 10% 不到的金融机构参与到离岸外包的行业，而到 2006 年这个比例已经达到了 75%（图 1）。据金融研究公司 Tower Group 的调查，一批世界超级金融机构，包括美国运通、GE Capital 等都向海外大规模地外移了客户呼叫中心与软件开发业务。

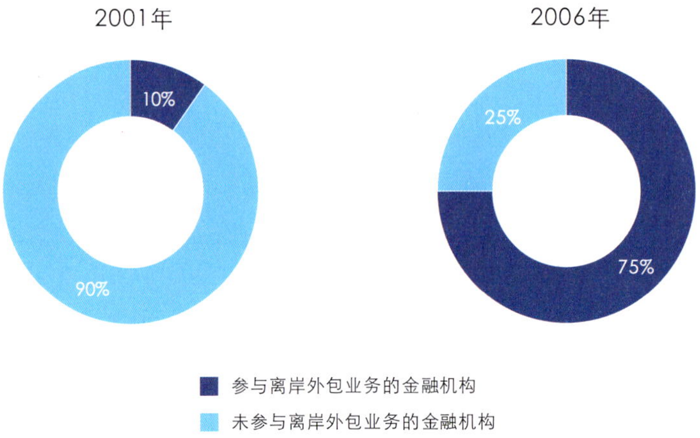

图 1　参与离岸外包业务的金融机构占比情况

资料来源：德勤会计师事务所

第四，金融服务外包的全球格局初步形成。美国、欧盟、日本等国是主要的金融服务外包发包方，而印度、爱尔兰等国是主要的接包方。美国公司占据全球离岸经营业务的 70%。欧盟和日本占据剩余份额，其中英国居于主导地位。美国、日本和西欧的发达国家金融机构的商务流程已经实现了标准化，为降低成本，将其业务流程中非核心的业务外包给国外其他的服务公司运作。国际金融服务外包最主要承接国是印度、爱尔兰等。科尔尼咨询公司研究指出，从金融结构、商业环境和专业技术人才的获取三个方面来考察离岸目的地国家，印度处于绝对领先地位，中国、马来西亚、捷克等紧随其后。目前，国际金融服务外包市场已经形成以印度市场为核心，同时包括菲律宾、马来西亚等新兴服务外包市场的整体格局（图 2）。

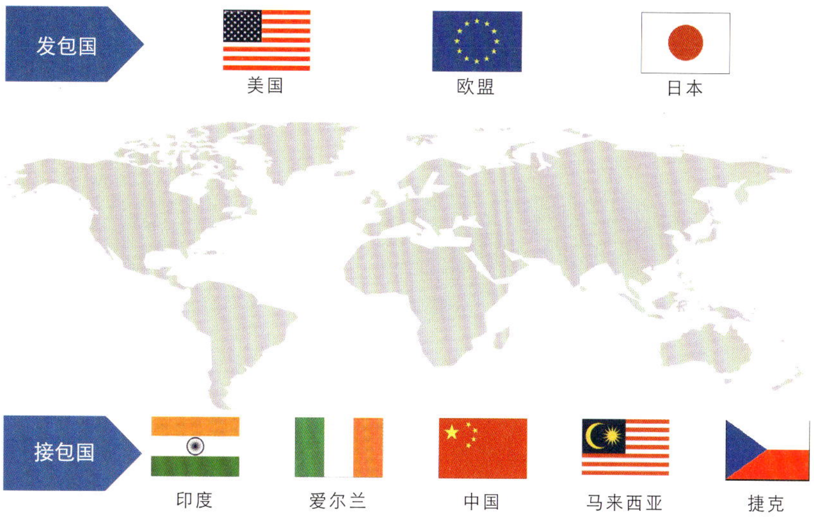

图 2　全球金融服务外包格局

资料来源：中国服务外包研究中心整理

二、中国金融服务外包发展态势

全球金融服务外包的蓬勃发展为我国提供了两大机遇：一是根据 WTO 协议，随着我国银行业的全面开放，越来越多的金融机构在华设立外包服务中心，我国有望成为继印度等国家之后又一个离岸金融服务外包中心，为国内金融服务外包商提供了发展机会；二是国内金融机构也将越来越多地借鉴国外同行的成功经验，选择合适的外包商，将非核心业务剥离，提高自身经营效率。但总体而言，目前我国金融服务外包发展仍处在起步阶段，发展潜力巨大。

第一，我国金融服务外包发展迅速。我国的金融服务外包始于 20 世纪 90 年代的 IT 外包。1992 年中国银行成立的博科信息产业有限公司，1996 年中国工商银行成立的软件开发中心，都专门为本行提供应用软件的开发与维护。目前，我国四大国有商业银行的软件开发、技术研究、支持推广业务均外包给了隶属于总行的软件开发中心，其他中小商业银行则多采用将信息技术服务外包给专业公司的做法。金融外包业务也在 IT 以外的其他领域快速推进，其中以信用卡和保险后援中心发展最快。目前，我国的外包服务提供商可以提供银行卡业务的全套服务，从申办筹建、设计产品、市场营销到交易处理和客户服务，甚至包括客户数据分析和市场定位。随着我国金融外包业务发展速度的加快以及发包主体范围的逐渐扩展，其规模会越来越大。

第二，我国发展金融服务外包拥有竞争优势（图 3）。根据分析，我国在制造业方面的领先优势，将使我国成为全球最具吸引力的金融服务外包承接国。我国在承接金融外包业务方面具有以下竞争优势：一是我国社会政治稳定，经济持续快速发展，投资环境良好，是世界上吸收外资最多的国家之一。全球最大的 500 家跨国公司中近 450 家已在华投资，在华设立地区总部的超过 30 家，设立研发机构超过 700 家。我国已经聚集了各路金融外包业巨头，既有埃森哲、IBM 等世界著名的 BPO 公司，也有如 Infosys、塔塔等来自印度的公司。欧洲流程外包研究机构 Morgan Chamber 分析称，中国银行业的变革以及外资银行的发展计划，将给中国的 BPO 提供商带来战略性的机遇，我国将有机会同全球领先的银行合作，分享银行领域的专业知识和经验，这种合作未来会成为我国 BPO 走向世界的桥梁；二是我国拥有大批专业技术人才，人才储量大；三是我国的综合成本优势，在人力资源、能源、基础设施方面我国都享有较大的成本优势；四是我国拥有良好的基础设施，特别是在电信、交通领域基础设施堪称一流；五是我国拥有广大的国内市场，为了在我国市场占有立足之地，跨国公司纷纷在我国建立起客户群，尤其是香港和上海正在成为整个亚洲的金融中心，以市场带动的服务外包趋势势不可挡。印度金融服务外包以软件业外包为主，很少为国内信息化服务，而我国金融信息业以满足内需为主，信息化与软件业互相带动；六是我国在地理位置处于亚洲的中心，经济发达的日本和韩国都靠近我国，文化传统相似，日韩两国企业发放金融外包业务首选是我国。目前，上海、北京、深圳等金融发达城市以及邻近上海的昆山已先后规划建立了金融服务外包基地。上海率先于 2005 年 7 月将上海银行卡产业园确定为上海市金融信息服务产业基地，商务部和上海市政府陆续出台了鼓励政策，着手打造成为国内首家金融外包业务示范基地，把上海建成国际跨国金融机构的亚太总部所在地和服务全球的后台基地。近年来，外资银行亚太区外包中心正在逐步向上海转移，在沪外资银行尤其是大型银行和专业性较强的银行，已经在境内投资的关联公司开展外包业务，业务种类和业务量都在逐步增加，这些分行或公司，将被打造成外资银行亚太区服务外包的操作中心。北京、深圳、昆山也先后规划建立了朝阳区金盏金融服务园区、罗湖金融配套服务中心和花桥金融服务外包基地。可以预见，上海、北京、深圳、昆山将成为未来我国金融服务外包发展的重要基地。

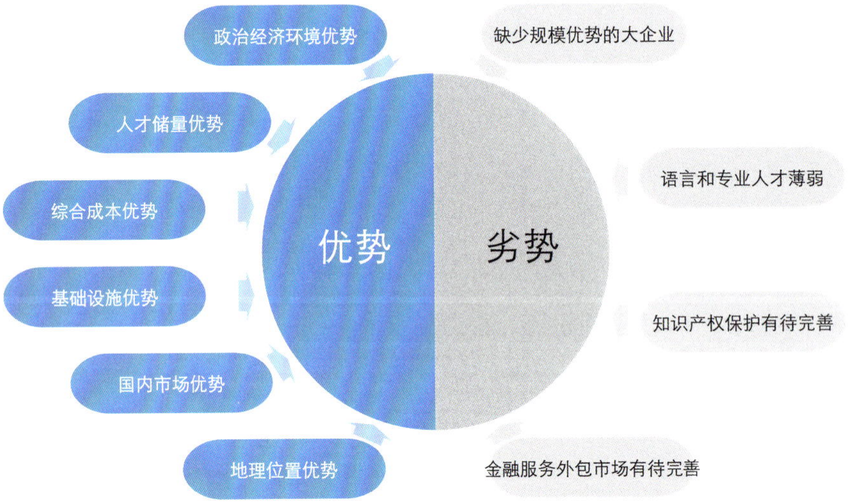

图 3　中国发展金融服务外包优势与劣势

第三，我国金融服务外包市场还有待培育完善。目前，外资跨国金融机构的业务范围比较广泛，涉及数据处理、IT 服务、人力资源管理和部分操作性业务等，而中资金融机构的金融服务外包尚处在起步阶段，部分国内金融机构开展了服务外包业务的尝试，主要集中于信息技术相关业务、信用卡业务的外包。近几年来，我国金融机构通过金融外包在有效利用外部资源、集中资源于自己的核心业务、缩短新业务或新产品推向市场的时间、降低成本方面取得了明显的效果。然而，我国金融服务外包市场还很不完善：一是相关的法律法规不健全，规范的纠纷处理机制缺失，外包监控制度尚不成熟；二是外包服务商资格审查制度欠缺，致使质量信誉优异的外包服务商缺乏；三是外包业务范围狭窄，目前国内金融服务外包主要集中于 IT 业，IT 系统规模小的地方性商业银行通过外包服务所能带来的成本节约不具有吸引力。但从长远发展趋势看，随着我国金融业开放程度的加深，国内金融行业的竞争将日趋激烈，国内金融机构也将更加关注自己的核心业务，对外包服务的需求将不断扩大，而国内 IT 行业、技术和管理咨询行业的迅速成长也会带动外包服务的增长，伴随着金融外包行业的成熟，专业化的金融服务外包商也将涌现出来，中国金融服务外包的市场需求和供给均会不断扩大。

第四，我国承接国际金融服务外包仍需进一步努力。近年来，在全球金融服务外包市场体系中，中国正越来越受到世人的瞩目，并被认为有机会成为继印度之后的全球第二大金融服务外包中心。毕博管理咨询公司彼得·郝勒维茨认为，到2015年中国和印度将成为全球金融服务外包业的中心。因为中、印两国拥有大量受过良好培训的外包业务人才，具有劳动力成本优势，能提供满足需求的产品和服务。同时，我国在综合成本、基础设施建设等方面都比其他发展中国家具有优势，因此我国是发达国家金融服务外包的首要选择。我国有庞大的国内市场，而且这个市场还在不断扩大；另外，在软件从业人员的薪资方面，我国也比印度等国更有竞争力。然而，相对于印度而言，我国在承接国际金融服务外包方面还存在差距，在全球金融服务外包市场中，印度是我国最主要的竞争对手，而且居于优势地位。据有关专家分析，中国在外包业务方面可能仍落后5～10年。根据麦肯锡公司的调查，中国信息技术服务一年的收入还不到印度同行的一半，且外包服务部门零散，缺少具有规模优势的大企业。我国银行业的信息技术投入中，硬件投入的比例偏高，服务投入的比重较小，与国外银行业偏重服务投入的做法差距明显。此外，印度拥有更好的语言优势、数量更多的专业人才，对知识产权的保护也较为严格。

三、推动中国金融服务外包发展的战略思考

“十二五”时期，我国国际服务外包产业将继续保持较快的发展速度实现跨越发展。金融服务外包作为我国服务外包的优势行业将要实现较大发展。综合考虑我国发展金融服务外包的优势与劣势，学习借鉴国际的经验，结合我国的实际情况，根据当前国际、国内金融服务外包发展态势实施金融服务外包发展战略，拓展金融服务外包领域，一方面进一步增强承接国际金融外包业务能力，扩大离岸金融服务外包，另一方面积极审慎发展在岸金融服务外包业务，加快金融服务外包发展（图4）。

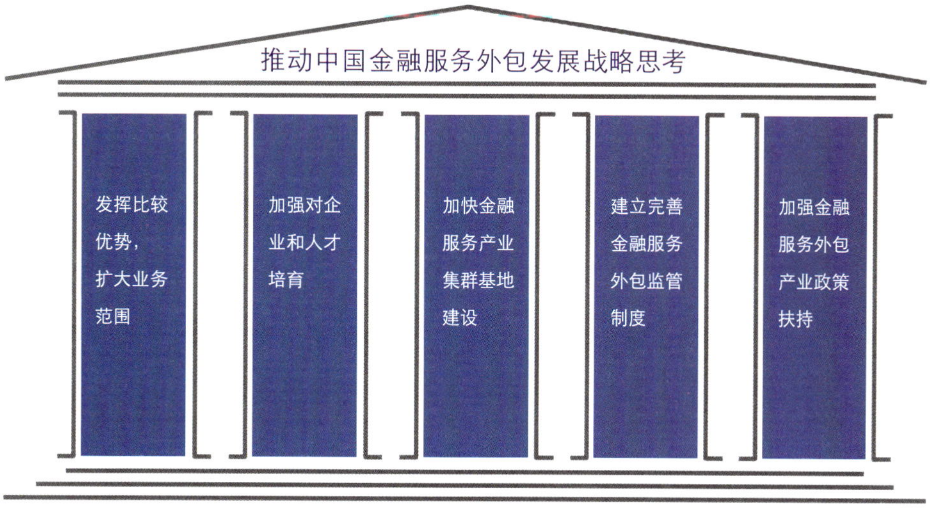

图4　推动中国金融服务外包发展的战略思考

第一，发挥比较优势，扩大业务承接范围。首先，积极发挥社会政治稳定、经济发展健康、基础设施完善、人力资源成本相对较低等优势，提高自主创新和研发的能力，增强竞争优势，争取全球服务外包的核心业务的承接。分行业有计划地选择重点行业拓展外包领域，鼓励企业利用自身的

比较优势积极参与外包市场，不仅要拓展信用等级评估、市场调研、后勤保障、计算机业务及系统的维护维修、人力资源管理、企业形象建设等通常业务，还要拓展新兴业务及复杂程度较高的业务流程外包。发挥文化、地理优势，从向韩国和日本金融机构提供IT服务外包逐渐扩展服务领域，在细分市场的基础上提供专精式服务外包。其次，积极审慎发展国内金融机构外包业务，在提高风险管理水平的基础上，从IT相关业务、信用卡业务、人力资源管理、后勤保障服务，向金融数据处理和灾备、客户服务、财务和会计、营销、研发设计等高端外包业务发展。

第二，加强对企业和人才培育，完善金融服务外包法律环境。针对我国金融服务外包存在的大型金融服务外包企业少、金融外包服务专业人才短缺、知识产权和信息安全保护还不够完善等薄弱环节，加强企业和人才培育，完善知识产权和信息安全保护等法律环境建设，增强金融服务外包发展潜力。在对企业培育上，不仅要继续引进类似埃森哲、IBM、Infosys、塔塔等国际知名金融服务外包公司，更要积极培育更多的类似华道数据、软通动力、东南融通等本土型竞争力强的专业金融外包服务商；在对人才培育上，加大对金融服务外包业务的专门人才培养和引进力度，通过进行职业资格认证、培训和海外招揽留学生回国创业等多渠道方式，培育大批高素质的金融服务专业人才，为我国金融服务外包业的发展提供人才保障；在完善知识产权和信息安全保护等法律环境建设上，研究制定保护知识产权和个人信息安全的国家法规和行业规范，充分发挥行业协会的作用，大力倡导企业诚实守信，保护客户商业秘密，遵守国际上的信息保护规则，在服务外包产业基地内设立保护知识产权举报投诉服务机构，加强软件盗版等各类侵害知识产权行为的打击，加大知识产权保护力度。

第三，加快金融服务产业集群基地建设，发挥产业集群优势。以上海、北京、深圳、昆山等金融服务外包产业基地为重点，推动金融服务外包产业集群发展。借鉴印度、爱尔兰等国际先进服务外包基地发展经验，从建设高水准、前瞻性的服务外包所需要的基础设施要求出发，建设配套功能齐全的国际化金融服务外包园区，完善通信基础设施，筹建直达欧美、日本的高速互联网络出口，改善产业基地发展软件环境，对入驻基地的国内外著名企业总部、研发中心等的购地建设、购买或租赁自用办公用房，实行土地房租优惠政策。

第四，建立完善有效的金融服务外包监管制度。充分认识金融服务外包活动的潜在风险，立足于我国金融服务外包的实践，借鉴国外金融服务外包监管的经验，参考巴塞尔银行监管委员会《金融服务外包》的成果，制定我国金融业务外包监管指引文件，确立符合金融服务外包监管原则的规范和制度，为支持我国金融外包业务的发展提供制度基础。

第五，进一步加强政府对金融服务外包产业发展的政策扶持。学习借鉴印度的经验，制定相关的鼓励政策，支持金融服务外包行业发展。如将金融服务外包产业列入国家鼓励发展的产业目录，建立并完善外包服务商的资格审查和信用评级制度、倡导建立金融服务外包行业协会，制定金融服务外包的行业标准，推动金融服务外包产业健康规范发展；政府推动组建金融服务外包联盟，突出群体力量，承接离岸金融服务外包业务；成立金融服务外包的行业管理机构和专项发展基金，以行业协调和互助的方式推动外包产业发展；对符合条件的服务外包企业取得的重大社会或经济效益的知识产权项目，通过专项资金的形式给予奖励，鼓励金融服务外包企业发展。

中国服务外包研究中心 李庭辉

专 论

云计算与服务外包产业转型

一、云计算对服务外包产业带来的冲击和变革

信息技术产业已经经历了两次革命性的变革：计算机和互联网。计算机的出现改变了人们处理事务的模式，互联网的诞生改变了人们获取信息的方式。目前，我们正处于信息技术的第三次革命浪潮的开端，云计算将成为最新的“破坏性”推动力量：它是一场提高社会生产力的 IT 变革，是一场推动社会整体信息化的 IT 变革，是一系列具有相同核心特征的商业模式的变革。云计算将引起外包产业链上的再一次利益重新划分，它能创新外包模式，助力企业发展，重置人才结构，挑战治理关系（图 1)。

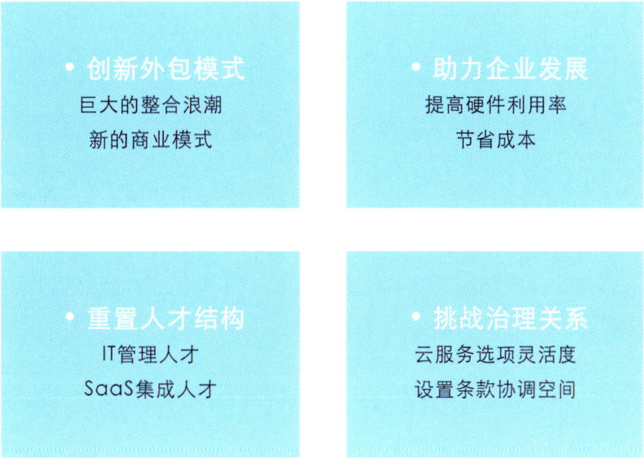

图 1　云计算对服务外包的影响

（1）创新外包模式。首先，云时代将带来外包产业一轮巨大的整合浪潮。中等规模的外包商会被规模较大、策略更为积极的外包商所并购。厂商可能会通过并购或者联盟来扩大自己的规模。其次，云外包同样将给外包产业带来新的商业模式，即长尾理论（图 2) 可以同样应用到外包服务之中：在全新的商业模式下，公司的利润不再依赖传统的 20% 的“优质客户”，而是许许多多原先被忽视的客户，或者在传统模式下不“值得”服务的客户，他们数量庞大，足以让你取得丰厚的收入。

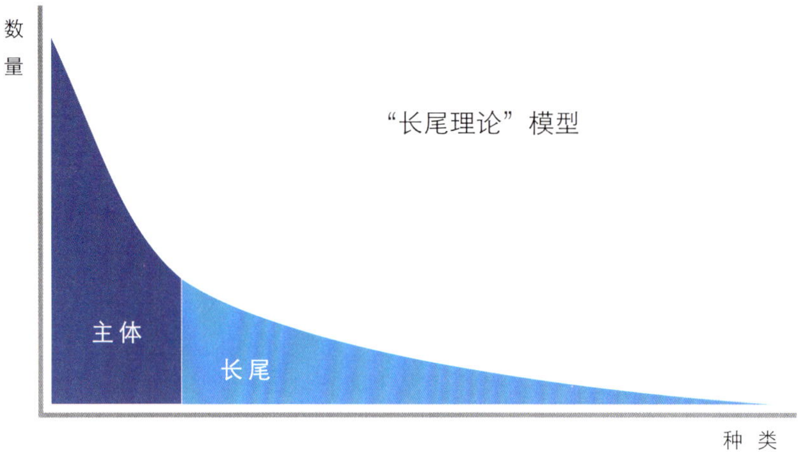

图 2 "长尾理论"模型

(2) 助力企业发展。云计算使企业 IT 机构能够极大地提高硬件利用率，并能够在极短时间内升级到巨大容量，而不必频繁地投资构建新的基础设施、培训新员工或颁发软件许可证。

(3) 重置人才结构。云计算的兴起将会提升外包企业对 IT 人才的需求。逐步从技术性的具体岗位向企业业务终端岗位转变。

（4）挑战治理关系。服务外包是一种基于发包商和服务商关系型契约的双边治理模式。一方面，云的核心是按需使用，这样发包商就可以灵活选择自己需要的服务，在选择外包服务上具有更大的弹性。另一方面，由于云平台不是为一个客户服务的，当客户需求出现变化的时候，也可以通过利用协议中的弹性条款，变更服务需求而不会给服务商带来很大的问题。

二、云外包（cloud-powered outsourcing）的出现及其影响

在云计算的浪潮下，基于"云"平台和"云"模式的外包服务已经出现，并日趋成为外包行业发展的主流和趋势。我们将这种基于"云"平台和"云"模式的外包服务定义为"云外包"。

云外包（cloud-powered outsourcing）其实就是基于信息技术 3.0 时代的外包服务。包括三个层面的内容，一是基于"云平台"的外包，即"云计算"和 SaaS 模式的外包服务；二是基于"云"模式的外包，即外包企业将自己的服务模式从线性的传统点状服务模式转变为非线性的 PaaS 的平台服务模式；三是基于"云"理念的外包，即是聚集海量个人和企业服务资源的"服务云"，即众包的升级版。

云外包的核心就是外包企业建立标准化的统一外包服务处理平台，通过标准化，模块化和流程化将服务集成到统一云平台上，在数据库里面进行统一处理。而后根据客户的需求，再针对企业的个性需求定制部分流程，这样服务就可以在云外包系统上进行流水线式的操作处理。

同时，它也是云端的服务，云和端要有很好的耦合。设施和平台是云，服务是端。只有在"云端"，才能形成云外包：不管是软件开发，软件服务，还是财务管理，人力资源，所有的服务器都变成了一种服务；云可以是私有的，公共的，或者第三方的，而端则必须是私有的。

因此可以如下归纳云外包的基本公式（图 3)：

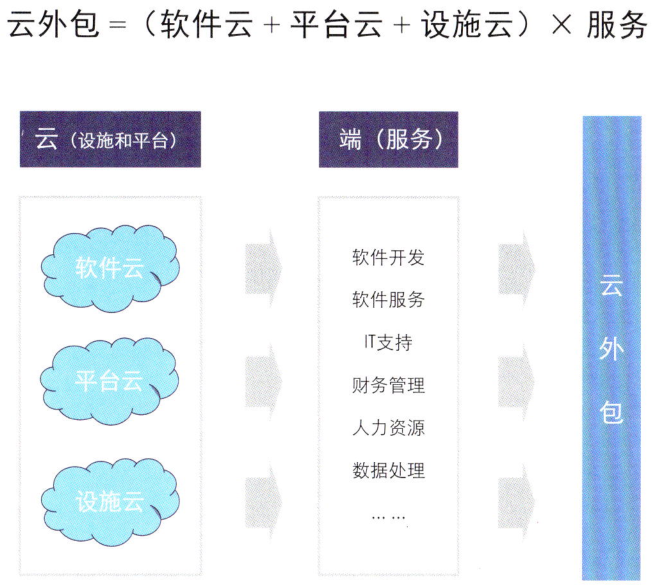

图 3　云外包概念示意图

“云外包”将开创外包服务的 3.0 时代，即在客户和外包企业之间的战略协同，通过双方之间的模块化、标准化流程对接，实现以客户为中心的弹性边界、集约生产、柔性服务和无缝链接。即基于“云外包”基础上的全流程一体化服务模式。

“云”的出现正在创造一种新的生态系统，这种新生态将会成为新的整合时代以及新的客户合作方式的引领者。对于外包商来说，云计算创造了一个前所未有的机遇，将会重新塑造服务提供的方式。对于目前中国普遍规模较小、尚未确立行业地位的服务外包公司，应该利用云计算基础的云外包作为一种颠覆性的技术来取代那些已经确立地位的欧美和印度公司。而基于云计算和 SaaS 服务模式的“云外包”将会极大地颠覆当前的服务外包和 IT 服务产业，正如同 20 世纪 90 年代“千年虫”给印度外包企业带来的发展机遇一样，这是一个千载难逢的颠覆产业格局机遇，也是中国服务外包产业和企业“反超”世界巨头的一个巨大机遇。

三、云外包对服务外包企业业务模式带来的根本性变革

（一）云计算的带来企业服务外包业务的变革

（1）传统的 BPO 服务，包括数据处理、人力资源管理、财务外包、行政后台服务等，将形成 SaaS（软件即服务）模式下的云服务，通过标准化、模块化和流程化的云平台，为客户提供统一和即需即用式的无缝服务。

（2）传统的软件外包服务，包括软件开发，软件测试，软件支持服务等，将形成 PaaS（平台即服务）模式下的云服务，服务商通过统一的云应用程序开发及部署平台，进行内部开发、测试以及与客户的协调开发管理。

（3）传统的 IT 基础设施服务、IDC 服务、IT 服务、Help Desk 等，将形成基于 IaaS（基础架构即服务）模式下的云服务，即以服务形式提供服务器、存储和网络硬件以及基于硬件的 IT 服务，ITO 也将重新定位为 ITCO（IT Cloud Outsourcing）。

（4）传统外包模式下，IT 基础设施服务很难实现离岸。在云外包模式中，IT 基础设施服务，特别是在数据中心和基础设施管理方面，“远程基础设施管理”（RIM) 将成为可行的运营模式，这是全球服务交付模式的新形态。

（5）在传统软件开发外包、IT 管理、数据中心和呼叫中心托管等 IT 外包服务的基础上，在云计算模式下，未来的趋势可能是数据的外包和应用外包，采取软件的 SaaS 模式。

（二）云计算带来服务外包企业运营层面的变革

（1）虚拟化、云服务以及员工在公司网络上运行个人桌面和笔记本电脑系统等这些相关的趋势都将驱动企业朝削减 IT 硬件资产的方向发展。从而形成整个 IT 服务领域的重新整合和洗牌。

（2）在云外包模式下，IT 与业务服务的交付越来越趋近于一种供应链，这将促进客户对服务的管理从“工厂式”转变成“供应链”式的管理。及时获取（Just - In - Time)、按使用收费（Pay - as - you - go）等精益生产模式将应用到管理服务和外包过程中。

（3）云外包将带来外包服务企业运营模式的根本变革，从现在以人员规模论的线性收入增长模式向非线性收入增长模式（即与劳动为基础的增长没有直接关联，与服务的能力和规模正相关）的模式转型，这将带来产业经营理念和方式的重大变革。

四、云外包模式下服务外包企业的转型路径

云外包是企业突破规模瓶颈、实现标准化发展的一个关键动力。云外包的关键特征就是将外包服务从成本 – 套利模式，向效率 – 规模模式的转型。中国服务外包接包商可以采取两种发展路径：

一是建造基于云计算的多客户数据中心以降低自己的成本和提高其服务配置速度，将云服务嵌入到自己更广泛的外包产品中并且使自己成为云外包服务提供商。而没有能力开发云计算的外包厂商则必须与云计算合作伙伴结盟，形成服务 + 云的组合；

二是打造基于垂直行业的云服务，垂直行业知识的积累对企业脱颖而出是非常重要的，可以帮助企业打造核心竞争力，向产业的上游发展，而且能帮助企业在发展过程当中拥有更强的后劲。

无论采取什么模式，内部运营云的搭建都是第一步。外包企业可以将业务流程和服务功能分割成尽可能小的功能模块，并将其与云技术结合，从而创造出个性化的业务功能，同时将原先一两年才能完成的架构搭建工作缩短到数周或数个月完成。

天津鼎韬外包服务有限公司

专 论

IT/ 软件服务外包企业 / 行业
战略定位与发展环境

改革开放以来，中国外包产业发展很快，但主要以劳动密集型制造业为主。近年来，国家从长远战略发展角度出发，提出要从低端劳动密集型制造业向高端服务外包产业转型。尽管中国服务外包有发展很快的趋势，但目前还主要以劳动密集型、低端、低价值服务外包为基本特征。中国 IT/ 软件服务外包是中国发展高端服务外包的一个重要行业。中国 IT/ 软件服务外包在国际市场上起步比较晚、规模比较小、竞争力比较弱，落后于印度等其他新兴国家。目前，中国政府从政策到资源上对 IT/ 软件服务外包都非常重视和支持，如大力推进示范城市和示范园区的建设与发展，为服务外包企业通过国际标准（如 CMM/CMMI）认证提供资金资助，重视产业规模的扩大等。但如果在发展过程中，整个行业定位和政府投入的重点与国际市场的发展趋势不匹配，则可能造成资源浪费和机会损失，难以起到提升行业竞争力的作用。基于多年对国际 IT/ 软件服务外包行业以及对国内 IT/ 软件外包企业的深入研究，本文讨论三个问题：①国际及中国 IT/ 软件服务外包演变过程；②中国 IT/ 软件服务外包企业 / 行业如何定位；③中国政府如何为 IT/ 软件服务外包企业 / 行业提供合理有效的支持。

一、国际及中国 IT/ 软件服务外包演变过程

（一）从客户外包需求的角度来分析国际 IT/ 软件服务外包演变过程

国际大型企业开始做 IT/ 软件服务外包比较早是从美国柯达公司开始。这些早期客户公司最初外包原因是为了降低成本，把一些本可以自己企业内部完成的 IT 开发及维护业务发包给其他规模比较大、效率比较高的 IT/ 软件服务外包商。如果从客户外包需求的角度来分析国际 IT/ 软件服务外包演变过程，大体可以分为三个阶段（图 1）。

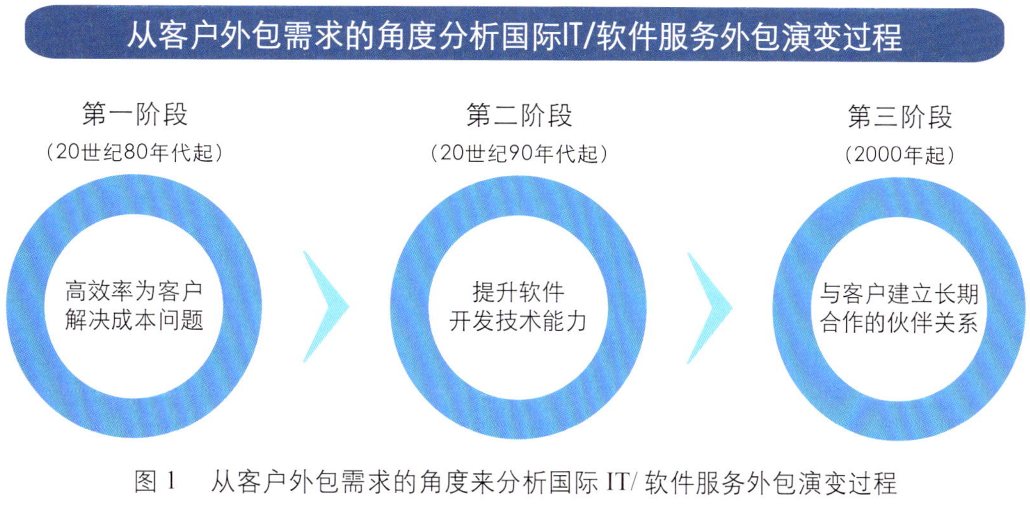

图 1　从客户外包需求的角度来分析国际 IT/ 软件服务外包演变过程

1．第一阶段（20 世纪 80 年代起）

降低成本是客户方进行 IT 服务外包的主要需求，因而 IT/ 软件服务商必须解决效率这一本质问题，通过高效率为客户方解决成本问题。

客户方为了降低成本，比较有效的办法是把已经定义得比较清楚的结构化 IT/ 软件开发及维护任务外包出去，然后通过严格的合同管理来控制接包方的效率及交付质量。就服务外包甲乙双方关系而言，甲方是“大脑”，乙方是“手脚”。甲方提供需求和基本设计，乙方提供执行和交付手段。由于甲方处在需求价值链的高端，乙方处在需求价值链的低端，因而乙方解决的问题都是偏向于标准化和结构化的问题。因此，服务外包接包商的核心竞争力在于通过提高标准化和发展规模来提高效率。服务外包商有了规模和效率，就可以帮助客户降低成本，也可以击败规模小于自己的竞争对手。现实中比较典型的实践是“印度工厂模式”。这个阶段的发包内容主要与编程、数据录入、测试和本地化等低端 IT/ 软件开发及维护项目有关。

2．第二阶段（20 世纪 90 年代起）

服务外包客户方的主要需求是其缺乏专业 IT 软件知识和开发技术能力，因而 IT/ 软件服务外包商必须解决的问题是不断发展技术特长和实力。

因为客户方缺乏对新技术的了解掌握与开发实力，比较有效的办法是把非核心 IT/ 软件开发及维护任务和项目外包出去，然后通过战略联盟来控制和协调与接包方的关系。对接包方而言，其使命就是在做好发包方“手脚”的基础上，为发包方这个“大脑”提供有价值的反馈，其绩效指标主要是甲乙双方开发业务链的有效连接和协调，所以“范围差异”和“能力差异”是接包方的竞争力。有了不同的组织流程和能力，既可以帮助客户有效解决缺乏专业知识和开发能力的问题，也可以在接包的业务流程类型和为客户提供的能力方面与竞争对手形成差异。这个阶段的发包内容主要与物理设计、质量管理、系统集成、编程和测试有关的任务和项目。现实中比较典型的实践是目前比较流行的“ODC（Offshore Development Center）离岸开发 / 交付中心模式”。

3．第三阶段（2000 年起）

服务外包客户方的主要需求是企业创新，因此 IT/ 软件服务外包商要解决的主要问题是与客户建立长期互相合作、互相学习的伙伴关系，为共同创新提供基础。其中，服务外包客户方掌握行业和业务知识，IT/ 软件服务外包商掌握 IT 软件知识和开发技术，每一方都不容易单独创新，只有双方通过能力互补、互相启发和共同发展才有可能创新。

服务外包客户为了解决企业创新问题，比较有效的办法是与 IT/ 软件服务商结成长期合作伙伴关系，通过互相交流和彼此知识能力的互补来产生企业创新。对合作双方而言，成功的关键在于双方共同成为“大脑”，双方共同进步和共同创新，其绩效指标主要是合作伙伴关系。从服务外包客户方的角度，他们的需求已经不是简单的对已有流程进行自动化和计算机化，而是通过新的信息技术提供的实力来产生或创造新的企业运做模型、执行过程、产品及服务。尽管客户本身对其所处的行业和业务比较了解，但对新技术的掌握和了解处于劣势，反之，IT/ 软件专业服务商对现有新技术及发展趋势比较了解，有着专深的开发实力，但是对客户业务和行业知识的现状和发展潜力不了解。因此，服务外包客户方与 IT/ 软件服务供应商如果单独一方不可能创新，就必须通过双方能力与知识的互补，在互相了解、互相合作及共同开发的前提下，才有可能发现新的潜力和机会，才可能进一步共同创新和发展。

综上可见，从客户需求角度，国际 IT/ 软件服务外包经历了三个主要发展阶段。第一阶段是降低成本，甲方客户把设计好的需求通过乙方用低成本的方式来实现。对乙方而言，是效率和规模问题。第二阶段是甲方知道自己的需求，但是内部开发能力不足，项目执行能力不够，所以通过乙方提供的能力来完成执行。第三阶段是甲方有创新的需求，强调客户方和接包方双方共同创新和共同发展的模式。

中国 IT/ 软件服务企业及行业的战略定位、业务模式和竞争实力必须与客户需要解决的本质问题有比较合适的动态匹配。例如，假设我们通过用第一阶段乙方“印度工厂式模式”的高效率、低成本去解决第二阶段甲方能力不足的问题，就会导致我们投入大量资源产生的“成本优势”与客户需求根本不匹配，因而也无法为客户创造价值。同样道理，假设我们通过用第二阶段乙方“ODC 模式”的能力延伸去解决第三阶段甲方企业创新的问题，就会导致我们投入大量资源产生的“能力优势”与客户需求仍然不匹配，也无法为客户创造价值。

我们如果想在服务外包领域迎头赶上，一定要学会总结服务外包的历史规律和趋势，对中国 IT/ 软件企业及行业进行合理的战略定位提供有针对性的政府政策及资源支持，避免用同一模式在低端、低价值 IT/ 软件服务外包业务层面重复投资、发展规模。这样，我们才能不断发现潜在的市场，真正实现中国从劳动力密集型制造业外包向高价值服务外包的转型。反之，如果我们用解决旧问题的模式来解决新问题，其结果除了在特定条件下个别“侥幸”成功之外，更多的则是造成资源的浪费和机会的损失。

（二）中国 IT/ 软件服务外包发展演变过程

中国对日 IT/ 软件服务外包已经有近三十年的历史，这段历史在一定程度上也代表了中国 IT/ 软件服务外包的历史。目前，中国为欧美及其他发达国家提供 IT/ 软件外包服务的发展历史相对比较短。在过去的几年中，在对业内资深人士进行系统访谈和对领军企业进行深度研究的基础上，我们对中国 IT/ 软件服务外包行业演变过程及发展规律进行了系统的研究与总结。因为中国对日 IT/ 软件服务外包历史相对较长，我们就以此为典型代表来总结中国 IT/ 软件服务外包行业的发展演变过程。

1. 中国对日 IT/ 软件服务外包发展阶段

中国对日 IT/ 软件服务外包发展历程大体可以分为以下五个阶段（图 2）。

第一个阶段：1979 ~ 1989 年。在这个阶段，日本市场和中国市场开始互相交流和探索，关键是形成了市场对接，基本特征是中国高端人才劳务输出到日本。

第二个阶段：1989 ~ 2000 年。在这个阶段，很多输出的高端人才在对日本行业了解和已经建立客户关系的基础上开始创业。

第三个阶段：2000 ~ 2007 年。在这个阶段，日本客户企业扶持中国服务外包企业的发展，基本特征是中国对日 IT/ 软件服务外包企业开始发展规模。

第四个阶段：2007 ~ 2010 年。在这个阶段，中国很多对日 IT/ 软件服务外包企业开始徘徊和迷茫，也有一些企业开始重新定位，进行企业转型。基本特征是受到市场环境转变的冲击。

图 2　中国对日 IT/ 软件服务外包发展阶段

第五个阶段：2010 年至今。在这个阶段，几乎所有中国对日 IT/ 软件服务外包企业都在探讨重新战略定位和企业转型，但大多数企业并不清楚怎么转型，同时企业在转型过程中觉得风险比较大。所以真正开始重新战略定位和实施转型的企业占全部中国对日 IT/ 软件服务外包企业的比例还很小。

2．中国对日 IT/ 软件服务外包发展规律

我们可以从企业维度、市场维度和相对优势及竞争力来源维度来分析中国对日 IT/ 软件服务外包发展规律。企业维度包括甲方需求驱动力、乙方需求驱动力和甲乙双方业务关系及模式；市场维度包括市场环境有利因素和市场环境不利因素；相对优势及竞争力来源维度包括相对竞争优势和相对挑战。下面重点从企业维度进行分析。

1）中国对日 IT/ 软件服务外包发展过程中日本甲方需求及驱动力

在中国对日 IT/ 软件服务外包发展过程中，日本甲方需求及驱动力经历了五个主要阶段：①技术交流合作；②人才需求；③成本需求；④能力互补；⑤市场需求。从 2000 ~ 2007 年，中国对日 IT/ 软件服务外包企业在发展规模、提高效率、为客户降低 IT/ 软件开发及维护成本的同时，有一部分企业开始重新定位、转型，变成日本甲方企业能力的延伸。2007 年以后，日本企业希望国际化，因此在向中国发包的同时通常也有进入中国市场的考虑。比较新的情况是客户需要与接包方共同创新，双方变成伙伴关系。日方客户的需求及其驱动力的演变过程与欧美客户大致相同，只是各阶段经历的具体时间有差别。

2）中国对日 IT/ 软件服务外包发展过程中中国乙方需求及驱动力

在中国乙方企业对日 IT/ 软件服务外包发展过程中，中国企业的需求及驱动力经历了五个主要阶段：①探索研究；②高端劳务输出和企业创业起步；③规模化、规范化、标准化；④寻求差异化发展实力和客户关系重新定义；⑤多元化和市场发展。最早从探索研究开始，后来通过高端劳务输出完成初步储备，一些中国乙方企业开始初步创业。后来在日本甲方企业扶持下，有些中

国乙方企业开始扩大规模，并进行规范化和标准化建设，这个阶段实现了企业实力的重要转变。从2007～2010年，中方有些企业主动寻找差异化，开始做日本市场以外的探索，这个阶段也是重新定义甲乙双方关系的一个过程。以前基本上是甲方比较强，这个特点在这阶段已经开始有了变化，乙方也已经比较强，但是甲方仍然希望控制乙方。2010年以后，多元化和市场开发将成为中方企业的主要需求。

3）中国对日IT/软件服务外包发展过程中甲乙双方业务关系及模式

在中国乙方企业对日IT/软件服务外包发展过程中，甲乙双方业务关系及模式基本经历了四个阶段：①接/发包以人脉关系为基础，日本甲方为中国乙方培养人才，甲方扶持乙方创业起步；②接/发包以单个订单为基础，甲方参股乙方；③接/发包以发包方与接包方匹配关系为基础，甲方希望控制乙方，乙方成为甲方企业的能力延伸；④接/发包以战略合作为基础，乙方希望建立独立竞争实力。最早是对日交流和高端输出人才到日本以后产生了人脉关系，这些人脉关系成为创业起步的重要基础。甲方为乙方提供了强有力的创业起步扶持。2007年以前中国乙方企业发展的业务模式基本上是以打单个订单为重点，也有日本甲方参股中国乙方的个别例子。从2007～2010年，这些关系开始发生改变，双方从订单关系开始转向长远合作关系的发展。同时甲方希望控制乙方。在这个过程中，有些企业的控股机制开始变化。

回顾这段历史，中国IT/软件服务外包发展规律与全球IT/软件服务外包演变规律大体一致。但是，我们在20世纪80年代末90年代初曾经失去了一次非常难得的发展机遇，而导致中国IT/软件服务外包落后于印度。后来经过近二十年的发展，在2008年左右又遇到了难得的战略发展机遇。但遗憾的是，我们正在错过第二次机会。

二、中国IT/软件服务外包企业/行业如何定位（图3）

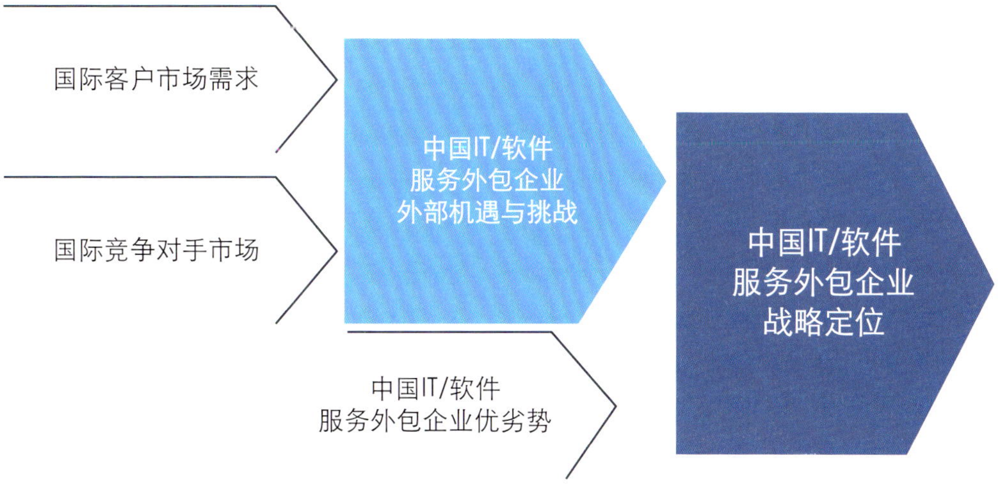

图3　中国IT/软件服务外包企业/行业定位思路

（一）国际客户市场需求

从国际客户区域分布来看，欧美市场目前占据全球服务外包市场80%左右，未来发展空间很大，速度很快。日本市场目前占全球服务外包市场的10%～15%，市场趋于饱和，未来发展空间不大。

中国市场未来非常看好，但目前还不够成熟。可见，欧美目前和未来的市场以及中国未来的市场都是中国 IT/ 软件服务外包企业进行战略定位时不应忽视的市场。

欧美客户市场有两个基本特点：第一，从欧美企业数量来看，20% 左右为大型企业，80% 左右为中小企业。第二，从欧美企业发包来看，多数外包业务发自大型企业，而且它们已经基本锁定了服务外包供应商，而欧美中小企业发包很少。在这种情况下，我们在关注欧美大型客户市场的同时也应该重视欧美中小型终端客户市场，这块市场的需求远未释放，同时其特点也与大型企业不同，这对中国服务外包企业而言，既是机会也是挑战。另外，欧美近些年兴起的新兴市场也值得中国服务外包企业重视。

（二）国际竞争对手市场

我们在满足不同国际客户市场需求的时候会遇到不同的竞争对手。如果选择欧美大客户市场，主要竞争对手则是印度公司。如果选择欧美中小客户市场或欧美新兴市场，未来主要竞争对手除印度公司，更重要的是南美和东欧等新兴地区的公司。这些国际竞争对手在不同市场上所体现出来的相对优势也差别很大。

（三）中国 IT/ 软件服务外包企业优劣势

中国 IT/ 软件服务外包企业在不同阶段具有的优势也差别很大。从最初的技术实力、在日本企业的经验和关系到后来的客户关系、质量品质、信用历史、规模成型、流程优化和信息安全，再到目前的内部技术实力、资金基础、外包经验、向中国市场转移、客户关系、质量品质和信息安全，经历了一个动态演变过程。

与之相对应，中国 IT/ 软件服务外包企业在不同阶段具有的劣势也不尽相同。从最初的语言交流能力不足和对日本企业、市场及社会缺乏了解，到后来的处于日本市场产业链低端、市场及业务类型单一、过度依赖极少数客户、技术人才的管理思维能力欠缺、缺乏合理人才梯队结构及建设开发过程和人才流动性过大等，再到目前的短期维持现状生存与长期转型发展的平衡、多层次不同目标定位及转型的匹配、从单一市场向多元市场转变、从单一强调内部实力向外部市场开发的转变、从单一人员结构向多元化人员结构发展、从纯服务向产品与服务结合转变以及中国对日外包企业处于日本市场产业链低端等，也同样经历了一个动态演变过程。

（四）中国 IT/ 软件服务外包企业战略定位

中国 IT/ 软件服务外包企业的未来战略定位应该与客户不同阶段的需求特点相匹配，不同阶段应有不同的战略定位，首先要进行市场定位；然后进行优势和优势来源定位；接下来定义从目前到未来分别需要逐步做什么，即分别从个体、团队和企业层面定义目前和未来需要进行的调整；最终，把这些战略重新定位和企业转型体现在不同层级的业绩上，如分别定义员工层、项目层以及企业层的实际绩效。

例如，我们目前的主要目标是帮助客户解决能力差异化和业务范围差异化的问题，未来的主要目标则是帮助客户解决企业创新的问题。但是目前中国大多数 IT/ 软件服务外包企业的组织结构却是与第二阶段的目标相匹配的，而大多数人力资源却是与第一阶段的组织结构和第一阶段的目标相匹配的。如果我们想实现未来的目标定位，要么立刻找到最合适的人选并快速形成最合适的组织结构，要么对现有的组织结构和人力资源进行改变，使组织结构与未来的目标匹配，使人力资源与组织结构匹配。我们可以通过解雇原有人员与招聘新员工的办法来尝试第一种做法，也可以通过改变现有绩效评价指标的办法实现人力资源的转变和组织结构的转变。在实际过程中，这两种方法各有利弊，可以结合起来用。所以，中国IT/软件服务外包发展目标如果向前端转移，需要重新制定绩效评价指标，基于指标对人和团队的控制与协调作用，逐步实现个体的转型、团队的转型直到企业的战略转型。因而，简单的依靠人员增加和规模扩张来实现中国IT/软件服务外包战略定位的转型是不科学也是不现实的。

企业在从后端到前端的转型过程中，面临的最大挑战并不是市场转型、产品转型或者技术转型，最困难的是理念转型。换言之，战略转型并不是简单的市场转型，比如从日本或国内市场转到欧美市场，战略转型实际上是系统性转型。它包括市场定位、组织结构和人力资源的转型。市场定位又包括区域定位和价值链定位；组织结构主要是指管理方式的转型；人力资源转型是指从单一化专业型人才到多元化复合型人才的转型，从低端人才到高端人才的转型、从执行性的结构化思维人才到灵活性的非结构化思维人才的转型。

三、政府的合理支持

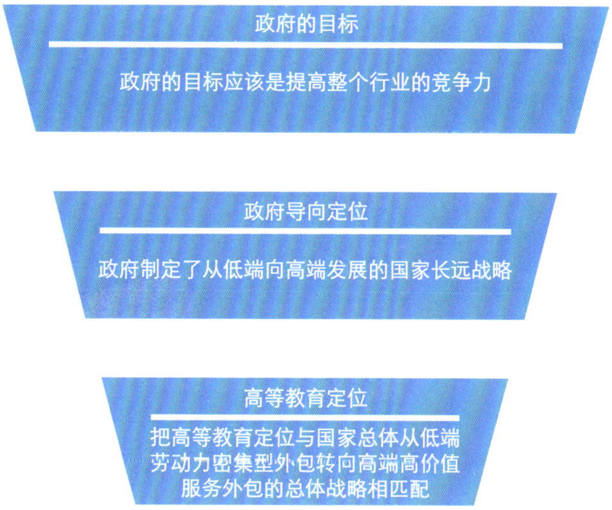

图4　政府的合理支持

（一）政府的目标

中国服务外包在国际市场上的整体行业竞争力不足。政府的目标应该是提高整个行业的竞争力，而不是造就少数领军企业。目前中国政府服务外包政策重点放在发展大规模产业和大规模企业上，对行业结构和竞争力的战略定位考虑不足，造成国内个体企业在产业链低端上通过重复投资来发展规模，进而形成企业之间互相竞争，缺乏中国整体行业与国外企业竞争的实力。

中国极少数企业入围国外客户的推荐企业名录，中国很多企业在国外没有知名度，政府可以做一些推动工作。但需要注意的是，企业进入国外市场有一个过程，如怎么打入欧美市场、建立新客户、高质量有效完成合同和与客户形成持续性的关系等，政府可以从企业打单和交付实力角度对企业进行有差别的评估和支持。

从低端劳动密集型出口转向服务出口是一次转型，在服务外包领域也存在低端和高端之分。如果在低端重复投资，可能会使中国重新进入新的大规模低端服务外包行业，难以实现向高端服务行业发展并创造价值的目标。但政府目前主要还是在发展规模，鼓励企业走印度工厂式模式。如果中国企业顺利进入第二个发展阶段，行业必须要多元化，也就是一部分企业发展规模，一部分企业创新。需要一批企业通过创新产生新的实力，并与客户共同创新。

（二）政府导向定位

政府制定了从低端向高端发展的国家长远战略是非常有眼光的。同时政府也是有实力推动中国IT/软件服务外包发展的。政府对国家经济和行业宏观发展导向及资源投入是中国具有的独特优势。但如果在导向定位和政策实施过程中没有把握准时机和方向，可能会对行业企业的定位及长期持续发展起到负作用。例如，政府设置了很多孵化基金，也推出了很多优惠政策，但有些企业处于初级发展阶段，没有恰当定位及实力，缺乏竞争优势，这些企业常常利用了政府的导向及资源来发展并维护其规模，结果可能导致行业发展趋势在一定程度上出现有量无质的现象。

政府有实力做很多事情，但不能让大家用同一模式做同样的东西。例如，各地很多园区是靠政府的激励机制和政策支持托起来的。但园区本身并没有竞争力，也没有可持续发展的业务。在园区建设过程中要体现出园区可以创造行业竞争力这一价值。

目前，国内服务外包讨论、政府导向和政策往往强调国内乙方企业和园区发展，没有充分考虑国际甲方服务对象及在国际市场的定位。

目前比较典型的做法之一是各地制定示范城市规划时主要考虑的是规划要符合国家优惠政策。一般而言，制定规划时常常是从园区建设规划出发，分析城市内各区县的基本情况，然后规划每年要吸引多少家企业，再规划每年的发展速度和应该招聘的人数，但在进行规划之前没有进行深入系统的甲方客户市场定位和分析。结果往往导致发展目标（如销售增长、业务增长和人员增长等）缺乏甲方客户市场具体分析结果的支持。最后，虽然企业数量和人员总量增加了，但是却没有形成具有竞争力的结构，很多企业仍然处于低端并依靠政府支持政策来维持发展。从长远角度看，有一大批没有扎实的市场竞争力的企业可能面临被淘汰的局面。

（三）高等教育定位

目前，服务外包人才结构和供应不能满足行业企业的发展需求，其中的一个主要原因是有些高校的相关专业和课程设置定位与市场需求不匹配，结果造成中国“不缺人，但缺人才”，即一方面大学毕业生找不到工作，另一方面企业又雇佣不到合适的人才。我们发现，毕业生当前的知识结构、能力与社会需求不匹配是大学生毕业找工作时面临的最大问题。推进服务外包产业向前端转移，创新型人才是根本。人才缺乏及流动问题是个别企业与行业不可能解决的问题，应该从国家战略定位的高度看待服务外包人力资源问题，认真思考服务外包人力资源现状及发展趋势与国家高等教育定位之间的关系。把高等教育定位与国家总体从低端劳动力密集型外包转向高端高价值服务外包的总体战略相匹配，并从根本上解决中国“不缺人，但缺人才”的问题。

美国佛罗里达国际大学商学院、新桥博研 夏卫东

北京联合大学管理学院 李英侠

附　录

附录一 2010年中国服务外包发展大事记

2月25日　国务院办公厅印发《关于促进厦门市服务外包产业发展的复函》，同意增列厦门市为中国服务外包示范城市。

4月7日　国务院办公厅印发《国务院办公厅关于鼓励服务外包产业加快发展的复函》，出台推动服务外包产业发展的20项综合性政策。

4月21日　财政部、商务部印发《财政部商务部关于做好2010年度支持承接国际服务外包业务发展资金管理工作的通知》。

5月27日　商务部马秀红副部长在京开展服务外包调研，听取服务外包企业关于全球服务外包产业发展趋势、2010年服务外包发展情况以及政策执行过程中遇到的问题的汇报，并对北京市发展服务外包产业工作进行了部署。

6月7日　中国银行业监督管理委员会办公厅印发《银行业金融机构外包风险管理指引》。

6月11日　第三届中国国际服务外包合作大会在南京举办，马秀红副部长出席有关活动并在开幕式上致辞。

6月15日　第二届中国国际服务外包交易博览会在杭州市举办，马秀红副部长出席有关活动并在开幕式上致辞，各相关政府部门、服务外包示范城市和园区的代表、国内外买家和服务供应商等共400余人参会。

6月17日　海关总署、商务部印发《海关总署商务部关于全面推广实施国际服务外包业务进口货物保税监管模式的通知》。

6月29日　中国服务外包国际论坛暨《中国服务外包发展报告2009》发布会在上海举办，商务部部长助理王超代表商务部致辞。讨论了全球服务外包现状、趋势及服务模式创新问题，同时由中国服务外包研究中心牵头编写的《中国服务外包发展报告2009》正式对外发布。

6月30日　大连海辉软件国际集团在美国纳斯达克全球市场成功首发上市，融资7 400万美元。成为2010年首家登陆纳斯达克的中国软件外包企业。

7月28日　财政部、国家税务总局、商务部印发《关于示范城市离岸服务外包业务免征营业税的通知》。

8月6日　人力资源和社会保障部、商务部印发《关于进一步做好促进服务外包产业发展有关工作的通知》，就进一步做好服务外包企业实行特殊工时制度等作出通知。

8月9日　教育部办公厅、商务部办公厅印发《关于在江苏、浙江两省开展地方高校计算机学院培养服务外包人才试点工作的通知》，决定在江苏、浙江两省开展计算机学院培养服务外包人才的试点工作。

8月12日　国务院办公厅印发《关于同意简化外资经营离岸呼叫中心业务试点审批程序的复函》。

8月20日　首届中国大学生服务外包创新应用大赛在无锡举办，34所高校的学生参加了大赛。

9月6日　商务部办公厅印发《关于支持和鼓励服务外包企业海外并购的若干意见》。

9月8日　第十四届中国国际投资贸易洽谈会服务外包系列活动在厦门举办，商务部、科技部、教育部、工业和信息化部与福建省、厦门市签署了部省市共建协议，王超副部长出席相关活动并致辞。

9月26日　第五届中国中部投资贸易博览会服务外包系列活动在南昌举办，王超副部长出席活动并致辞。活动中商务部服务外包“千百十工程”工作小组与11家跨国公司签署了“有关推动中国服务外包产业发展的合作备忘录”。《中国服务外包发展报告2009》英文版正式发布。

11月5日　财政部、国家税务总局、商务部、科技部、国家发展改革委印发《关于技术先进型服务企业有关企业所得税政策问题的通知》。

11月10日　工业和信息化部印发《工信部关于鼓励服务外包产业加快发展及简化外资经营离岸呼叫中心业务试点审批程序的通知》，在21个示范城市开展了简化外资经营离岸呼叫中心业务审批程序的试点。

附录二 国务院关于促进服务外包发展的政策

国务院关于印发进一步鼓励软件产业和集成电路产业发展若干政策的通知

国发〔2011〕4号

各省、自治区、直辖市人民政府，国务院各部委、各直属机构：

现将《进一步鼓励软件产业和集成电路产业发展的若干政策》印发给你们，请认真贯彻执行。

软件产业和集成电路产业是国家战略性新兴产业，是国民经济和社会信息化的重要基础。近年来，在国家一系列政策措施的扶持下，经过各方面共同努力，我国软件产业和集成电路产业获得较快发展。制定实施《进一步鼓励软件产业和集成电路产业发展的若干政策》，继续完善激励措施，明确政策导向，对于优化产业发展环境，增强科技创新能力，提高产业发展质量和水平，具有重要意义。各地区、各有关部门要高度重视，加强组织领导和协调配合，抓紧制定实施细则和配套措施，切实抓好落实工作。发展改革委要会同有关部门及时跟踪了解政策执行情况，加强督促指导，确保取得实效。

国务院

二〇一一年一月二十八日

进一步鼓励软件产业和集成电路产业发展的若干政策

《国务院关于印发鼓励软件产业和集成电路产业发展若干政策的通知》（国发〔2000〕18号，以下简称国发18号文件）印发以来，我国软件产业和集成电路产业快速发展，产业规模迅速扩大，技术水平显著提升，有力推动了国家信息化建设。但与国际先进水平相比，我国软件产业和集成电路产业还存在发展基础较为薄弱，企业科技创新和自我发展能力不强，应用开发水平急待提高，产业链有待完善等问题。为进一步优化软件产业和集成电路产业发展环境，提高产业发展质量和水平，培育一批有实力和影响力的行业领先企业，制定以下政策。

一、财税政策

（一）继续实施软件增值税优惠政策。

（二）进一步落实和完善相关营业税优惠政策，对符合条件的软件企业和集成电路设计企业从事软件开发与测试，信息系统集成、咨询和运营维护，集成电路设计等业务，免征营业税，并简化相关程序。具体办法由财政部、税务总局会同有关部门制定。

（三）对集成电路线宽小于0.8微米（含）的集成电路生产企业，经认定后，自获利年度起，第一年至第二年免征企业所得税，第三年至第五年按照25%的法定税率减半征收企业所得税（以下简称企业所得税“两免三减半”优惠政策）。

（四）对集成电路线宽小于0.25微米或投资额超过80亿元的集成电路生产企业，经认定后，减按15%的税率征收企业所得税，其中经营期在15年以上的，自获利年度起，第一年至第五年免征企业所得税，第六年至第十年按照25%的法定税率减半征收企业所得税（以下简称企业所得税“五免五减半”优惠政策）。

（五）对国家批准的集成电路重大项目，因集中采购产生短期内难以抵扣的增值税进项税额占用资金问题，采取专项措施予以妥善解决。具体办法由财政部会同有关部门制定。

（六）对我国境内新办集成电路设计企业和符合条件的软件企业，经认定后，自获利年度起，享受企业所得税“两免三减半”优惠政策。经认定的集成电路设计企业和符合条件的软件企业的进口料件，符合现行法律法规规定的，可享受保税政策。

（七）国家规划布局内的集成电路设计企业符合相关条件的，可比照国发 18 号文件享受国家规划布局内重点软件企业所得税优惠政策。具体办法由发展改革委会同有关部门制定。

（八）为完善集成电路产业链，对符合条件的集成电路封装、测试、关键专用材料企业以及集成电路专用设备相关企业给予企业所得税优惠。具体办法由财政部、税务总局会同有关部门制定。

（九）国家对集成电路企业实施的所得税优惠政策，根据产业技术进步情况实行动态调整。符合条件的软件企业和集成电路企业享受企业所得税“两免三减半”、“五免五减半”优惠政策，在 2017 年 12 月 31 日前自获利年度起计算优惠期，并享受至期满为止。符合条件的软件企业和集成电路企业所得税优惠政策与企业所得税其他优惠政策存在交叉的，由企业选择一项最优惠政策执行，不叠加享受。

二、投融资政策

（十）国家大力支持重要的软件和集成电路项目建设。对符合条件的集成电路企业技术进步和技术改造项目，中央预算内投资给予适当支持。鼓励软件企业加强技术开发综合能力建设。

（十一）国家鼓励、支持软件企业和集成电路企业加强产业资源整合。对软件企业和集成电路企业为实现资源整合和做大做强进行的跨地区重组并购，国务院有关部门和地方各级人民政府要积极支持引导，防止设置各种形式的障碍。

（十二）通过现有的创业投资引导基金等资金和政策渠道，引导社会资本设立创业投资基金，支持中小软件企业和集成电路企业创业。有条件的地方政府可按照国家有关规定设立主要支持软件企业和集成电路企业发展的股权投资基金或创业投资基金，引导社会资金投资软件产业和集成电路产业。积极支持符合条件的软件企业和集成电路企业采取发行股票、债券等多种方式筹集资金，拓宽直接融资渠道。

（十三）支持和引导地方政府建立贷款风险补偿机制，健全知识产权质押登记制度，积极推动软件企业和集成电路企业利用知识产权等无形资产进行质押贷款。充分发挥融资性担保机构和融资担保补助资金的作用，积极为中小软件企业和集成电路企业提供各种形式的贷款担保服务。

（十四）政策性金融机构在批准的业务范围内，可对符合国家重大科技项目范围、条件的软件和集成电路项目给予重点支持。

（十五）商业性金融机构应进一步改善金融服务，积极创新适合软件产业和集成电路产业发展的信贷品种，为符合条件的软件企业和集成电路企业提供融资支持。

三、研究开发政策

（十六）充分利用多种资金渠道，进一步加大对科技创新的支持力度。发挥国家科技重大专项的引导作用，大力支持软件和集成电路重大关键技术的研发，努力实现关键技术的整体突破，加快具有自主知识产权技术的产业化和推广应用。紧紧围绕培育战略性新兴产业的目标，重点支持基础软件、面向新一代信息网络的高端软件、工业软件、数字内容相关软件、高端芯片、集成电路装备和工艺技术、集成电路关键材料、关键应用系统的研发以及重要技术标准的制订。科技部、发展改革委、财政部、工业和信息化部等部门要做好有关专项的组织实施工作。

（十七）在基础软件、高性能计算和通用计算平台、集成电路工艺研发、关键材料、关键应用软件和芯片设计等领域，推动国家重点实验室、国家工程实验室、国家工程中心和企业技术中心建设，有关部门要优先安排研发项目。鼓励软件企业和集成电路企业建立产学研用结合的产业技术创新战略联盟，促进产业链协同发展。

（十八）鼓励软件企业大力开发软件测试和评价技术，完善相关标准，提升软件研发能力，提高软件质量，加强品牌建设，增强产品竞争力。

四、进出口政策

（十九）对软件企业和集成电路设计企业需要临时进口的自用设备（包括开发测试设备、软硬件环境、样机及部件、元器件等），经地市级商务主管部门确认，可以向海关申请按暂时进境货物监管，其进口税收按照现行法规执行。对符合条件的软件企业和集成电路企业，质检部门可提供提前预约报检服务，海关根据企业要求提供提前预约通关服务。

（二十）对软件企业与国外资信等级较高的企业签订的软件出口合同，政策性金融机构可按照独立审贷和风险可控的原则，在批准的业务范围内提供融资和保险支持。

（二十一）支持企业“走出去”建立境外营销网络和研发中心，推动集成电路、软件和信息服务出口。大力发展国际服务外包业务。商务部要会同有关部门与重点国家和地区建立长效合作机制，采取综合措施为企业拓展新兴市场创造条件。

五、人才政策

（二十二）加快完善期权、技术入股、股权、分红权等多种形式的激励机制，充分发挥研发人员和管理人员的积极性和创造性。各级人民政府可对有突出贡献的软件和集成电路高级人才给予重奖。对国家有关部门批准建立的产业基地（园区）、高校软件学院和微电子学院引进的软件、集成电路人才，优先安排本人及其配偶、未成年子女在所在地落户。加强人才市场管理，积极为软件企业和集成电路企业招聘人才提供服务。

（二十三）高校要进一步深化改革，加强软件工程和微电子专业建设，紧密结合产业发展需求及时调整课程设置、教学计划和教学方式，努力培养国际化、复合型、实用性人才。加强软件工程和微电子专业师资队伍、教学实验室和实习实训基地建设。教育部要会同有关部门加强督促和指导。

（二十四）鼓励有条件的高校采取与集成电路企业联合办学等方式建立微电子学院，经批准设立的示范性微电子学院可以享受示范性软件学院相关政策。支持建立校企结合的人才综合培训和实践基地，支持示范性软件学院和微电子学院与国际知名大学、跨国公司合作，引进国外师资和优质资源，联合培养软件和集成电路人才。

（二十五）按照引进海外高层次人才的有关要求，加快软件与集成电路海外高层次人才的引进，落实好相关政策。制定落实软件与集成电路人才引进和出国培训年度计划，办好国家软件和集成电路人才国际培训基地，积极开辟国外培训渠道。

六、知识产权政策

（二十六）鼓励软件企业进行著作权登记。支持软件和集成电路企业依法到国外申请知识产权，对符合有关规定的，可申请财政资金支持。加大政策扶持力度，大力发展知识产权服务业。

（二十七）严格落实软件和集成电路知识产权保护制度，依法打击各类侵权行为。加大对网络环境下软件著作权、集成电路布图设计专有权的保护力度，积极开发和应用正版软件网络版权保护技术，有效保护软件和集成电路知识产权。

（二十八）进一步推进软件正版化工作，探索建立长效机制。凡在我国境内销售的计算机（大型计算机、服务器、微型计算机和笔记本电脑）所预装软件必须为正版软件，禁止预装非正版软件的计算机上市销售。全面落实政府机关使用正版软件的政策措施，将软件购置经费纳入财政预算，对通用软件实行政府集中采购，加强对软件资产的管理。大力引导企业和社会公众使用正版软件。

七、市场政策

（二十九）积极引导企业将信息技术研发应用业务外包给专业企业。鼓励政府部门通过购买服务的方式将电子政务建设和数据处理工作中的一般性业务发包给专业软件和信息服务企业，有关部门要抓紧建立和完善相应的安全审查和保密管理规定。

鼓励大中型企业将其信息技术研发应用业务机构剥离，成立专业软件和信息服务企业，为全行业和全社会提供服务。

（三十）进一步规范软件和集成电路市场秩序，加强反垄断工作，依法打击各种滥用知识产权排除、限制竞争以及滥用市场支配地位进行不正当竞争的行为，充分发挥行业协会的作用，创造良好的产业发展环境。加快制订相关技术和服务标准，促进软件市场公平竞争，维护消费者合法权益。

（三十一）完善网络环境下消费者隐私及企业秘密保护制度，促进软件和信息服务网络化发展。逐步在各级政府机关和事业单位推广符合安全要求的软件产品。

八、政策落实

（三十二）凡在我国境内设立的符合条件的软件企业和集成电路企业，不分所有制性质，均可享受本政策。

（三十三）继续实施国发18号文件明确的政策，相关政策与本政策不一致的，以本政策为准。本政策由发展改革委会同财政部、税务总局、工业和信息化部、商务部、海关总署等部门负责解释。

（三十四）本政策自发布之日起实施。

国务院办公厅关于鼓励服务外包产业加快发展的复函

国办函〔2010〕69号

商务部：

你部关于鼓励服务外包产业加快发展政策建议的请示收悉。经国务院批准，现函复如下：

一、国务院同意完善支持中国服务外包示范城市（以下简称示范城市）发展服务外包产业的政策措施。

（一）完善技术先进型服务企业所得税优惠政策。放宽认定条件，将技术先进型服务业务收入占本企业总收入70%的比例降低到50%；取消企业需获得国际资质认证的要求；简化申报核准程序，认定工作由示范城市人民政府科技部门会同相关部门组织实施，加快技术先进型服务企业认定工作。

（二）将营业税免税政策扩大到示范城市所有离岸服务外包业务。

（三）对于全部面向国外市场的服务外包企业经营呼叫中心业务（即最终服务对象和委托客户均在境外），在示范城市实施不设外资股权比例限制的试点。创新服务外包海关监管模式，推广实施服务外包保税监管。

（四）2010～2012年，中央财政每年安排示范城市各500万元资金用于服务外包公共平台建设。

二、加大财政资金支持力度。2010年中央财政安排500万元资金用于服务外包境外投资促进活动，并通过中小企业国际市场开拓资金等支持服务外包企业开拓国际市场。扩大服务外包人才培训资金支持范围，促进大学生就业。放宽服务外包企业及培训机构申请服务外包人才培训资金的条件，将服务外包业务额由150万美元下调至50万美元，离岸业务额占服务外包业务额比例由70%下调至50%。鼓励服务外包企业取得国际资质认证，扩大国际资质认证资金支持范围。改进上述资金申报核准程序，由原来每年1次改为每年2次拨付，使企业加快获得资金支持。

三、做好有关金融服务工作。各金融机构要认真落实金融支持服务外包产业发展的各项措施，积极开展适合服务外包企业特点的金融产品和服务方式创新，拓宽服务外包企业的融资渠道。努力解决服务外包企业特别是中小企业融资难的问题。大力支持符合条件的服务外包企业境内外特别是创业板上市。

四、为服务外包企业做大做强营造良好环境。减轻服务外包企业负担，将符合人力资源社会保障部门规定条件的服务外包企业均纳入“五缓四减三补贴”政策范围之内。将示范城市技术先进型服务企业实行的特殊工时制度推广到全国其他地区符合条件的服务外包企业。鼓励服务外包企业海外并购，开拓国际市场，并为服务外包企业员工境外工作提供签证便利。结合我国国际采购安排，将外国供应商须向中国企业发包一定比例的服务外包业务作为大宗商品采购的条件。通过体制改革和组织制度创新，积极培育在岸服务外包市场，促进国际国内服务外包业务协调发展。整合利用现有公共技术服务平台资源，避免重复建设。创新服务模式，支持专业化服务企业发展。

五、加强服务外包人才培养和引进。改进、加强大学服务外包课程体系和实践教学基地建设，鼓励充分利用各种培训资源，多形式、多渠道加快服务外包人才培养，为服务外包企业提供合格的实用型人才。加大海外高层次服务外包人才引进力度，并在落户、子女入学等方面提供便利。

六、商务部要会同有关部门加强对示范城市发展服务外包产业的指导和服务，同时搭建服务于全国的服务外包投资促进平台，制定我国国际服务外包产业发展规划（2011 ~ 2015 年），完善服务外包统计制度。示范城市人民政府要加强规划，突出特点，强化服务，营造环境，增强聚集效应，推动服务外包产业量的扩张和质的提升。

国务院办公厅

二〇一〇年四月七日

附录三 2010年中央各部委关于促进服务外包发展的政策

财政部 国家税务总局 商务部 科学技术部 国家发展和改革委员会 关于技术先进型服务企业有关企业所得税政策问题的通知

财税〔2010〕65号

北京、天津、大连、黑龙江、上海、江苏、浙江、安徽、厦门、江西、山东、湖北、湖南、广东、深圳、重庆、四川、陕西省（直辖市、计划单列市）财政厅（局）、国家税务局、地方税务局、商务主管部门、科技厅（委、局）、发展改革委：

根据国务院有关文件精神，现就技术先进型服务企业有关企业所得税政策问题通知如下：

一、自2010年7月1日起至2013年12月31日止，在北京、天津、上海、重庆、大连、深圳、广州、武汉、哈尔滨、成都、南京、西安、济南、杭州、合肥、南昌、长沙、大庆、苏州、无锡、厦门等21个中国服务外包示范城市（以下简称示范城市）实行以下企业所得税优惠政策：

1．对经认定的技术先进型服务企业，减按15%的税率征收企业所得税。

2．经认定的技术先进型服务企业发生的职工教育经费支出，不超过工资薪金总额8%的部分，准予在计算应纳税所得额时扣除；超过部分，准予在以后纳税年度结转扣除。

二、享受本通知第一条规定的企业所得税优惠政策的技术先进型服务企业必须同时符合以下条件：

1．从事《技术先进型服务业务认定范围（试行）》（详见附件）中的一种或多种技术先进型服务业务，采用先进技术或具备较强的研发能力。

2．企业的注册地及生产经营地在示范城市（含所辖区、县、县级市等全部行政区划）内。

3．企业具有法人资格，近两年在进出口业务管理、财务管理、税收管理、外汇管理、海关管理等方面无违法行为。

4．具有大专以上学历的员工占企业职工总数的50%以上。

5．从事《技术先进型服务业务认定范围（试行）》中的技术先进型服务业务取得的收入占企业当年总收入的50%以上。

6．从事离岸服务外包业务取得的收入不低于企业当年总收入的50%。

从事离岸服务外包业务取得的收入，是指企业根据境外单位与其签订的委托合同，由本企业或其直接转包的企业为境外单位提供《技术先进型服务业务认定范围（试行）》中所规定的信息技术外包服务（ITO）、技术性业务流程外包服务（BPO）和技术性知识流程外包服务（KPO），而从上述境外单位取得的收入。

三、技术先进型服务企业的认定管理

1．示范城市人民政府科技部门会同本级商务、财政、税务和发展改革部门根据本通知规定制定具体管理办法，并报科技部、商务部、财政部、国家税务总局和国家发展改革委及所在省（直辖市、计划单列市）科技、商务、财政、税务和发展改革部门备案。

示范城市所在省（直辖市、计划单列市）科技部门会同本级商务、财政、税务和发展改革部门负责指导所辖示范城市的技术先进型服务企业认定管理工作。

2. 符合条件的技术先进型服务企业应向所在示范城市人民政府科技部门提出申请，由示范城市人民政府科技部门会同本级商务、财政、税务和发展改革部门联合评审并发文认定。认定企业名单应及时报科技部、商务部、财政部、国家税务总局和国家发展改革委及所在省（直辖市、计划单列市）科技、商务、财政、税务和发展改革部门备案。

3．经认定的技术先进型服务企业，持相关认定文件向当地主管税务机关办理享受本通知第一条规定的企业所得税优惠政策事宜。享受企业所得税优惠的技术先进型服务企业条件发生变化的，应当自发生变化之日起15日内向主管税务机关报告；不再符合享受税收优惠条件的，应当依法履行纳税义务。主管税务机关在执行税收优惠政策过程中，发现企业不具备技术先进型服务企业资格的，应暂停企业享受税收优惠，并提请认定机构复核。

4．示范城市人民政府科技、商务、财政、税务和发展改革部门及所在省（直辖市、计划单列市）科技、商务、财政、税务和发展改革部门对经认定并享受税收优惠政策的技术先进型服务企业应做好跟踪管理，对变更经营范围、合并、分立、转业、迁移的企业，如不符合认定条件的，应及时取消其享受税收优惠政策的资格。

四、示范城市人民政府财政、税务、商务、科技和发展改革部门要认真贯彻落实本通知的各项规定，切实搞好沟通与协作。在政策实施过程中发现的问题，要及时逐级反映上报财政部、国家税务总局、商务部、科技部和国家发展改革委。

五、《财政部 国家税务总局 商务部 科技部 国家发展改革委关于技术先进型服务企业有关税收政策问题的通知》（财税〔2009〕63号）自2010年7月1日起废止。

财政部 国家税务总局 商务部
科技部 国家发展和改革委员会
二〇一〇年十一月五日

工信部关于鼓励服务外包产业加快发展及简化外资经营离岸呼叫中心业务试点审批程序的通知

工信部通字〔2010〕550号

为贯彻落实《国务院办公厅关于鼓励服务外包产业加快发展的复函》（国办函〔2010〕69号）和《国务院办公厅关于同意简化外资经营离岸呼叫中心业务试点审批程序的复函》（国办函〔2010〕127号），做好离岸呼叫中心业务试点工作，现通知如下：

·试点地区

本次试点的地区包括北京、天津、上海、重庆、大连、深圳、广州、武汉、哈尔滨、成都、南京、西安、济南、杭州、合肥、南昌、长沙、大庆、苏州、无锡、厦门等21个服务外包示范城市。

· 试点业务

本次试点的业务为离岸呼叫中心业务，即该业务的最终服务对象和委托客户均在境外

· 试点主体

试点主体为外商独资或中外合资电信企业，外资股权比例不设限制。

· 试点审批部门

试点由服务外包示范城市所在省、直辖市通信管理局和示范城市的商务主管部门根据各自职责进行审批。

· 试点审批程序

（一）申请在服务外包示范城市设立外商投资电信企业经营离岸呼叫中心业务的主要投资者，直接想示范城市所在省、直辖市通信管理局提出申请，并参照《外商投资电信企业管理规定》第十二条、《电信条例》第十四条等相关法律法规的规定报送如下材料：公司法定代表人签署的经营业务申请；公司的企业法人营业执照副本及复印件；公司概况包括拟从业人员、场地、设施情况；公司股权结构及股东情况；业务发展的主要计划；信息安全保障措施；证明公司信誉的有关材料；公司法定代表人签署的依法经营承诺书等材料。

（二）省、直辖市通信管理局核准后发放经营离岸呼叫中心业务的试点批文，并报工业和信息化部备案。

（三）企业的主要投资者凭省、直辖市通信管理局批文按照外商投资的法律法规到示范城市主管部门办理申请设立外商投资企业相关手续，并领取《外商投资企业批准证书》。

（四）对于一家企业以总分公司的形式在多个试点城市开展离岸呼叫中心业务，由总公司向其注册地所在的省、直辖市通信管理局和商务部门办理，各分公司不需另行办理申请手续，企业获得经营试点批文和《外商投资企业批准证书》后，各分公司在经营业务前到所在省、直辖市通信管理局备案。

六、对试点工作的跟踪总结及其他省、直辖市通信管理局应当积极支持经营离岸呼叫中心业务企业的发展，对出现的问题和困难积极予以研究解决。

已开展离岸呼叫中心业务的外资或中外合资企业应向所在省、直辖市通信管理局提出申请，按程序补办批文。

获得批文的各企业应积极配合当地通信管理局的试点管理工作，每年12月根据要求将试点情况报所在省、直辖市通信管理局。

相关通信管理局在每年1月份将上年度的试点总结情况及时报部，内容包括离岸呼叫中心业务的服务对象（终端用户）和委托客户所在国家和地区、主要行业应用类别、企业租用的国际专线方向和境外业务接入号码等。

各省、直辖市通信管理局应积极发挥行业协会的作用，组织研究呼叫中心的服务质量标准认证，引导市场逐步建立相应的标准体系，促进呼叫中心行业服务水平提升。

工业和信息化部

二〇一〇年十一月十日

商务部 发展改革委 财政部 人民银行 银监会
关于支持和鼓励服务外包企业海外并购的若干意见

商合发〔2010〕358号

北京、天津、大连、黑龙江、上海、江苏、浙江、安徽、厦门、江西、山东、湖北、湖南、广东、深圳、重庆、四川、陕西商务主管部门、发展改革委（局）、财政厅（局），中国人民银行上海总部，天津、南京、济南、武汉、广州、成都、西安分行，各营业管理部，哈尔滨、杭州、合肥、长沙、南昌中心支行，大连市、厦门市、深圳市中心支行；北京、天津、大连、黑龙江、上海、江苏、浙江、安徽、厦门、江西、山东、湖北、湖南、广东、深圳、重庆、四川、陕西银监局，中国出口信用保险公司：

为贯彻落实国务院关于进一步促进服务外包业务发展的精神，支持服务外包示范城市的服务外包企业（以下简称服务外包企业）通过海外并购提升企业综合实力，现就鼓励服务外包企业海外并购提出如下意见：

一、加强财政支持

（一）服务外包企业海外并购符合对外经济技术合作转向资金规定条件的，可申请资金支持。

（二）科技型中小企业技术创新基金、中小企业发展专项资金、中小企业发展专项资金对符合条件的服务外包企业给予支持。

二、做好金融服务

（一）加大间接融资支持力度。鼓励金融机构创新产品和服务方式，支持服务外包企业间的横向整合、服务外包企业与产业上下游相关企业的纵向整合，提高企业规模和竞争力，培育有实力的并购主体。鼓励商业银行按照相关规定开展并购贷款业务，支持服务外包企业实施“走出去”战略。

（二）积极拓宽服务外包企业海外并购多元化融资渠道。鼓励现有符合条件的服务外包企业充分运用短期融资券、中期票据和公司债、可转换债券等直接融资工具满足企业经营发展和海外并购的资金需求。探索发行服务外包中小企业集合债券、票据。

（三）支持各类社会资金通过参控股或投资方式支持服务外包企业发展。鼓励各类股权投资基金及创业投资企业以股权投资等直接融资手段对服务外包企业开展海外并购提供支持。

（四）鼓励各类担保机构联合提供担保服务，提高服务外包企业信用等级。支持地方政府出资的融资性担保机构，为服务外包企业提供并购融资增信，解决担保难的问题。

三、完善风险保障

对国家鼓励的服务外包企业海外并购重点项目，中国出口信用保险公司应加大出口信用保险的支持力度，同时对投保的服务外包企业需求加快响应速度，提高承保、理赔效率。

四、简化审批程序

服务外包企业办理海外并购项目核准时，是否委托中介机构评估由企业自主决定。服外包企业境外投资开办企业核准权限下放至省级商务主管部门。有关主管部门要切实提高办事效率。

五、加强引导服务

（一）有关主管部门要加强对国外服务外包产业情况的研究，向我服务外包企业提供及时有效的海外投资并购信息，介绍国外投资环境。

（二）进一步加强和改进培训工作，把服务外包企业负责人作为“跨国经营管理人才培训”及其他各类“走出去”培训项目的培训对象，帮助我服务外包企业提高海外投资并购的能力。

（三）通过政府间双边经贸机制、贸易投资促进平台等，宣传我服务外包产业发展成就，推介我服务外包企业。

有关地方商务、发展改革、财政等部门要结合本地服务外包企业发展情况，研究出台支持本地区服务外包企业海外并购的政策，促进企业做强做大。

商务部办公厅

二〇一〇年九月六日

中国人民银行 财政部 商务部 海关总署 国家税务总局 银监会 关于扩大跨境贸易人民币结算试点有关问题的通知

银发〔2010〕186号

人民银行上海总部，天津、沈阳、南京、济南、武汉、广州、成都分行，总行营业管理部、重庆营业管理部，呼和浩特、长春、哈尔滨、杭州、福州、南宁、海口、昆明、拉萨、乌鲁木齐中心支行，各副省级城市中心支行；北京市、天津市、内蒙古自治区、辽宁省、吉林省、黑龙江省、上海市、江苏省、浙江省、福建省、山东省、湖北省、广东省、广西壮族自治区、海南省、重庆市、四川省、云南省、西藏自治区、新疆维吾尔族自治区财政厅、商务厅、国家税务局、银监局；海关总署广东分署、天津、上海特派办、各直属海关：

自2009年7月开展跨境贸易人民币结算试点工作以来，人民币资金结算、清算渠道便捷、顺畅，人民币出口退（免）税及进出口报关政策清晰明确、操作流程便利，受到了试点企业的普遍欢迎。为满足企业对跨境贸易人民币结算的实际需求，进一步发挥人民币结算对贸易和投资便利化的促进作用，经国务院批准，现就扩大跨境贸易人民币结算试点工作的有关问题通知如下：

一、跨境贸易人民币结算的境外地域由港澳、东盟地区扩展到所有国家和地区。

二、增加北京、天津、内蒙古、辽宁、吉林、黑龙江、江苏、浙江、福建、山东、湖北、广西、海南、重庆、四川、云南、西藏、新疆等18个省（自治区、直辖市）为试点地区。

三、广东省的试点范围由4个城市扩大到全省，增加上海市和广东省的出口货物贸易人民币结算试点企业数量。

四、试点省（自治区、直辖市）的企业，可以按照《跨境贸易人民币结算试点管理办法》（中国人民银行 财政部 商务部 海关总署 国家税务总局中国银行业监督管理委员会公告〔2009〕第10号，以下简称《试点管理办法》）以人民币进行进口货物贸易、跨境服务贸易和其他经常项目结算。

五、北京、天津、内蒙古、辽宁、上海、江苏、浙江、福建、山东、湖北、广东、广西、海南、重庆、四川、云南等16个省（自治区、直辖市）出口货物贸易人民币结算实行试点企业管理制度。请各省（自治区、直辖市）、计划单列市人民政府协调当地有关部门按照《试点管理办法》第四条有关规定推荐出口货物贸易人民币结算试点企业，人民银行、财政部、商务部、海关总署、

税务总局、银监会将在总量控制的前提下，审定试点企业名单。经审定后的试点企业使用人民币结算的出口货物贸易按照有关规定办理出口报关手续，享受出口货物退（免）税政策。

六、内蒙古、辽宁、吉林、黑龙江、广西、云南、西藏、新疆等8个边境省（自治区）具有进出口经营资格的企业，可以在指定口岸与毗邻国家的一般贸易和边境小额贸易出口货物按照《试点管理办法》开展人民币结算试点。其中，内蒙古、辽宁、广西、云南等四省（自治区）按照《试点管理办法》选择的试点企业按本通知第五条规定办理出口报关及退（免）税手续；8个边境省（自治区）的其他企业在指定口岸与毗邻国家的一般贸易和边境小额贸易使用人民币结算的，出口报关及退（免）税手续按照《财政部国家税务总局关于边境地区一般贸易和边境小额贸易出口货物以人民币结算准予退（免）税试点的通知》（财税〔2010〕26号）办理。

七、请开展跨境贸易人民币结算试点所在省(自治区、直辖市)的相关部门按照《试点管理办法》等有关文件积极做好试点工作，保证跨境贸易人民币结算试点工作顺利进行。

中国人民银行 财政部 商务部
海关总署 税务总局 银监会
二○一○年六月十七日

商务部办公厅、中国人民银行办公厅
关于服务外包企业人民币跨境贸易结算有关问题的通知

商办财函〔2010〕1439号

北京市、天津市、内蒙古自治区、辽宁省、吉林省、黑龙江省、上海市、江苏省、浙江省、福建省、山东省、湖北省、广东省、广西壮族自治区、海南省、重庆市、四川省、云南省、西藏自治区、新疆维吾尔自治区商务主管部门；人民银行上海总部，天津、沈阳、南京、济南、武汉、广州、成都分行，总行营业管理部、重庆营业管理部，呼和浩特、长春、哈尔滨、杭州、福州、南宁、海口、昆明、拉萨、乌鲁木齐中心支行，各副省级城市中心支行：

2010年6月17日，中国人民银行、财政部、商务部、海关总署、税务总局、银监会等部门联合印发了《关于扩大跨境贸易人民币结算试点有关问题的通知》（银发〔2010〕186号），文件指出“试点省（自治区、直辖市）的企业，可以按照《跨境贸易人民币结算试点管理办法》（中国人民银行财政部商务部海关总署国家税务总局中国银行业监督管理委员会公告〔2009〕第10号）以人民币进行进口货物贸易、跨境服务贸易和其他经常项目结算。”

为进一步推动我国服务外包企业更多地承接国际服务外包业务，更好地开拓国际市场，充分发挥人民币结算对贸易和投资便利化的促进作用，服务外包企业从事国际（离岸）服务外包业务可适用银发〔2010〕186号文件以人民币结算，并可纳入国际服务外包业务统计，享受国家鼓励服务外包产业发展的政策措施。

商务部办公厅
中国人民银行办公厅
二○一○年十月二十二日

财政部 商务部
关于做好2010年度支持承接国际服务外包业务发展资金管理工作的通知

财企〔2010〕64号

各省、自治区、直辖市、计划单列市财政厅（局）、商务主管部门，新疆生产建设兵团财务局、商务局：

为落实国务院关于促进服务外包产业发展的精神，加快我国服务外包产业发展，支持服务外包企业做大做强，积极承接国际服务外包业务，促进贸易增长方式转变，财政部、商务部决定安排专项资金，对2010年度承接国际服务外包的相关业务（服务外包业务范围见附件6，下同）予以资金支持。现就有关事项通知下：

一、2010年资金支持的领域和重点

（一）2010年重点支持“中国服务外包示范城市”（以下简称示范城市）的服务外包企业，以及列入商务部重点服务外包企业名录的企业。

（二）鼓励培训各类承接国际服务外包人才的培训机构（含大专院校，以下统称培训机构）。

（三）支持示范城市相关公共服务平台设备购置、运营及维护。

（四）支持服务外包企业取得国际通行的资质认证。

（五）支持和鼓励服务外包企业参与国际竞争，积极开拓国际市场。

二、申请资金支持的企业和培训机构须具备的条件

（一）服务外包企业必须具备下列条件：

1．在中国境内注册、具有企业法人资格、依法备案登记的对外贸易经营者，且如实填报《服务外包统计报表制度》中规定的报表。

2．近两年在进出口业务管理、财务管理、税收管理、外汇管理、海关管理等方面无违法行为。

3．已与服务外包发包商签订中长期提供服务外包业务合同，企业2009年提供服务外包业务额不低于50万美元，其中向境外最终客户提供服务外包业务额占50%以上。

4．具有服务外包承接能力及服务外包市场开拓和项目管理人员，大学（含大专）毕业及以上学历员工总数70%以上。

（二）培训机构必须具备下列条件：

1．具有服务外包人才培训的从业资格。

2．具有符合条件的场地、设施、专业教材和师资力量。

3．具有为服务外包企业提供定制培训的经验。

4．具有健全的财务制度和合格的财务管理人员。

5．所申报的培训项目原则上为非盈利培训。

6．上年度培训机构无虚报、瞒报等违规行为。

省级（含服务外包示范城市）商务主管部门应根据上述条件制定培训机构管理办法并报商务部备案，对培训机构进行规范化管理和指导，对符合规定的服务外包人才培训机构进行备案。

三、支持的标准和支持方式

对2009年8月1日～2010年6月30日期间的服务外包业务予以支持：

（一）服务外包企业每新录用1名大学（含大专）以上学历员工从事服务外包工作并签订1年（含1年，下同）以上《劳动合同》的，给予企业每人不超过4 500元的定额培训支持（定向用于上述人员的培训）。

对被录用人员提前解除合同，并在原合同规定的一年期内，与其他服务外包企业或原企业签订新的《劳动合同》的不再予以资金支持。

（二）服务外包培训机构培训的从事服务外包业务人才（大专以上学历），通过服务外包业务知识和技能培训考核，并与服务外包企业签订1年以上《劳动合同》的，给予培训机构每人不超过500元的定额培训支持。

（三）给予示范城市500万元定额支持，专项用于公共技术服务平台、公共信息服务平台和公共培训服务平台所需设备购置、运营及维护费用。具体由示范城市商务主管部门商同级财政主管部门制定资金使用管理办法，并报商务部、财政部备案后拨付。

（四）对服务外包企业取得的开发能力成熟度模型集成（CMMI）、开发能力成熟度模型（CMM）、人力资源成熟度模型（PCMM）、信息安全管理（IS027001/BS7799）、IT服务管理（IS020000）、服务提供商环境安全性（SAS70）、国际实验动物评估和认可委员会认证（AAALAC）、优良实验室规范（GLP）、信息技术基础架构库认证（ITIL）、客户服务中心认证（COPC）、环球同业银行金融电讯协会认证（SWIFT）等相关认证及认证的系列维护、升级给予支持，每个企业每年最多可申报3个认证项目，每个企业每年最多可申报3个认证项目，每个项目不超过50万元的资金支持。

（五）对服务外包企业开拓国际市场的各项活动给予支持，具体标准按照财政部、商务部关于中小企业国际市场开拓资金管理的有关办法执行。

四、资金的申请和拨付

（一）申报材料。符合条件的服务外包企业和培训机构，可向所在城市商务主管部门提出资助申请，申请应提供以下材料：

1．服务外包企业申请人才培训资金需提供下列材料：

（1）《服务外包人才培训资金补助申请表》（网站自动生成，见附件1）。

（2）录用人员身份证明及大专以上学历证明复印件。

（3）被录用人员与服务外包企业签订的1年以上的《劳动合同》复印件。

（4）服务外包业务额不低于50万美元的凭证复印件。

（5）服务外包企业向境外最终客户提供服务外包业务额占50%以上的业务凭证复印件。

2．培训机构申请资金需提供下列材料：

（1）《服务外包人才培训资金补助申请表》（网站自动生成，见附件1）。

（2）录用人员身份证明及大专以上学历证明复印件。

（3）被录用人员与符合资金申报条件的服务外包企业签订的1年以上的《劳动合同》复印件。

（4）有关部门提供的依法从业资格证明。

（5）每期项目的培训方案及课程安排。

（6）出具为服务外包企业提供定制培训的材料（含培训机构与服务外包企业签订的定制培训协议）。

（7）培训机构颁发被培训人员专业知识和技能培训考核合格证书复印件。

（8）被培训人员的培训费用缴费凭证复印件。

（9）每期培训项目成本、收费标准等明细情况。

（10）经省级（含服务外包示范城市）商务主管部门备案的培训机构的证明（下半年申报时提供）。

3．服务外包企业申请国际认证补助资金需提供下列材料：

（1）企业获得国际资质认证证书复印件。

（2）企业与相关国际认证评估顾问公司签订的合同协议复印件。

（3）企业缴纳认证费用凭证的复印件（包括认证费用发票和相结应的银行出具的支付凭证）。

4．申报服务外包公共平台支持资金的示范城市需提供下列材料：

（1）服务外包公共平台支持资金的申请文件。

（2）本地区服务外包公共平台资金具体管理和使用办法。

5．服务外包企业申请中小企业国际市场开拓资金支持，按相关中小企业国际市场开拓资金相关规定申报。

（二）资金申请程序。申请采取网上和局面申请相结合的方式，并建立分级负责制，以保障资金安全。申报程序和各级责任如下：

1．企业申报

申报企业指定专人登录商务部“服务外包及软件出口信息管理系统”（www.fwwb.gov.cn）网站，可随时直接向商务部和所在城市商务主管部门同时填报申报材料。企业应指派专门申报员申报，并指派企业相关负责人核定签字，方可网络传输上报。同时，将电子材料汇总后编制申报情况汇总表及明细表，编制索引（即将申报的材料汇总后编制申报情况汇总表及明细表，编制索引（即将申报的材料与明细表对应编制索引），并将填报的纸质材料与电子材料核对一致，企业相关负责人签字和加盖公章后报商务、财政主管部门。

2．省级以下商务、财政主管部门审核

省级以下商务主管部门指派专人受理申报单位的电子和纸质材料，进行对照审核，形成审核记录，报同级财政主管部门审核，并以电子和纸质两种方式上报省级商务主管部门。

3．省级商务、财政主管部门审定

省级商务主管部门应对上传的电子材料与上报的纸质材料进行对照审定，形成审定记录，由指定的受理人员和商务部门主管领导签字盖章，报同级财政主管部门审定；对最终通过的申报材料进行汇总，编制索引，编写审定情况总结，填写审定部门意见表（附件5），由商务主管部门领导签字盖章后，以电子和纸质两种方式上报商务部、财政部。

请省级商务和财政主管部门按照规定填写相关申请材料，于2010年5月20日前向商务部、财政部上报2009年8月1日到2009年12月31日的资金申请；2010年9月20日前上报2010年1月1日到2010年6月30日的资金申请，超过申报期限不予受理。申报材料包括《2010年度服务外包企业录用人员汇总表》、《2010年度服务外包人才培训资助汇总表》、《2010年度服务外包企业国际认证资助总表》、服务外包业务发展资金材料审定部门意见表以及相关申报材料。

（三）符合条件的服务外包企业的分支机构，由其具有独立法人资格的总公司向总公司所在地的商务和财务部门统一申请财政资金支持。

（四）财政部、商务部聘请中介机构对各地上报的申请进行检查，确定支持金额。财政部于年底内按照预算级次分两次将支持资金拨付至各省级财政部门，由省级财政部门按照国库管理规定拨付至服务外包企业和培训机构。

五、各地财政、商务主管部门要切实加强财政资金的审核监督管理，确保资金准确及时到位。对申办企业报送的资金拨付申请要按《档案管理法》的规定将有关纸质材料妥善保管，以备核查。

六、严禁任何单位骗取、挪用或截留资金；不得虚报、瞒报、拒报、迟报，不得伪造、篡改服务外包统计信息。对违反本通知规定的单位，财政部、商务部将全额收回资金，取消其以后年度申请资格，并按《财政违法行为处罚处分条例》（国务院令第427号）和，《中华人民共和国统计法》予以处理；情节严惩或触犯国家法律的，依法追究相关人员或单位的责任。

七、各服务外包示范城市的资金申请审核工作情况将纳入服务外包综合评价指标体系进行考核。

各地在执行本通知规定过程中，应认真总结经验。发现问题及时向财政部（企业司）、商务部（财务司、服贸司、外资司）反映。

特此通知。

财政部 商务部

二〇一〇年四月二十一日

附件：

1．服务外服人才培训资金补助申请表

2．2010年度服务包包企业录入人员汇总表

3．2010年度服务外包人才培训资助汇总表

4．2010年度服务外包企业国际认证资助汇总表

5．服务外包业务发展资金材料审定部门意见表

6．服务外包业务范围

海关总署 商务部关于全面推广实施国际服务外包业务进口货物保税监管模式的通知

署加函〔2010〕281号

北京、天津、大连、哈尔滨、上海、南京、杭州、合肥、厦门、南昌、青岛、武汉、长沙、广州、深圳、黄浦、重庆、成都、西安海关，北京、天津、大连、黑龙江、上海、江苏、浙江、安徽、厦门、江西、山东、湖北、湖南、广东、深圳、重庆、四川、陕西省《直辖市、计划单列市》商务主管部门：

为贯彻落实《国务院办公厅关于鼓励服务外包产业加快发展的复函》（国办函〔2010〕69号）精神，支持国务服务外包企业规范健康众发展，海关总署、商务部决定自7月1日在全国21个服务外包示范城市全面推广实施海关保税监管模式。现就推广工作有关事项通知如下：

一、推广城市。在现有10个试点城市的基础上，将国际服务外包业务进口货物海关保税监管模式推广到目前全部21个服务外包示范城市。增加的推广城市有：北京、天津、重庆、广州、武汉、

成都、济南、杭州、合肥、南昌、厦门等。

二、推广企业。适用范围为服务外包示范城市中经认定的技术先进型服务企业。

三、服务外包示范城市商务主管部门要将经认定的技术先进型服务企业名单、经评定不再具备技术先进型服务企业资质的企业名单抄送示范城市直属海关备案，由直属海关将相关名单转告企业所在地主管海关，主管海关凭认定名单和认定文件办理保税备案等有关手续。

四、海关对国际服务外包业务进口货物保税监管按服海关署署相关规定办理。

五、各级海关和商务主管部门要充分认识服务外包工作的重要性，加强对服务外包工作的管理、指导和服务，认真落实国务院关于促进服务外包产业发展的有关要求，支持各地深入开展承接国际服务外包业务。

六、服务外包示范城市各级主管海关和商务主管部门要加强联系配合，做好统计汇总工作，及时沟通反馈信息，不断总结管理经验，为国际服务外包产业提供良好的发展环境。

特此通知。

海关总署 商务部

二〇一〇年六月十七日

财政部 国家税务总局 商务部
关于示范城市离岸服务外包业务免征营业税的通知

财税〔2010〕64号

北京、天津、大连、黑龙江、上海、江苏、浙江、安徽、江西、福建、厦门、山东、湖北、湖南、广东、深圳、重庆、四川、陕西省（直辖市、计划单列市）财政厅（局）、地方税务局、商务主管部门：

为了进一步促进离岸服务外包产业发展，经国务院批准，现就离岸服务外包业务营业税政策通知如下：

一、自2010年7月1日起至2013年12月31日，对注册在北京、天津、大连、哈尔滨、大庆、上海、南京、苏州、无锡、杭州、合肥、南昌、厦门、济南、武汉、长沙、广州、深圳、重庆、成都、西安等21个中国服务外包示范城市的企业从事离岸服务外包业务取得的收入免征营业税。

二、从事离岸服务外包业务取得的收入，是指本通知第一条规定的企业根据境外单位与其签订的委托合同，由本企业或其直接转包的企业为境外提供本通知附件规定的信息技术外包服务（ITO）、技术性业务流程外包服务（BPO）或技术性知识流程外包服务（KPO），从上述境外单位取得的收入。

三、2010年7月1日至本通知到达之日已征的应予免征的营业税税额，在纳税人以后的应纳营业税税额中抵减，在2010年内抵减不完的予以退税。

财政部 国家税务总局 商务部

二〇一〇年七月二十八日

人力资源和社会保障部 商务部
关于进一步做好促进服务外包产业发展有关工作的通知

人社部发〔2010〕56号

各省、自治区、直辖市人力资源社会保障厅（局）、商务厅（局）、新疆生产建设兵团劳动保障局、商务局：

为鼓励我国服务外包产业加快发展，按照《国务院办公厅关于鼓励服务外包产业加快发展的复函》（国办函〔2010〕69号）的要求，现就进一步做好服务外包企业实行特殊工时制度等有关问题通知如下：

一、扩大服务外包企业实行特殊工时制度的适用范围。对服务外包示范城市以外地区符合条件且劳动用工管理规范的技术先进型服务外包企业，因生产特点无法实行标准工时工作制的岗位，经当地人力资源社会保障部门批准，可以对软件设计、技术研发、高级管理人员等工作无法按保准工作时间衡量或需机动作业的职工，实行不定时工作制；对因工作性质特殊需要在一段时间内连续作业的职工，实行综合计算工时工作制。

二、加强对服务外包企业实行特殊工时制度的管理和服务。技术先进型无误外包企业实行特殊工时制度的审批管理办法，由省级人力资源社会保障部门按照方便企业的原则确定。由技术先进型服务外包企业所在市人力资源社会保障部门负责审批的，应报省级人力资源社会保障部门备案。要进一步简化审批程序，提高审批效率，为企业提供快捷优质的服务。

要知道实行特殊工时制度的服务外包企业依法制定具体实施方案，规范劳动用工管理，合理确定劳动定额，完善实行不定时工作制职工的业绩考核评价和实行综合计算工时工作制职工的工时考勤办法，科学安排职工的工作和休息时间，切实保障职工的休息休假权利。

省级人力资源社会保障部门要搞好对实行特殊工时制度的服务外包企业、实行不定时工作制和综合计算工时工作制的岗位和职工人数的统计，于每年1月和7月报人力资源社会保障部备案，同时抄送商务部和同级商务主管部门。

三、做好服务外包企业享受“五缓四减三补贴”政策的落实工作。对符合享受“五缓四减三补贴”规定条件的服务外包企业，各地人力资源社会保障部门要将其纳入政策实施范围，按照《关于进一步做好减轻企业负担未定就业局势有关问题的通知》（人社部发〔2009〕175号）的规定给予政策扶持。

人力资源和社会保障部 商务部

二〇一〇年八月六日

教育部办公厅 商务部办公厅
关于在江苏、浙江两省开展地方高校计算机学院培养服务外包人才试点

教高厅函〔2010〕34号

江苏、浙江省教育厅、商务厅，中国服务外包示范城市：

为了贯彻落实《国务院办公厅关于促进服务外包产业发展问题的复函》（国办函〔2009〕9号）和《教育部 商务部关于加强服务外包人才培养 促进高校毕业生就业工作的若干意见》（教高〔2009〕5号）等文件精神，推进地方高校计算机类专业人才培养模式改革，培养服务外包人才，促进大学生创业就业，教育部、商务部决定在江苏、浙江两省开展计算机学院培养服务外包人才的试点工作（以下简称试点工作）。现将有关事宜通知如下：

一、试点工作目的

适应我国现代服务业特别是服务外包产业发展的需要，推进地方高校计算机学院转型，加快服务外包人才培养，并以此为契机深化地方高校计算机类专业人才培养模式改革，提高人才培养质量，增强毕业生就业创业能力。

二、试点范围

试点对象为地方本科院校计算机学院。试点单位由学校申报，江苏、浙江两省的省教育厅、商务厅审定。试点专业为计算机类专业，包括计算机科学与技术、软件工程和网络工程等专业。

三、试点工作内容

1．培养服务外包人才。根据我国服务外包产业发展对计算机类人才的需求，对试点高校计算机学院的办学定位，发展目标、专业设置，人才培养模式等重新进行整体规划设计，为区域服务外包产业发展提供人才智力支撑。

2．推进计算机类专业教改试点。试点高校可选择一个或几个计算机类专业进行改革试点。与行业企业联合制定专业改革方案，明确人才培养目标、培养方案、教学要求、办学条件及专业规范等，重点在人才培养模式改革方面有所突破，推动项目教学，任务驱动等教学方法改革，搭建校企合作平台，实施校企合作。

3．加强实训、实习基地建设。教育厅和商务厅要支持试点高校建立综合性的服务外包人才实训基地。试点高校要密切与企业的合作，加强实训、实习基地建设，为学生实训和顶岗实习提供良好的条件和环境。

4．加强师资队伍建设。教育厅和商务厅要建立加强师资队伍培训的联合工作机制。一是鼓励高校聘请服务外包企业的专家作为兼职教师，参与高校人才培养计划制定、实训指导、专业课程教学等。二是学校通过派遣教师定期到服务外包企业挂职，提高教师有关服务外包的实际操作经验，提高课堂教学能力。试点高校要将教师参与培训和到企业挂职计入教师工作量，并制订适合于服务外包方向特点的教师考核标准。

四、试点时间

试点工作从2010年6月启动，为期4年，教育部和商务部将在总结两省各阶段试点经验的基础上，逐步向全国推广。

五、保障措施

1．教育部、商务部联合启动试点工作，作为贯彻落实《国务院办公厅关于促进服务外包产业发展问题的复函》（国办函〔2009〕9号）的任务之一，做好政策协调工作，为试点高校创造良好外部条件。

2．江苏、浙江两省要根据《关于共建中国服务外包示范城市的协议》中有关支持大学生实习实训基地建设的有关内容，推进本省和服务外包示范城市的大学生实习实训基地建设工作，制定鼓励性政策措施，落实财政资金支持。两省教育厅、商务厅要加大对试点高校支持力度，在实训基地建设、师资培训、服务外包人才培养培训补贴等方面给予优先支持。

3．江苏、浙江两省的南京市、杭州市、无锡市、苏州市和昆山市要参照江苏、浙江两省试点工作，在本市开展试点。根据《关于共建中国服务外包示范城市的协议》和《关于服务外包人才培训中心共建协议》中有关承诺，在实训基地建设、师资培训、服务外包人才培养培训补贴等方面加大支持力度，加快培养服务外包人才。

4．试点高校要为改革试点提供组织保障、经费保障和制度保障。

六、联系方式

教育部高教司联系人：江河

电话：（010）66096262，传真：（010）66096949，邮箱：jianghe@moe.edu.cn

商务部外资司联系人：叶威

电话：（010）65197395，传真：（010）65197322，邮箱：yewei@mofcom.gov.cn

教育部办公厅

商务部办公厅

二〇一〇年八月九日

附录四 中国服务外包示范城市发展情况

服务外包发展指标		示范城市数量 / 个
2010 年接包合同执行金额	≥ 200 000 万美元	2
	150 000 ～ 200 000 万美元 (含 150 000 万美元)	4
	100 000 ～ 150 000 万美元 (含 100 000 万美元)	2
	50 000 ～ 100 000 万美元 (含 50 000 万美元)	3
	10 000 ～ 50 000 万美元 (含 10 000 万美元)	8
	< 10 000 万美元	2
2010 年离岸接包合同执行金额	≥ 150 000 万美元	3
	100 000 ～ 150 000 万美元 (含 100 000 万美元)	4
	50 000 ～ 100 000 万美元 (含 50 000 万美元)	2
	20 000 ～ 50 000 万美元 (含 20 000 万美元)	5
	10 000 ～ 20 000 万美元 (含 10 000 万美元)	4
	＜ 10 000 万美元	3
截至 2010 年年底企业数	> 1 000 家	2
	501 ～ 1 000 家	5
	301 ～ 500 家	6
	201 ～ 300 家	3
	≤ 200 家	5
截至 2010 年年底从业人员	> 150 000 人	3
	100 001 ～ 150 000 人	5
	50 001 ～ 100 000 人	5
	30 001 ～ 50 000 人	4
	≤ 30 000 人	4
截至 2010 年年底受训人数	>50 000 人	5
	30 001 ～ 50 000 人	4
	20 001 ～ 30 000 人	5
	10 001 ～ 20 000 人	4
	≤ 10 000 人	3
截至 2010 年年底认证数量	> 400 个	4
	301 ～ 400 个	4
	201 ～ 300 个	4
	101 ～ 200 个	5
	≤ 100 个	4

资料来源：中华人民共和国商务部

附录五 中国服务外包示范城市代表企业介绍

北京市

公司名称	瞬联软件科技（北京）有限公司 www.cienet.com.cn
主营业务	开发、生产计算机软件硬件、网络产品；承接计算机网络系统集成项目；承接集成电路项目设计；提供上述产品的技术服务、技术培训、技术咨询
公司名称	软通动力信息技术（集团）有限公司 www.isoftstone.com
主营业务	计算机技术开发、技术服务、技术培训、技术咨询、计算机软硬件开发和批发
公司名称	博彦科技股份有限公司 www.beyondsoft.com
主营业务	咨询服务、软件开发、系统集成、软件测试、软件本地化、企业应用平台建设与维护、IT 服务外包以及业务流程外包
公司名称	同方鼎欣信息技术有限公司 www.asdc.com.cn
主营业务	供软件研发、软件定制服务，以及软件技术和测试服务
公司名称	北京新聚思信息技术有限公司 www.synnex-china.com
主营业务	IT 服务提供商，包括咨询服务、软件开发、系统集成、软件测试、软件本地化、企业应用平台建设与维护、IT 服务外包以及业务流程外包
公司名称	路通世纪（中国）科技有限公司 china-op.thomsonreuters.com
主营业务	开发、生产计算机软、硬件；开发网络技术产品、金融信息系统和数据产品；数据输入和处理；数据库管理；提供技术咨询、技术转让、数据服务、信息咨询
公司名称	中科创达软件科技（北京）有限公司 www.thunderst.com
主营业务	开发计算机软件；销售自行开发的产品；技术咨询，技术服务；商务咨询等
公司名称	北京瑞友科技股份有限公司 www.rayootech.com.cn
主营业务	IT 服务提供商，包括 IT 咨询、应用开发、产品工程，客户化软件开发、维护与测试，以及业务流程外包服务
公司名称	北京中软国际信息技术有限公司 www.chinasofti.com
主营业务	IT 咨询服务、解决方案、软件开发、系统集成、软件测试、软件本地化、企业应用平台建设与维护、IT 服务外包以及业务流程外包、BPO
公司名称	北京护航科技有限公司 www.novots.com
主营业务	基础架构管理服务；业务系统管理服务；行业整合型服务解决方案；MSP（集中式服务台）服务；ITIL/ITSM/ISO20000/ISO27001 咨询服务；基础架构规划及安全评估服务；IT 系统体检及应用仿真服务；专项服务项目
公司名称	北京信必优信息技术有限公司 www.symbio.com
主营业务	软件产品设计、开发、测试等外包服务
公司名称	宇思信德科技（北京）有限公司 www.ethos.com.cn
主营业务	IT 服务提供商，包括软件开发、咨询
公司名称	百佳泰信息技术（北京）有限公司 www.ingrasys.com.cn
主营业务	IT 服务提供商，包括开发 / 生产计算机软件、承接计算机网络工程、软件测试、自产产品的技术咨询 / 技术服务、销售自产产品
公司名称	纬创软件（北京）有限公司 www.wistronits.com
主营业务	IT 服务提供商，包括咨询服务、软件开发、系统集成、软件测试、软件本地化、企业应用平台建设与维护、IT 服务外包以及业务流程外包
公司名称	北京日桥信息技术有限公司 www.jbridge.com.cn
主营业务	IT 服务提供商，包括软件开发、系统集成、软件测试、企业应用平台建设与维护、IT 服务外包
公司名称	北京世纪互联宽带数据中心有限公司 www.sinicinfo.com.cn
主营业务	IT 服务提供商，包括 IT 服务外包以及业务流程外包
公司名称	方正国际软件（北京）有限公司 www.foundersoft.com
主营业务	全球化软件和 IT 服务、AFC 系统、医疗系统、金融行业的解决方案
公司名称	奥博杰天软件（北京）有限公司 www.objectivasoftware.com
主营业务	咨询服务、软件开发、系统集成、软件测试、软件本地化、企业应用平台建设与维护、IT 服务外包以及业务流程外包
公司名称	康龙化成（北京）新药技术有限公司 www.pharmaron.com
主营业务	研究、开发新型要用小分子化合物及新药；提供技术咨询、技术转让
公司名称	北京西岭网络科技有限公司 www.sinicinfo.com.cn
主营业务	咨询服务、软件开发、软件测试

天津市

公司名称	凯莱英生命科学技术（天津）有限公司 www.asymchem.com
主营业务	主要从事符合美国 FDA 审批的 cGMP 标准原料药、制剂产品及生物产品的研究开发、工艺优化及生产，为国际大中型制药公司提供全方位药物研发及生产专业化服务
公司名称	奥贝泰克药物化学（天津）有限公司 天津经济技术开发区海星街 19 号
主营业务	原料药、医药中间体的研究开发与相关服务
公司名称	易泰达科技有限公司 www.eteda.com.cn
主营业务	科技开发、技术咨询、技术服务
公司名称	天津松下汽车电子开发有限公司
主营业务	咨询服务、软件开发，软件测试
公司名称	联盟计算机服务（天津）有限公司 www.acs-inc.com
主营业务	提供管理咨询及相关服务；计算机软件开发及相关技术服务
公司名称	天津药明康德新药开发有限公司 www.wuxiapptec.com
主营业务	医药研发外包
公司名称	霍尼韦尔环境自控产品（天津）有限公司 http://honeywell.com/Pages/Home.aspx
主营业务	研究、设计、生产、销售关于环境和燃烧气控制的产品；提供集成产品解决方案及保养、维修、技术培训等配套性服务
公司名称	飞思卡尔强芯（天津）集成电路设计有限公司 www.freescale.com
主营业务	集成电路芯片及其他半导体产品的设计、开发、销售；软件产品的开发、生产、销售；并提供相关服务
公司名称	天津鼎韬外包服务有限公司 www.chnsourcing.com.cn/ www.devott.com
主营业务	电子信息技术、网络技术服务、外包咨询、软件开发、IT 服务外包以及业务流程外包
公司名称	天津恩梯梯数据有限公司
主营业务	软件开发、软件测试、IT 服务外包及业务流程外包
公司名称	北光科技发展（天津）有限公司
主营业务	计算机软件的开发、生产、销售及相关技术咨询服务；电子信息技术的研发、咨询、服务、转让
公司名称	大宇宙信息创造（中国）有限公司 www.trans-cosmos.com.cn
主营业务	计算机系统的开发研究，设计，生产，销售和信息加工及相关的技术咨询服务
公司名称	天津思坦德软件开发有限公司 www.standarsoft.net
主营业务	电子信息、软件技术及产品的开发、咨询、服务；软件产品制作及批发零售；投资咨询及服务
公司名称	天津南开创元信息技术有限公司 www.itec.com.cn
主营业务	软件开发，软件测试
公司名称	亚旗技术服务（天津）有限公司 www.accuservice.cn
主营业务	电子产品检测服务、外包服务、质量技术管理、技术支持管理、软件开发
公司名称	天津天地伟业数码科技有限公司 www.tiandy.com
主营业务	安防监控产品、音视频传输控制产品的软硬件开发，系统集成及平台软件的开发
公司名称	天津市长虹立川科技有限公司 www.crisen.com
主营业务	IT 服务提供商，包括咨询服务、软件开发、系统集成、软件测试、软件本地化、企业应用平台建设与维护、IT 服务外包及业务流程外包
公司名称	天津菱云刀具设计有限公司 www.mitsubishicarbide.com；www.mmc.co.jp
主营业务	设计及业务流程外包
公司名称	天津宇信易诚科技有限公司 www.yuchengtech.com
主营业务	金融服务流程外包
公司名称	CSC 信息科技（天津）有限公司 www.csc.com
主营业务	电子通讯技术的研究和开发，信息技术系统开发，集成和后续支持服务；信息技术业务流程，数据处理和信息技术的企业管理服务；数据中心的建立及管理；网络及系统管理服务；计算机系统集成服务

上海市

公司名称	埃森哲（中国）有限公司 www.accenture.com
主营业务	管理咨询，技术服务及服务外包包括咨询服务、软件开发、系统集成、软件测试、软件本地化、企业应用平台建设与维护、IT 服务外包以及业务流程外包
公司名称	安德普翰商务服务（上海）有限公司 adpchina.cn.adp.com
主营业务	员工工资、税收、福利的数据以及相关的信息处理服务，代表客户支付工资、福利和税收，工资及其他人力资源应用软件的研究开发；提供相关的咨询服务及技术支持

公司名称	**上海宝信软件股份有限公司** www.baosight.com
主营业务	钢铁企业信息化解决方案、自动化系统集成及运行维护服务；城市智能交通综合解决方案和路桥遂、轨道交通的综合监控；机电成套设备、机电一体化产品及运行维护等
公司名称	**上海贝塔斯曼商业服务有限公司** www.arvatoservices.com.cn
主营业务	软件及系统开发、应用和维护服务，数据采集、加工和数据中心管理，金融后台服务，供应链管理和整体方案服务；客户关系管理及营销管理，企业信息管理及咨询，多语种翻译服务，多媒体设计及制作（广告业务除外）
公司名称	**博朗软件开发（上海）有限公司** www.bleum.com
主营业务	软件开发，IT 技术服务咨询，软件测试，企业应用平台建设与维护，IT 服务外包
公司名称	**上海海隆软件股份有限公司** www.hyron.com
主营业务	IT 服务提供商，包括咨询服务、软件开发、系统集成、软件测试、IT 服务外包
公司名称	**花旗数据处理（上海）有限公司** 上海市浦东新区郭守敬路 498 号 7 号楼 1 楼
主营业务	软件开发和提供技术支持及相关支援服务
公司名称	**上海华泛信息服务有限公司** www.800teleservices.com
主营业务	以服务外包方式从事呼叫中心业务及提供相关咨询
公司名称	**上海幻维数码创意科技有限公司** www.SHMDS.COM
主营业务	影视、动画及其相关软件开发、创意、制作
公司名称	**汇丰技术服务（中国）有限公司**
主营业务	数据处理、计算机系统应用管理和维护、信息技术支持管理、银行后台服务、客户服务中心和信息技术、后勤管理服务及业务流程外包服务
公司名称	**上海惠普有限公司** www.HP.com
主营业务	计算机及软件开发，IT 服务提供商，包括咨询服务、软件开发、系统集成、软件测试、软件本地化、企业应用平台建设与维护、IT 服务外包以及业务流程外包
公司名称	**上海睿智化学研究管理有限公司** shp.shangpharma.com
主营业务	医药化学领域研究开发，转让自有技术成果，并提供相关技术咨询和技术服务
公司名称	**上海皿鎏软件有限公司** www.mineloader.com
主营业务	开发、制作游戏软件
公司名称	**上海腾程医学科技信息有限公司** www.tcsoft.net.cn
主营业务	医疗器械配套软件研发及服务
公司名称	**上海威虎网络通讯有限公司** www.vavotelecom.com
主营业务	通讯、网络技术等研究开发、技术服务，计算机软硬件开发，系统集成，呼叫中心
公司名称	**上海微创软件有限公司** www.wicresoft.com
主营业务	信息技术外包，业务流程外包
公司名称	**上海新致软件有限公司**
主营业务	软件设计开发及服务
公司名称	**药明康德新药开发有限公司** www.wuxiapptec.com
主营业务	提供一系列全方位的实验室研发和研究生产服务，服务范围基本贯穿药物研发的全过程，包括药物分子的设计、合成、分析测试、生物服务、药理毒理研究、制剂研究及活性原料药和药物中间体的工艺研究和放大生产等
公司名称	**易唯思商务咨询（上海）有限公司** www.evalueserve.com
主营业务	投资研究，商务研究及知识产权研究相关的知识流程外包
公司名称	**上海中和软件有限公司** www.SHCHUWA.com
主营业务	软件外包服务、软件产品开发、系统集成等

重庆市

公司名称	**重庆享弘数字影视有限公司** www.lelexiong.cn
主营业务	制作发行动画片、电视剧等广播电视节目
公司名称	**重庆中冶赛迪工程技术股份有限公司** www.cisdi.com.cn
主营业务	工程设计 KPO
公司名称	**重庆恩菲斯软件有限公司** www.nfs-cq.com
主营业务	嵌入式软件产品的研究、开发、生产和销售、为多家企业提供 cmm2 咨询服务
公司名称	**重庆正大软件（集团）有限公司** www.zdsoft.cn
主营业务	软件系统设计、开发和服务
公司名称	**重庆易联数码科技股份有限公司** www.elane.cn
主营业务	系统集成、软件开发、运维外包服务和 RFID 系统产品研发及推广应用

公司名称	软岛科技（重庆）有限公司 www.softisland.com
主营业务	为国内的制造业、软件业及游戏等行业提供外贸跨国 B2C 电子商务服务
公司名称	华贵文化传媒有限公司 www.cqshg.cn
主营业务	动漫制作、发布，多媒体开发、影视广告制作、摄影摄像以及外包服务
公司名称	重庆五矿机械进出口有限公司 www.cqnec.com.cn
主营业务	工程设计 KPO
公司名称	重庆新世纪电气有限公司 www.cqmmc.com
主营业务	电力系统的自动化技术装备及其相关软件产品的研发、制造、销售和技术服务，涉足新能源、电动汽车、智能电网、轨道交通、工业控制等诸多行业应用技术开发，提供整体技术解决方案和成套设备的总包供应和服务
公司名称	重庆亚德科技股份有限公司
主营业务	计算机应用软件开发、无线及互联网信息服务、计算机信息系统集成
公司名称	重庆博通水利信息网络有限公司 www.cc-bt.net
主营业务	水利信息化规划与建设、软硬件开发与应用、水利水电工程自动化测控技术服务
公司名称	中冶赛迪工程技术股份有限公司 www.cisdi.com.cn
主营业务	钢铁企业整体解决方案、工程咨询、工程设计、工程总承包、设备成套、工程监理、生产技术服务
公司名称	重庆南华中天信息技术有限公司 www.zt.com.cn
主营业务	信息技术解决方案和高增值服务、提供系统整体设计、开发、测试
公司名称	重庆软博科技有限公司 www.cqrainbowsoft.com
主营业务	系统开发、定制开发、测试等软件工程服务，并且在嵌入式软件开发、BPO/ITO 和数据录入业务、软件人力资源提供、企业信息化及信息技术咨询
公司名称	沃智服务外包有限责任公司 www.wozhiservice.com
主营业务	信息技术外包（ITO）和业务流程外包（BPO），网站建设，国际营销，在线语音
公司名称	重庆美音信息服务有限公司 www.meiyincc.com
主营业务	呼叫中心，人员外包
公司名称	重庆西信天元数据资讯有限公司 www.cqxxty.com
主营业务	信息资源数据采集、档案资料数字化加工、图像压缩及处理、信息检索、数据库开发、信息服务、专业文献资料网站和数字图书馆、数字档案馆建设
公司名称	重庆永鹏网络科技有限公司 www.yongpeng.net
主营业务	通信网络规划勘察与设计，安装督导与调测开通，网络优化，工程管理，代维管理，网络维护
公司名称	重庆环球数码动画有限公司 cq.idmt.com.cn
主营业务	三维动画电影、三维电视系列片、影视特效、游戏制作以及广告制作、视频包装
公司名称	重庆漫想族文化传播有限公司 www.mxz.cn
主营业务	原创影视动画、网络动画、游戏及周边产品等动漫产业开发领域

大连市

公司名称	上海惠普有限公司大连分公司 welcome.hp.com
主营业务	software，BPO，ITO，Call center
公司名称	国际商业机器全球服务（大连）有限公司
主营业务	全球开发中心、电子商务技术服务及各种外包服务、技术支持咨询服务、系统管理和业务流程处理服务
公司名称	埃森哲信息技术（大连）有限公司 www.accenture.com
主营业务	管理咨询、技术服务、服务外包
公司名称	安永全球商务服务（大连）有限公司 www.ey.com
主营业务	财务及人力资源等外包服务
公司名称	大连百易软件股份有限公司 www.presoft.com.cn
主营业务	IT 服务提供商，包括管理咨询服务、软件开发、IT 服务、人才培训
公司名称	大连创盛科技有限公司 www.dalian-it.com
主营业务	计算机软硬件研发、系统集成、信息系统解决方案、高端服务外包、IT 服务、咨询
公司名称	东软集团股份有限公司 www.neusoft.com
主营业务	ITO、BPO、教育、培训
公司名称	多奥科技（大连）有限公司 www.daouosd.com
主营业务	软硬件开发与销售；SaaS 平台运营

公司名称	海辉软件（大连）有限公司 www.hisoft.com
主营业务	计算机软件开发、软件服务外包、互联网应用技术及相关产品的开发、自动化工程服务、技术咨询及IT企业咨询管理
公司名称	花旗数据处理（上海）有限公司大连分公司
主营业务	咨询服务，软件开发，软件测试，IT服务外包以及业务流程外包
公司名称	大连华信计算机技术股份有限公司 www.dhc.com.cn
主营业务	IT服务提供商，包括咨询服务、软件开发、系统集成、软件测试、软件本地化、企业应用平台建设与维护、IT服务外包以及业务流程外包
公司名称	大连慧搜网络技术有限公司 nhstcorp.com
主营业务	引擎搜索、软件开发、在线游戏开发及运营服务
公司名称	简柏特（大连）有限公司 www.genpact.com.cn
主营业务	IT服务外包、业务流程外包以及咨询，培训
公司名称	松下电器软件开发（大连）有限公司 www.panasonic.com.cn
主营业务	电器、电子、信息通信、软件技术相关的研究开发与实验；电器、电子、信息通信机器、软件产品及其零件、材料的研究、开发、设计与评价；电器、电子、信息通信相关的软件与硬件的维护、运行服务、技术支持
公司名称	索尼信息系统（大连）有限公司 大连市软件园路33号科技大厦C座301
主营业务	计算机软件开发、系统应用管理和维护、信息技术的开发和管理、数据处理；以承接服务外包方式从事呼叫中心业务、财务结算服务及人力资源服务（中介除外）；项目管理咨询服务及上述业务的相关信息咨询服务
公司名称	大连信华信息技术有限公司 www.digittime.com
主营业务	计算机软件产品开发、电子商务相关产品开发；机械、船桥的计算机辅助设计；信息数据咨询服务、技术服务及其他业务处理服务
公司名称	大连信雅达软件有限公司 www.sunsourcing.com；www.sunyard.com
主营业务	软件产品研发、ITO、BPO、等软件服务外包业务
公司名称	大连永佳电子技术有限公司 www.informedia.net.cn
主营业务	计算机软件开发、系统集成、软件测试及咨询服务
公司名称	亿达信息技术有限公司 www.yidatec.com
主营业务	计算机软硬件技术咨询、技术服务、经济信息咨询服务；因特网数据中心业务；因特网信息服务业务；呼叫中心业务

深圳市

公司名称	爱德华光网络（深圳）有限公司 深圳市南山区文化中心区海德二路茂业时代广场17层、18层
主营业务	研发城域网软、硬件、FPGA及架构，提供相关技术咨询、经济信息咨询和市场信息咨询；从事货物、技术进出口业务（不含分销及国家专营专控产品）
公司名称	深圳市点通数据有限公司 www.datum.com.cn
主营业务	IT服务提供商，包括咨询服务、软件开发、系统集成、软件测试、软件本地化、企业应用平台建设与维护、IT服务外包以及业务流程外包
公司名称	多美玩具（深圳）有限公司 深圳市罗湖区东门南路1028号食出报关大厦10～11层
主营业务	玩具及相关产品的批发、佣金代理（拍卖除外）、进出口及相关配套业务（涉及配额许可证管理、专项规定管理的商品按国家有关规定办理）；上述商品相关的技术开发、设计并提供相关的技术服务和咨询服务
公司名称	深圳市飞马国际供应链股份有限公司 www.fmscm.com
主营业务	物流及供应链管理
公司名称	富士施乐采购咨询（深圳）有限公司 深圳市福田区福中三路诺德金融中心3GH
主营业务	为富士施乐及其在亚洲地区的工厂提供经济信息咨询
公司名称	国际商业机器科技（深圳）有限公司 www.ibm.com
主营业务	信息系统及网络系统集成，重建和备援服务及相关技术支持服务；开发建立电子商务的网络设施及应用系统，电子商务的技术服务；为客户提供人力资源、财务会计、采购等职能相关的系统管理和业务流程处理服务
公司名称	深圳华大基因科技有限公司 www.genomics.org.cn
主营业务	生命科技及生物技术研发、生物技术服务、技术转让与技术咨询；销售实验室仪器设备及其化学试剂；计算机软硬件及外围设备；货物及技术进出口业务
公司名称	幻音科技（深圳）有限公司 www.perceptiondigital.com
主营业务	IT服务提供商，咨询服务、软件开发、系统集成、软件测试、IT服务外包以及业务流程外包
公司名称	嘉宁电子贸易（深圳）有限公司 www.KARINGROUP.com
主营业务	从事电子产品、电子元器件、电线电缆及接插件、电池、塑胶制品的技术咨询、摄制批发、进出品及相关配套业务

公司名称	**嘉润达资讯系统（深圳）有限公司** www.KARINGROUP.com
主营业务	以承接服务外包方式从事系统应用管理和维护、信息技术支持管理、软件开发、数据处理等信息技术和业务流程的外包服务；计算机系统集成；信息系统和网络系统设计；市场营销咨询
公司名称	**柯尼卡美能达咨询（深圳）有限公司** 深圳市罗湖区深南东路4003号世界金融中心A座27层
主营业务	提供科技仪器及办公自动化设备的研究开发，并提供相关的技术咨询、市场经济信息咨询和管理咨询
公司名称	**深圳市朗华供应链服务有限公司** www.cbscs.com
主营业务	为企业（客户）提供除其核心业务（产品研发、制作及销售）外其余供应链管理环节的服务，服务行业领域：手机、机电设备、光电产品、汽车零配件、农产品、医疗器械、婴儿食品、用品、奢侈品、服装、家私
公司名称	**麦迪实计算机软件（深圳）有限公司** www.moduslink.com
主营业务	供应链管理服务 \ 企业咨询管理服务
公司名称	**普尔药物科技开发（深圳）有限公司** www.pearlsz.com
主营业务	药物研究服务
公司名称	**雅达电源制品（深圳）有限公司** www.Emerson.com/EmbeddedComputing
主营业务	主要从事高性能嵌入式电源、通讯电源、网络交换机电源、服务器电源、电脑和手机充电器、磁性元件控制芯片、马达驱动器、嵌入式运算系统及其相关零部件的设计、研发和咨询等外包研发服务
公司名称	**威盛电子（深圳）有限公司** www.viatech.com.cn
主营业务	从事计算机软件、硬件、集成电路相关产品的技术咨询服务；生产经营电脑主机板；电子产品及通讯产品的批发和进出口业务
公司名称	**新灵电子技术开发（深圳）有限公司** www.KARINGROUP.com
主营业务	从事电子语音器材、家用电器、计算机软、硬件的技术开发及相关信息技术咨询；自主开发的软件产品70%外销，货物及技术进出出口
公司名称	**中银信息技术服务（深圳）有限公司** 深圳市罗湖区莲塘鹏基工业区707栋
主营业务	缩微技术研究开发、应用及相关服务；资料和数据的输入和处理、查询服务；应用软件开发、经营、维护，数据信息及图形信息的加工处理；仓储及代办运输业务等；电脑系统和网络营运技术和咨询服务
公司名称	**茱莉安娜咨询服务（深圳）有限公司**
主营业务	内衣、配套原辅料相关技术咨询服务：内衣技术研发、设计、提供内衣样板并进行裁缝技术指导等
公司名称	**深圳市怡亚通供应链股份有限公司** www.eascs.com
主营业务	供应链管理环节服务：资金流、物流、商流、信息流四流合一一站式供应链服务

广州市

公司名称	**电讯盈科信息技术（广州）有限公司** www.pccwsolutions.com
主营业务	IT服务提供商，包括咨询服务、软件开发、系统集成、软件测试、软件本地化、企业应用平台建设与维护、IT服务外包以及业务流程外包
公司名称	**广州国泰信息处理有限公司** 广州市流花路109号之九达宝广场5楼
主营业务	承接企业客户委托的经济信息、数据的加工处理，形成分析报告等；加工处理后的数据、信息、报告等全部返还委托企业客户；承接、处理与航班服务相关的信息及向客户提供航班信息及资料业务
公司名称	**汇丰软件开发（广东）有限公司**
主营业务	汇丰集团及其他国内外客户计算机软件（系统）的开发、设计、维护及销售，技术转让、技术咨询及服务
公司名称	**广州市佳众联科技有限公司** www.pci.com.cn
主营业务	IT服务提供商，包括企业应用平台建设与维护、IT服务外包以及业务流程外包
公司名称	**西艾（广州）软件开发有限公司** cn.sierraatlantic.com
主营业务	ITO
公司名称	**竞优（广州）信息技术有限公司** www.ifca.com.cn
主营业务	开发生产计算机软、硬件，销售本企业产品，提供相关信息咨询和售后服务
公司名称	**汇丰环球客户服务（广东）有限公司** hts.global.hsbc/hts/sdhome.nsf
主营业务	服务外包
公司名称	**广州凯基商业数据处理服务有限公司** 中国广州市滨江中路308号海运大厦4、5楼
主营业务	财务会计、人力资源、物流等业务流程外包服务
公司名称	**广东华智科技有限公司** www.whizen.com
主营业务	IT服务提供商，包括对日软件开发、运用与维护、系统集成服务、云计算服务等
公司名称	**广盛（广州）软件开发服务有限公司** 广州市越秀区中山三路33号中华国际中心B塔1901～1907
主营业务	IT服务提供商，包括咨询服务、软件开发、系统集成、软件测试、软件本地化、企业应用平台建设与维护、IT服务外包以及业务流程外包

公司名称	广州三星通信技术研究有限公司 www.samsung.com.cn
主营业务	电子信息技术研究开发、软件产品开发；第三代及后续移动通信系统手机设备开发制造；电子信息技术转让、技术咨询、技术服务
公司名称	东亚电子资料处理（广州）有限公司 广州高新技术产业开发区科学城揽月路 80 号服务楼第一层 109 单元
主营业务	有关银行数据处理和呼叫中心客户外包服务
公司名称	广东省电信规划设计院有限公司 www.gpdi.com
主营业务	信息系统咨询、规划、设计、集成、软件开发
公司名称	广东星煌文化传播有限公司
主营业务	提供影视文化项目的策划 / 项目管理及有关的配套服务，经济文化信息咨询服务
公司名称	广州数码通客户服务有限公司
主营业务	BPO 服务提供商，包括以承接服务外包方式从事系统应用管理和维护、信息技术支持管理、软件开发、呼叫中心、数据处理等信息技术和业务流程外包服务
公司名称	广州奔步电脑有限公司 www.bamboonetworks.com
主营业务	软件外包开发
公司名称	广州软通动力信息技术有限公司 www.isoftstone.com
主营业务	计算机软、硬件技术服务及销售，电子计算机配件的销售；计臬机软件系统集成
公司名称	广州盛华信息有限公司 中国广州市白云区新市棠新西街 67 号
主营业务	业务流程外包
公司名称	广东超干软件发展有限公司 广州市流花路 109 号之九达宝广场 4 楼
主营业务	物流系统电脑软件开发
公司名称	大展（广州）信息科技有限公司 广州市科学城科学大道 162 号创意大厦 B3 栋
主营业务	计算机软件开发及服务

武汉市

公司名称	立得空间信息技术股份有限公司 www.leador.com.cn
主营业务	向专业测绘机构提供移动测量系统；向政府、公共服务机构及企业提供实景三维 GIS 的解决方案；为公众提供基于街景影像地图的位置服务
公司名称	武汉硕思软件有限公司 www.sothink.com
主营业务	计算机软件开发及销售
公司名称	武汉威仕达软件工程有限公司 www.chinavstar.com
主营业务	IT 服务提供商，包括管理咨询服务、信息技术、平台运营、软件开发、系统集成、软件本地化、企业应用平台建设与维护、IT 服务外包以及业务流程外包
公司名称	武汉佰钧成技术有限责任公司 www.bill-jc.com
主营业务	ITO、BPO
公司名称	惠普企业服务交付（武汉）有限公司 www.hp.com
主营业务	计算机软件开发，设计，制作；从事商业流程的后台办公和客户交易外包服务
公司名称	方正国际软件（武汉）有限公司 www.founderinternational.com
主营业务	IT 服务提供商，涉及金融保险、医疗保健、轨道交通、电子票务、出版报业、电子政务等众多领域，并为其提供整体行业解决方案及完善的产品解决方案
公司名称	光庭导航数据（武汉）有限公司 www.kotei-navi.com.cn
主营业务	车载导航系统、车载通讯终端软件研制、开发、销售
公司名称	武大吉奥信息技术有限公司 www.geostar.com.cn
主营业务	摄影测量与遥感、测绘航空摄影、地籍测绘、地理信息系统工程、工程测量、地图编制、导航电子地图制作、GIS、GPS、RS 以及相关产品和软件系统的研制开发、生产销售和技术服务
公司名称	江通动画股份有限公司 www.jtanimation.com
主营业务	原创动画片的制作发行及版权贸易，技术性知识流程外包服务
公司名称	武汉蓝星信息技术股份有限公司 www.51BSI.COM
主营业务	信息系统集成；应用软件开发；IT 外包服务；货物进出口、技术进出口、代理进出口（不含国家禁止或限制进出口的货物或技术）
公司名称	武汉明源动力软件有限公司 www.mysoft.com.cn
主营业务	房地产应用软件
公司名称	武汉英思工程科技有限公司 www.wuhanins.com
主营业务	计算机应用、系统集成

公司名称	**中冶南方工程技术有限公司** www.wisdri.com
主营业务	冶金、环保、市政工程设计、服务外包
公司名称	**艾迪系统开发（武汉）有限公司** www.idwuhan.com
主营业务	软件开发、大型机系统运行及维护、IT 服务外包以及业务流程外包
公司名称	**武汉瑞得软件产业有限公司** www.whreadsoft.com
主营业务	应用软件开发、计算机系统集成
公司名称	**武汉武大卓越科技有限责任公司** www.zoyon.com.cn
主营业务	空间信息技术产品的研制、开发、生产、销售及技术服务；
公司名称	**湖北鸿联九五信息产业有限公司** www.hl95.com
主营业务	短信业务及呼叫中心外包业务
公司名称	**武汉普润传媒科技股份有限公司** www.whcic.com；www.51snwb.com
主营业务	企业应用平台建设与维护、IT 服务外包以及业务流程外包
公司名称	**武汉新艺界软件有限公司**
主营业务	游戏美术相关制作、设计；三维美术制作、设计

哈尔滨市

公司名称	**哈尔滨安天科技股份有限公司** 哈尔滨开发区南岗集中区红旗大街 162 号 506 室
主营业务	计算机软硬件的开发与销售；计算机及其周边设备的开发与销售；系统集成；科技技术开发，技术转让，技术咨询，技术服务；从事货物进出口、技术进出口
公司名称	**哈尔滨鼎鑫数据科技有限公司** www.dxchn.com
主营业务	服务外包、计算机维修、软件开发
公司名称	**哈尔滨东森科技发展有限公司** www.hescc.com.cn
主营业务	软件服务外包、IT 服务外包及业务流程外包
公司名称	**黑龙江共友科技发展有限公司** www.goyo.net.cn
主营业务	软件开发、系统集成、软件测试、IT 服务外包以及业务流程外包
公司名称	**哈尔滨电站工程有限责任公司** www.hpechina.com
主营业务	为海内外客户提供电站工程设计，设备材料采购及运输，机电设备安装与调试、电厂维修等技术服务、咨询；并对外派遣实施上述境外工程所需的劳务人员
公司名称	**哈尔滨极光文化传播有限公司** www.polarlights.cn
主营业务	承接国内外高品质二维及三维动画制作、影视特效制作等外包业务，以及电子产品设计、开发与销售
公司名称	**哈尔滨凯纳科技股份有限公司** www.corner.com.cn
主营业务	系统集成、物联网、软件开发、IT 咨询、IT 服务、服务外包、建筑智能、弱电
公司名称	**哈尔滨鑫昱通信技术开发有限公司** www.16sp.net
主营业务	计算机软件服务外包；电信增值业务；计算机及网络通信软件的技术开发、技术咨询、技术服务；计算机软硬件及其外围设备；货物进出口、技术进出口
公司名称	**哈尔滨中和信息技术有限公司** www.cnzh.cn
主营业务	软件开发、系统集成、信息运营维护、服务外包（ITO）、人才派遣、软件技术培训等业务；致力于向各级政府机关、企事业单位和离岸客户的信息化建设提供软硬件产品、技术解决方案和专业化技术服务
公司名称	**黑龙江海康工程有限公司** www.highcom.com.cn
主营业务	软件外包开发服务：包括咨询服务、软件开发、系统集成、软件测试、软件本地化、企业应用平台建设与维护、IT 服务外包以及业务流程外包；提供政务信息化系列产品，以及电子政务解决方案
公司名称	**黑龙江省海天地理信息技术有限公司** www.geo-seasky.com
主营业务	IT 服务外包以及业务流程外包
公司名称	**黑龙江中软计算机股份有限公司** hljzr.com.cn
主营业务	计算机软件开发与服务外包、通讯网络系统技术与服务、电子计算机及配件销售、企业互联网解决方案的设计及实施、网络安全服务、电子商务、企业信息化咨询与服务、呼叫中心业务、进出口贸易、职业培训
公司名称	**哈尔滨嘉鸿科技开发有限公司** www.bpotochina.com
主营业务	服务外包（BPO 和 ITO）
公司名称	**哈尔滨兰诺数码有限公司** www.lannuo.com.cn
主营业务	计算机软件的开发、销售，计算机软件应用程序的研发，商业数据加工处理，地理信息及航测与遥感数据加工处理
公司名称	**哈尔滨乐辰科技有限责任公司** www.livechain.com.cn
主营业务	计算机软件的开发与销售、计算机技术咨询服务、软件服务外包、经销软件产品

公司名称	哈尔滨市龙腾九州科技开发有限公司　www.tinosoft.cnm
主营业务	计算机软硬件开发，设计转让；系统集成；工业自动化控制；信息咨询服务；服务外包；国内贸易；交通智能控制，设计，施工；冰灯、冰雕、雪雕设计管理
公司名称	哈尔滨奇安科技发展有限公司　www.qiansoft.com
主营业务	IT 服务提供商，包括咨询服务、软件开发、软件测试、企业应用平台建设与维护、IT 服务外包以及业务流程外包
公司名称	哈尔滨世纪龙翔科技开发有限公司
主营业务	IT 服务提供商，包括咨询服务、软件开发、系统集成、软件测试、企业应用平台建设与维护、IT 服务外包
公司名称	哈尔滨益进信息技术有限公司　www.rvbell.com
主营业务	计算机数据处理，计算机软件开发，技术咨询，技术服务；翻译服务；商业技术咨询；从事货物进出口，技术进出口
公司名称	哈尔滨市中孚伟业科技有限公司
主营业务	软件开发、软件本地化、企业应用平台建设与维护

成都市

公司名称	成都颠峰软件有限公司　www.sofmit.com
主营业务	IT 服务提供商，包括软件开发、系统集成、软件测试、企业应用平台建设与维护、离岸商业中心外包、IT 服务外包以及业务流程外包、数字媒体外包
公司名称	灯塔软件（成都）有限公司　www.lighthousesoftware.com.cn
主营业务	专利文档翻译、软件制作加工，销售本公司的产品并提供相关技术咨询服务
公司名称	中国成达工程有限公司　成都市天府大道中段 279 号成大大厦
主营业务	工程设计
公司名称	东软集团（成都）有限公司　www.neusoft.com
主营业务	软件开发、软件测试、ITO、BPO、ERP 实施咨询服务、系统集成、IT 培训
公司名称	成都杰华科技有限公司　www.sigma-rt.com
主营业务	人力资源外包，技术服务，自动化产品销售，高端测试业务咨询
公司名称	四川精锐动画有限公司　www.topanimation.cn
主营业务	动漫产品
公司名称	成都精英设计制作有限公司　www.idfglobal.com
主营业务	从事建筑三维动画及三维模型制作、影视动画制作及游戏、软件开发等项目
公司名称	成都聚思力信息技术有限公司　www.synnex-china.com
主营业务	IT 服务提供商，包括咨询服务、软件开发、系统集成、软件测试、软件本地化、企业应用平台建设与维护、IT 服务外包以及业务流程外包
公司名称	力方国际数字科技有限公司　www.lf-cg.com
主营业务	基础软件、应用软件服务；动画设计；工艺美术设计；文化交流活动的组织策划；会议及展览服务；技能培训（不含学历教育，职业技能培训）；进出口贸易
公司名称	马士基信息处理（成都）有限公司
主营业务	信息和数据处理等业务流程外包业务
公司名称	成都迈思信息技术有限公司　www.maesinfo.com
主营业务	软件开发服务，IT 解决方案，QA/QC 服务；系统集成；软件维护和 IT 基础设施维护服务，同时为客户提供全方位的商务流程外包解决方案包括数据录入、数据处理、数据清洗，呼叫服务；人才培训等
公司名称	全易科技（成都）有限公司　www.alloptions.cn
主营业务	IT 服务外包以及业务流程外包
公司名称	成都睿智信创信息技术有限公司　www.ELEGONINFITECH.com
主营业务	ITO，BPO
公司名称	斯普软件　www.cpsoft.com.cn
主营业务	游戏软件开发、制作，服务外包；游戏技术、运营平台开发；游戏行业人才培训等
公司名称	成都索贝数码科技股份有限公司　www.sobey.com
主营业务	数字视频设备，计算机网络系统，网络智能化安防系统，计算机软件的开发生产和销售，数字视频设备的对外租赁
公司名称	成都万创科技有限责任公司　www.vantrontech.com.cn
主营业务	嵌入式计算机产品的研发、生产、及销售；其中以嵌入式软件及系统研发服务外包为主
公司名称	新电信息科技（成都）有限公司　www.ncs.com.sg
主营业务	软件开发项目和业务流程外包项目

公司名称	**音泰思计算机技术（成都）有限公司**　www.intasect.com.cn
主营业务	IT 服务提供商、软件开发、系统集成、IT 服务外包以及业务流程外包
公司名称	**英特尔产品（成都）有限公司**　www.intel.com
主营业务	英特尔产品封装测试
公司名称	**成都育碧电脑软件有限公司**
主营业务	软件开发、软件测试、IT 服务外包

南京市

公司名称	**南京朗坤软件有限公司**　www.luculent.net
主营业务	企业管理软件
公司名称	**南京合荣欣业信息技术有限公司**　www.hiaward.com
主营业务	银行 IT 解决方案、软件与系统集成、ITO 与 BPO
公司名称	**南京金斯瑞生物科技有限公司**　www.genscript.com.cn
主营业务	提供基因合成及相关分子生物学服物务，多肽合成服务，蛋白表达和纯化服务，抗体服务和细胞系建立等服务
公司名称	**江苏东大金智建筑智能化系统工程有限公司**　www.wiscom-ib.com
主营业务	智能集成、智能安防
公司名称	**江苏科泰电子商务技术服务有限公司**　www.ketai-inc.com
主营业务	计算机软件开发，设计与制作网站，网络络技术开发，技术服务，咨询，技术成果转让
公司名称	**联迪恒星（南京）信息系统有限公司**　www.liandisys.com.cn
主营业务	设计、开发、生产计算机应用软件及销售自产产品
公司名称	**摩托罗拉移动技术（中国）有限公司南京分公司**
主营业务	手机软件研发
公司名称	**南京擎天科技有限公司**　www.skynj.com
主营业务	软件研发、系统集成
公司名称	**三星电子（中国）研发中心**　www.samsung.com/sec
主营业务	尖端数码软件、硬件产品的研究、开发等
公司名称	**江苏南大苏富特科技股份有限公司**　www.nandasoft.com
主营业务	计算机软硬件、网络通讯设备、多媒体、仪器仪表及信息产业相关产品的研究开发、生产、销售、维护，计算机系统集成方面的技术服务、转让、培训和咨询、办公自动化设备销售，
公司名称	**诚迈科技（南京）有限公司**　www.archermind.com
主营业务	IT 服务提供商，包括咨询服务、软件开发、系统集成、软件测试、软件本地化、企业应用平台建设与维护、IT 服务外包以及业务流程外包
公司名称	**南京朗讯科技通信有限公司**　www.alcatel-lucent.com
主营业务	对高科技通讯软件，硬件产品及其解决方案的研发和系统集成；生产和销售；提供通讯软件，硬件相关的技术咨询，网络规划和工程服务
公司名称	**南京中图数码科技有限公司**　www.ddts.com.cn
主营业务	工程技术服务的主要内容包括数字化工厂设计、电力铁塔设计服务、城市数字化技术服务、IT 信息技术服务、工程应用系统开发和维护、设计流程外包服务以及相关的技术培训和咨询服务
公司名称	**东软集团股份有限公司**　www.neusoft.com
主营业务	IT 解决方案与服务提供，
公司名称	**江苏润和软件股份有限公司**　www.hoperun.com
主营业务	软件技术服务
公司名称	**南京富士通南大软件技术有限公司**　www.fujitsu.com/cn/fnst
主营业务	IT 服务外包（包括软件开发、软件测试、软件本地化、企业应用平台建设与维护）
公司名称	**南京唯晶信息科技有限公司**　南京市秦淮区政协路 1 号
主营业务	服务外包，软件开发和游戏软件开发
公司名称	**南京原力电脑动画制作有限公司**　www.originalforce.com
主营业务	服务外包，软件开发和游戏软件开发
公司名称	**西门子（中国）有限公司南京分公司**
主营业务	软件研发，客户解决方案
公司名称	**英华达（南京）科技有限公司**　www.inventec-inc.com
主营业务	通讯及电子产品的设计、研发、生产、销售；提供技术开发及技术服务

西安市

公司名称	英飞凌科技（西安）有限公司　西安市高新六路 38 号 A 座 5 楼
主营业务	集成电路设计服务
公司名称	西安炎兴科技软件有限公司　www.compupacific.com
主营业务	计算机服务，BPO
公司名称	富士通（西安）系统工程有限公司　www.fujitsu.com/cn
主营业务	面向日本的企业应用软件开发
公司名称	西安龙飞软件有限公司　www.longcheertel.com/cn
主营业务	移动通讯技术及相关产品的技术研究、开发；无线通讯用电子模块及相关软件产品的设计、研制和生产；电子元器件的开发、生产
公司名称	西安葡萄城信息技术有限公司　www.grapecity.cn
主营业务	生产计算机硬件，开发软件系统，承接来料来样组转加工，承接计算机网络系统工程，提供技术服务，销售自产产品
公司名称	西安碧瑞祥物流有限公司　www.xabrtsun.com
主营业务	光伏、电子产品与发电系统的研发，设计，咨询；LED 产品及相关软件的开发，培训与咨询服务；货物及技术的进出口
公司名称	无敌科技（西安）有限公司　www.besta.com.cn
主营业务	软件开发
公司名称	西安丝路软件有限责任公司　www.softroad.com.cn
主营业务	公司主营软件自主研发、软件委托开发、软件分包以及对日软件出口等业务
公司名称	西安三元数码软件有限公司　www.sun-tek.com.cn
主营业务	T 服务提供商，包括咨询服务、软件开发、系统集成、软件测试、软件本地化、企业应用平台建设与维护、IT 服务外包以及业务流程外包
公司名称	艾默生科技资源（西安）有限公司西安市科技三路 55 号
主营业务	软硬件研发，呼叫中心等
公司名称	西安裕日软件有限公司　www.sysystem.com.cn
主营业务	IT 服务提供商，包括咨询服务、软件开发、系统集成、软件测试、软件本地化、企业应用平台建设与维护、IT 服务外包
公司名称	西安活跃网络有限公司　www.theactivenetwork.cn
主营业务	软件开发以及售后服务
公司名称	陕西方位市场信息咨询有限公司　www.ocmr.com
主营业务	服务外包及业务流程外包，包括：市场研究、商品信息咨询、企业形象、产品营销策划、呼叫中心等
公司名称	新蛋信息技术 (西安) 有限公司　www.newegg.com.cn
主营业务	计算机软硬件及系统、高科技通讯电子产品的开发、生产、销售并提供相关的技术咨询、维修服务
公司名称	西安新长澍软件有限公司　西安软件园汉韵阁 C-101
主营业务	计算机技术咨询、技术转让；计算机系统集成；计算机数据修复；计算机技术的进出口经营
公司名称	西安华讯科技有限责任公司　www.huatek.com
主营业务	软件工程外包；软件开发、测试服务；系统集成；相关技术咨询服务
公司名称	日电卓越软件科技（北京）有限公司西安分公司　www.nec-as.com.cn
主营业务	计算机基础软件、中间件、网络软件
公司名称	应用材料（西安）有限公司　www.appliedmaterials.com
主营业务	半导体制造设备、太阳能设备及其他清洁能源、节能设备、平板显示器制造设备和其他纳米技术新产品及相关零部件的工程设计；控制软件、工艺流程控制软件和相关自动化软件的研发、应用和许可转让
公司名称	神州数码（西安）软件有限公司　www.digitalchina.com
主营业务	研究、开发计算机软件；提供技术转让、技术咨询、技术服务、外包服务；销售软件产品
公司名称	北京索浪计算机有限公司西安分公司　www.SORUN.com
主营业务	IT 服务外包以及业务流程外包

济南市

公司名称	山东绿邦数据服务股份有限公司　www.lvbang.cn
主营业务	计算机系统集成、软件开发与外包、IT 运维服务

公司名称	普联软件服务外包（济南）有限公司 济南市长清区大学科技园紫薇路中段山东数娱广场B座
主营业务	以承接服务外包方式从事计算机软件的设计、开发、测试服务；软件业务流程的服务外包；系统软件的咨询、维护、测试等技术性服务；计算机软件及系统产品的开发、设计
公司名称	山东太古飞机工程有限公司 www.staeco.com
主营业务	民用飞机工程服务、飞机工程管理软件的开发、飞机机队管理服务
公司名称	齐鲁天和惠世制药有限公司 www.qilu-tianhe.com
主营业务	化学原料药的生产和销售以及医药产品技术研发
公司名称	山东万博科技股份有限公司 www.sdwanbo.com
主营业务	信息化建设、通信网络支撑和工程建设等ICT综合解决方案的提供，IT服务外包业务流程外包
公司名称	NEC软件（济南）有限公司 www.necsoft.com.cn
主营业务	软件技术服务外包（ITO）
公司名称	积成电子股份有限公司 www.ieslab.com.cn
主营业务	电力系统及其自动化
公司名称	济南华信计算机技术有限公司 www.dhc.com.cn
主营业务	IT服务外包以及业务流程外包
公司名称	山东东方道迩数字数据技术有限公司 www.eastdawn.com.cn
主营业务	主要从事地理信息系统软件开发、数据库开发及数据处理外包业务
公司名称	戈尔特西斯科技（济南）有限公司 www.goitsys.com
主营业务	金融服务外包、金融系统风险控制平台提供、IT研发咨询、基于咨询和风险管理的KPO、海外股权投资管理
公司名称	山东地纬计算机软件有限公司 www.dareway.com.cn
主营业务	IT服务提供商，包括软件开发、系统集成、IT服务外包以及业务流程外包
公司名称	济南呀咔咔动画发展有限公司 www.akok.cn
主营业务	日本、台湾地区以及国内二维动画、影视动画、flash动画、卡通形象设计等外包业务的开发与制作
公司名称	中讯信息技术（山东）有限公司 www.sinocom.cn
主营业务	对日软件外包
公司名称	山东旅科信息有限公司 济南市高新区颖秀路2600号山大科技产业园3号楼
主营业务	呼叫中心业务、信息服务业务、山东省互联网信息服务，广播电视节目制作发行，计算机软、硬件开发，计算机及通信集成业务
公司名称	济南东忠软件有限公司 www.totyu.com
主营业务	计算机软件的研究、开发、生产，提供相关的技术开发、技术转让、技术咨询、技术服务；销售本公司生产的产品
公司名称	济南凌佳科技有限公司 www.ryouka.com.cn
主营业务	计算机软硬件、网络产品、非专控通讯设备、系统集成设备、电子产品的开发、生产、销售
公司名称	浪潮集团有限公司（Inspur Group Ltd.） www.inspur.com
主营业务	IT服务提供商，包括咨询服务、软件开发、系统集成、软件测试、、企业应用平台建设与维护、IT服务外包以及业务流程外包
公司名称	济南红帆科技有限公司 www.easycut.cn
主营业务	软件技术服务外包以及业务流程外包
公司名称	山东鲁能智能技术有限公司 www.lnint.com
主营业务	电气自动化、企业信息化、电力特种机器人
公司名称	山东弘立医学动物实验研究有限公司 www.hl-glp.com
主营业务	新药临床前药理毒理学评价

杭州市

公司名称	宜康（杭州）生物技术有限公司 www.epitomics.com.cn
主营业务	兔单克隆抗体及其产品的研发和生产
公司名称	博克软件（杭州）有限公司 www.perficient.com
主营业务	软件产品的研究、开发和生产，提供相关咨询和软件集成服务
公司名称	道富信息科技（浙江）有限公司 www.statestreet.com
主营业务	计算机软件开发、技术转让、技术咨询服务，信息咨询服务（除期货、证券咨询），承接计算机网络工程；以服务外包方式从事数据录入、数据核对和数据处理业务；佣金代理（拍卖除外）及相关售后服务、维修和培训服务

公司名称	杭州海康威视数字技术股份有限公司　www.hikvision.com
主营业务	安防产品及整体系统解决方案和服务提供商；提供视频监控前端、后端设备及相关软件；软件平台系统集成、嵌入式软件定制开发等服务
公司名称	恒生电子股份有限公司　www.hundsun.com
主营业务	金融行业软件服务外包等
公司名称	虹软（杭州）科技有限公司 ArcSoft Hangzhou Co., Ltd　www.arcsoft.com
主营业务	适用于个人电脑、外设、移动设备的多媒体嵌入式软件产品、消费电子固件方案及多媒体信息技术服务
公司名称	杭州华三通信技术有限公司　www.h3c.com.cn
主营业务	通信相关软件开发生产、技术咨询、支撑服务
公司名称	杭州中肽生化有限公司　www.chinesepeptide.com
主营服务	多肽研发服务外包：包括多肽产品开发服务、技术开发服务等
公司名称	华信邮电咨询设计研究院有限公司 Huaxin Consulting CO., Ltd　www.hxdi.com
主营业务	通信信息技术外包服务，通信信息与建筑领域的咨询、规划、设计、优化等技术服务，以及相关软件的开发
公司名称	杭州泰格医药科技股份有限公司　www.tigermed.net
主营业务	I-IV 期临床试验、数据管理与生物统计、注册申报等
公司名称	信雅达（杭州）计算机服务有限公司　www.sunyard.com
主营业务	计算机软件、电子产品的技术开发、技术服务、技术咨询、成果转让；计算机数据处理服务；劳务派遣（涉外劳务派遣除外）计算机软件、电子产品的销售；计算机软件的进出口业务
公司名称	浙江省邮电工程建设有限公司　www.zjptcc.com
主营业务	通信网络设备维护、安装、调试、勘测、设计、通信类建筑
公司名称	浙大网新科技股份有限公司　杭州三墩西园八路 1 号浙大网新软件园 A 楼
主营业务	软件开发、咨询设计、软件测试、系统集成等，和 IT 服务外包以及业务流程外包
公司名称	杭州 NTT DATA 软件有限公司　杭州市滨江区长河路 590 号东忠科技园 2 楼
主营业务	软件开发、生产、销售自产产品并提供相关咨询服务
公司名称	杭州摩托罗拉科技有限公司　www.motorola.com.cn
主营业务	研究、开发、设计、生产：宽带系统产品和提供各种数字电视解决方案
公司名称	网迅（中国）软件有限公司　www.webex.com.cn
主营业务	计算机软件系统及网络工程的技术开发、咨询、服务、成果转让
公司名称	维杰思科技（杭州）有限公司杭州市滨汇区长河路 590 号 1 号楼 4 楼
主营业务	计算机及相关设备软件的研究、开发、生产、销售自产产品；以及承接服务外包方式从事软件开发、呼叫中心、数据处理等信息、技术和业务流程外包服务；计算机设备及耗材的批发
公司名称	阜博通（杭州）网络科技有限公司　www.vobile.cn
主营业务	研究开发、生产、计算机软硬件、电子产品、通讯产品；服务；电子计算机系统集成及相关产品的技术咨询
公司名称	诺基亚西门子通信技术（北京）有限公司浙江分公司　www.nokiasiemensnetworks.com
主营业务	通讯、电子技术和产品有关的研究开发；提供技术支持、技术培训、技术测试，承接其母公司和关联企业的服务外包业务
公司名称	浙江网新恒天软件有限公司　www.hengtiansoft.com
主营业务	计算机软件开发、测试，技术转让，技术咨询和服务，承接计算机网络工程，数据处理、系统集成，销售自产产品并提供相关技术服务

合肥市

公司名称	合肥阿尔法信息技术服务有限公司
主营业务	计算机软硬件开发、设计、生产、销售；技术服务与技术转让；软件服务外包
公司名称	安徽宝葫芦信息科技集团股份有限公司　www.bhl-china.cn
主营业务	档案规范化服务；档案软件与软件工程；档案数字化加工；数字化档案增值服务与档案托管服务等五大领域，可以充分满足客户对档案规范化与信息化管理的多方面需求，IT 服务外包以及业务流程外包
公司名称	安徽博达通信工程监理有限责任公司　www.ahbdjl.com
主营业务	通信工程监理、房屋建筑工程监理、信息系统工程监理
公司名称	安徽电信规划设计有限责任公司　www.atpdc.com
主营业务	提供通信服务的运营管理咨询以及通信网络规划设计服务
公司名称	合肥金诺数码科技股份有限公司　www.kingnow.com.cn
主营业务	软件技术服务，包括软件咨询、维护、培训、测试等技术性服务

公司名称	**安徽和信科技发展有限责任公司** www.ahhexin.com.cn
主营业务	计算机软件开发、生产，系统集成及服务，建筑智能化设计、施工、服务，安全技术防范工程设计、施工与维修，计算机、仪器仪表及电子产品的研制、维修及销售，计算机相关技术信息咨询服务
公司名称	**安徽华文国际经贸股份有限公司** www.whywin.vn
主营业务	进出口及内贸服务供应商，包括：对外经济、技术、贸易及文化产业合作；自营除国家禁止和限定公司经营以外的商品及技术的进出口业务；代理各类商品及技术的进出口业务；燃料油批发；文化产品销售
公司名称	**合肥凯捷技术有限公司** www.kjlink.com
主营业务	计算机软硬件设计与开发、游戏开发、网站设计与开发、外包服务、系统集成；电子和信息及其他新技术的开发、转让；自动化控制、安全防范、智能楼宇、智能交通的设计与施工；信息工程咨询、监理、培训及服务
公司名称	**安徽科大讯飞信息科技股份有限公司** www.iflytek.com
主营业务	软硬件研发、增值电信业务、系统工程、信息服务、通讯设备研制与销售、进出口业务
公司名称	**联发科技（合肥）有限公司** www.mediatek.com
主营业务	消费类电子产品及相关软件开发、设计、制作、销售及相关技术咨询、技术服务
公司名称	**联合包裹外包服务（安徽）有限公司** www.ups.com
主营业务	系统管理和维护、信息技术支持管理、后台服务、财务结算、人力资源服务、软件开发、呼叫中心、数据处理等信息技术和业务流程外包服务
公司名称	**安徽启业佳网络科技有限公司**
主营业务	网络产品及配件、软件产品销售；网站建设，网络工程；IT 服务外包以及业务流程外包；技术开发、咨询、转让、服务；企业管理咨询、服务
公司名称	**安徽省外国企业服务有限公司** www.ahfesco.com.cn
主营业务	劳务派遣、人才培训、人才中介服务和人事代理服务
公司名称	**安徽微讯软件技术有限公司** www.Iflytek.com
主营业务	咨询服务、软件开发、系统集成、软件测试、软件本地化、企业应用平台建设与维护、IT 服务外包以及业务流程外包
公司名称	**安徽讯飞智元信息科技有限公司** www.Iflytek.com
主营业务	咨询服务、软件开发、系统集成、软件测试、软件本地化、企业应用平台建设与维护、IT 服务外包以及业务流程外包
公司名称	**亚微信息技术（安徽）有限公司** www.yawei-info.com.cn
主营业务	生产销售软件产品、信息系统及办公自动化系统的研究、设计、开发应用和技术服务
公司名称	**安徽易德人力资源管理有限公司** www.edehr.com
主营业务	人力资源管理及咨询、劳务服务、劳务派遣、职业介绍、第二类增值电信业务中的呼叫中心业务
公司名称	**易联星通**
主营业务	通讯（设备 / 运营 / 增值服务）
公司名称	**安徽易商数码科技有限公司** www.easybizcn.com
主营业务	ITO：软件设计研发、系统集成运维、数据管理和智能化分析、三维虚拟；BPO：数据处理、呼叫中心
公司名称	**合肥置顶信息技术有限公司** www.topinfo-tech.com
主营业务	计算机软硬件开发、设计、销售；技术培训、技术支持；软件外包服务；系统集成

南昌市

公司名称	**江西奥森科技发展有限公司** 江西省南昌市南京西路电力设计大楼 1 ~ 3 楼
主营业务	以服务外包方式从事软件及系统开发、档案电子信息化、进出口贸易
公司名称	**巴士在线传媒有限公司** www.bus-online.com.cn
主营业务	移动电视传播网络
公司名称	**贝谷科技股份有限公司** www.begood.com.cn
主营业务	信息系统集成及服务；软件开发及服务；对外贸易经营；数据处理；弱电工程设计、施工及服务；计量器具的研发、生产、销售及服务；仪器仪表与视听产品的生产、销售及服务
公司名称	**江西笛卡传媒有限公司** www.dicachina.com
主营业务	动漫及游戏的设计，培训服务，展示及展览服务，赛事及公关活动的策划，动漫相关衍生品的开发及销售，动漫品牌授权连锁经营
公司名称	**南昌市恒鑫电子技术有限公司** www.hand-scene.com
主营业务	电子产品的研发、生产、销售，智能楼宇弱电系统、安全防范系统、计算机网络系统、工业自动化控制系统工程的设计及安装
公司名称	**江西华唐纬通科技发展有限公司**
主营业务	计算机软硬件开发等

公司名称	江西汇天科技有限公司 www.jxhtkj.com
主营业务	IT 系统集成服务、软件服务、运维服务、IT 外包和咨询服务
公司名称	南昌嘉上嘉文化实业有限公司 www.jsjwhsy.com
主营业务	IT 服务提供商，动漫及网络设计研发
公司名称	江西金格科技股份有限公司 www.kinggrid.com
主营业务	计算机软硬件、网络设备的开发、销售、技术服务；计算机系统集成及互联网产品开发；商用密码产品的开发、生产、销售
公司名称	江西南大苏富特科技有限公司 www.jxnandasoft.com
主营业务	软件产品研发、销售、技术转让、软件外包服务等
公司名称	南昌盛唐信息科技有限公司 www.nchome.cn
主营业务	企业应用平台建设与维护、业务流程外包、咨询服务、软件开发、系统集成
公司名称	思创数码科技股份有限公司 www.strongit.com.cn
主营业务	IT 服务提供商，包括软件开发、系统集成、IT 服务外包及业务流程外包、软件咨询及培训服务、智能楼宇
公司名称	泰豪软件股份有限公司 www.tellhowsoft.com
主营业务	电力行业软件与集成服务、动漫产品制作 \ 软件外包服务
公司名称	南昌微系软件有限公司 www.microlink.com.my
主营业务	软件设计、开发；系统维护、咨询服务、市场推广；软件外包
公司名称	先锋软件股份有限公司 www.aheadsoft.com.cn
主营业务	软件开发、咨询、网络技术服务，信息系统集成、计算机软硬件及其他技术服务
公司名称	江西先锋信息产业股份有限公司 www.aheadsoft.com.cn
主营业务	医疗卫生行业 IT 服务提供商，包括咨询服务、软件开发、系统集成、软件测试工、软件应用、医疗卫生信息化平台建设与运维、IT 服务外包及业务流程外包
公司名称	江西亿网科技产业有限公司
主营业务	第二类增值电信业务中的呼叫中心业务
公司名称	英华达（南昌）科技有限公司 www.iac.com.tw
主营业务	开发、设计及销售通讯电子及相关产品、相关软件、提供相关技术咨询与技术服务
公司名称	江西优码创达软件技术有限公司 www.nccd.com.cn
主营业务	软件开发；系统集成；技术咨询、服务；维修网络工程；电子产品开发；计算机及其外设、通信产品、机电设备、办公设备、网络产品零售；安防工程，防盗报警与闭路电视监控系统设计、安装等
公司名称	中兴软件技术（南昌）有限公司 www.zte-s.com.cn
主营业务	软件技术的开发、应用、系统集成、网络工程、技术咨询与服务；安防设计及工程；仪器仪表、环境监控、设备批发、零售，通信终端产品、电子产品及上述产品配件的研发、生产、销售、维修和维护及相关咨询服务；经营进出口业务

长沙市

公司名称	湖南浩丰文化传播有限公司 www.hfculture.com
主营业务	IT 服务外包以及业务流程外包
公司名称	源数科技（湖南）有限公司 www.clochase.cn
主营业务	咨询服务、软件开发、系统集成、软件测试、企业应用平台建设与维护、IT 服务外包
公司名称	湖南金指王信息系统有限公司 www.kinswon.com
主营业务	信息技术外包服务，技术性业务流程外包服务，技术性知识流程外包；智能软件系统、仓储物流软件、防伪技术的开发、设计；系统集成；通讯工程的设计、安装；仓储管理咨询；企业信息化咨询等
公司名称	绿之韵生物工程集团有限公司 www.greencharm.com
主营业务	保健品、化妆品、日用品的生产及销售，产品及技术的进出口业务，被企业相关产品知识的咨询与服务
公司名称	长沙市五牛电子商务有限公司
主营业务	电子商务及信息咨询服务；计算机技术及软件开发；CI 策划；电子电气产品、化妆品、文体用品、玉器、服装、建材、工艺品、计算机软硬件、机械产品的销售；电子产品制作
公司名称	湖南源科创新科技有限公司 www.runcore.com.cn
主营业务	IT 服务提供商，包括咨询服务、电子产品软硬件开发、软件测试 IT 服务外包等
公司名称	湖南山猫卡通有限公司 www.smjm.cc
主营业务	计算机软硬件开发、销售；设计、制作、发布、代理国内各类广告；移动网信息服务业务
公司名称	湖南拓肯文化传播有限公司 www.topken.cn
主营业务	动画片生产 / 建筑漫游 / 影视制作 / 专题片摄制 /MAYA 国际认证 / 院校课程置换 / 教育加盟

公司名称	**长沙海商网络技术有限公司**　www.hishang.com
主营业务	网络技术的研发；计算机软件开发及系统数据的维护；网页设计及技术服务
公司名称	**长沙博赛软件有限公司**　www.betbrain.com
主营业务	计算机软件研发、销售及相关技术服务，系统集成
公司名称	**湖南创博龙智信息科技股份有限公司**　www.belongsoft.com；www.powerise.cn
主营业务	IT 服务提供商，包括咨询服务、软件开发、系统集成、软件测试、软件本地化、企业应用平台建设与维护、IT 服务外包以及业务流程外包；安全技术防范系统设计、施工、维修
公司名称	**湖南海普科技有限公司**　www.helphand.com.cn
主营业务	信息服务业、移动网增值服务业务、互联网信息服务业务、手机游戏研发及运营推广、软件研发及开发服务、企业运营服务
公司名称	**湖南梦浩动漫制作有限公司**　www.mhmagiccartoon.com.cn（在建中，暂未上线）
主营业务	IT 服务外包以及业务流程外包
公司名称	**湖南省青苹果数据中心有限公司**　www.egreenapple.com
主营业务	书报刊及电子出版物批发；电子出版物的开发、制作；从事电子计算机技术开发、数据库制作、人员培训、信息咨询服务
公司名称	**优创（湖南）信息设备有限公司**　www.eutron.com.cn
主营业务	IT 服务提供商，包括咨询服务、软件开发、系统集成、软件测试、软件本地化、企业应用平台建设与维护、IT 服务外包以及业务流程外包
公司名称	**隆志（湖南）高新技术开发有限公司**　www.longto.co.jp
主营业务	从事计算机、信息系统硬软件开发，环保监测技术以及生物工程技术的开发及产品自销
公司名称	**湖南中远国际货运有限公司**　www.cosco-hunan.com
主营业务	承办海、陆、空国际货运代理业务，包括揽货、托运、定舱、仓储中转、集装箱拼装拆箱、结算运杂费、报关、报检、相关短途运输代理服务及运输咨询
公司名称	**湖南科创信息技术股份有限公司**　www.chinacreator.com
主营业务	咨询服务、软件开发、系统集成、软件测试、软件本地化、企业应用平台建设与维护、IT 服务外包以及业务流程外包

大庆市

公司名称	**大庆金桥信息技术工程有限公司**　黑龙江省大庆市服务外包产业园 C1-3 座 5 层
主营业务	软件产品开发、仿真与流程模拟、MES 及 ERP 系统集成与应用实施、自动控制与网络工程设计施工、IT 基础设施及信息系统运维服务
公司名称	**大庆市华拓数码科技有限公司**　大庆市开发区服务外包产业园 D-1 座 3 楼
主营业务	数据处理、图像扫描、软件开发、呼叫中心、人才培训
公司名称	**大庆三维集团**　黑龙江省大庆市服务外包产业园
主营业务	软件、医院设备、智能仪表、应用电子产品的研发，系统集成，IT 技术服务
公司名称	**大庆开发区华创电子有限公司**　大庆高新区软件园华创楼
主营业务	石油化工生产管理软件开发、审计软件开发、工业控制软件开发
公司名称	**大庆纳奇网络开发有限公司**　大庆市高新区服务外包产业园 D-1 座八楼
主营业务	网络游戏开发、运营
公司名称	**大庆锦华联电子信息科技开发有限公司**　大庆市高新区服务外包产业园 C-3 座九层
主营业务	软件开发、GPS 卫星定位导航、数字油田和物联网解决方案、消防、建筑智能化系统和通信工程设计
公司名称	**大庆明达韦尔信息系统服务有限公司**　大庆市高新区服务外包产业园 D-1 座 525 室
主营业务	数字油田、电子政务、智能社区、工业自动化控制工程技术服务
公司名称	**大庆德瑞克软件技术有限公司**　大庆高新区创业新街 17 号
主营业务	油田应用软件开发、企业管理软件开发、地理信息应用软件开发
公司名称	**大庆广维勘察测绘有限责任公司**　大庆服务外包产业园 D-1 座
主营业务	航空摄影测量与遥感技术开发、地理信息系统工程技术开发、地质地理图文数据处理
公司名称	**大庆浦东软件平台有限公司**　大庆服务外包园 C 座二层
主营业务	以软件测试为主要内容的就业式技术培训、石油信息化系统研发、电子政务系统研发、电子商务系统研发
公司名称	**黑龙江达内软件技术有限公司**　大庆服务外包产业园
主营业务	软件外包、软件培训
公司名称	**黑龙江省中锡慧科技有限公司**　大庆服务外包产业园
主营业务	对日业务流程外包、数据录入、应用软件研发

公司名称	大庆市科铼数字科技有限公司　大庆服务外包产业园 C-1 座
主营业务	软件开发、网站建设、多媒体制作、影视三维动画制作、虚拟现实技术开发
公司名称	大庆英辰创新科技有限公司　大庆服务外包产业园 D-3 座 310 室
主营业务	应用软件开发、ERP 服务与实施、基础架构运营管理、桌面管理服务、系统管理服务、IT 管理咨询
公司名称	金蝶软件（中国）有限公司大庆分公司　大庆市服务外包产业园 B2 座 9 层
主营业务	中间件软件、在线管理、全程电子商务
公司名称	用友软件股份有限公司大庆分公司　大庆服务外包园 C-1 座 917、918 室
主营业务	应用软件开发、软件培训、软件测试
公司名称	大庆科瑞尔思软件开发有限公司　大庆市高新区服务外包产业园 D-1 座一层
主营业务	软件外包、IT 职业教育
公司名称	大庆朗墨光电科技有限公司　黑龙江省大庆市高新区软件园 B 座 101-104 室
主营业务	远距离红外激光夜视光电产品研发
公司名称	大庆盛源文化传播有限公司简介　大庆高新区服务外包产业园 C2 座 329 室
主营业务	手机、网络和电视动画设计制作，网络游戏设计制作
公司名称	大庆百呼百应呼叫服务外包有限公司　大庆高新区服务外包产业园
主营业务	呼叫中心

苏州市

公司名称	苏州大宇宙信息创造有限公司　www.trans-cosmos.com.cn
主营业务	以面向日本软件开发为主要业务，同时对在华日资企业提供广泛的信息服务
公司名称	中美冠科生物技术（太仓）有限公司　www.crownbio.com
主营业务	生物医药研发外包服务
公司名称	江苏东汇网络科技有限公司　www.dohoo.cn
主营业务	业务流程外包，呼叫中心
公司名称	方正国际软件有限公司　www.founderinternational.com
主营业务	咨询服务、软件开发、系统集成、软件测试、软件本地化、企业应用平台建设与维护、IT 服务外包以及业务流程外包
公司名称	华硕科技（苏州）有限公司　www.asus.com
主营业务	研究开发平板显示屏、大中型电子计算机、百万亿次高性能计算机、便捷式微型计算机、软件产品、无线局域网（广域网）设备等，提供售后服务及相关技术服务
公司名称	江苏富士通通信技术有限公司　www.fujitsu.com/cn/jftt
主营业务	光传输系统；异步转移模式及 IP 数据通信系统；IP 网络系统；数字集群系统设备；多重无线系统；其他通信系统的开发、生产、销售、安装及售后服务、用户培训
公司名称	明基逐鹿软件（苏州）有限公司　www.benqguru.com
主营业务	开发、生产电子商务、运营管理、信息服务等各类软件、系统集成，销售自产产品并提供相关咨询及售后服务；提供软件技术服务、技术开发，技术转让及信息咨询
公司名称	江苏欧索软件有限公司　www.oceansoft.com
主营业务	开发销售计算机软件、系统集成、并提供相关技术支持和售后服务
公司名称	江苏仕德伟网络科技股份有限公司　www.jssdw.com
主营业务	计算机软件开发、网络工程、网络制作、系统集成及提供相关的技术服务、管理咨询；销售：计算机及外围设备，软件，网络产品；第二类增值电信业务中的信息服务业务及第二类增值电信业务中的因特网接入服务业务
公司名称	佳能（苏州）系统软件有限公司
主营业务	软件产品的研究开发，涉及及产销（包括转让软件程序相关著作权等其他权利或许可使用权以及销售各类软件产品）以及提供相关技术和售后服务
公司名称	宏智科技（苏州）有限公司　www.e-glad.com.cn
主营业务	软件开发
公司名称	华道数据处理（苏州）有限公司　www.chinadatagroup.com
主营业务	业务流程服务；文档扫描、数据录入、档案影像管理、客户关怀、信息核实服务；软件开发、系统集成和实施、信息咨询、数据挖掘和分析服务
公司名称	昆山中创软件工程有限责任公司　www.cvicseks.com
主营业务	软件开发、软件测试、IT 服务外包及业务流程外包
公司名称	苏州工业园区乐升软件有限公司　www.xpec.com
主营业务	数码动画、数码漫画及美术的设计与制作

公司名称	苏州工业园区凌志软件有限公司 www.linkstec.com
主营业务	咨询服务、软件开发、系统集成、软件测试、软件本地化、企业应用平台建设与维护、IT 服务外包
公司名称	新宇软件（苏州工业园区）有限公司 www.dextrys.com
主营业务	ITO，BPO
公司名称	新电信息科技（苏州）有限公司 www.ncs.com.sg
主营业务	应用软件开发及维护，系统集成，IT 服务外包
公司名称	苏州药明康德新药开发有限公司 www.wuxiapptec.com
主营业务	药物安全评价研究；药物临床前及临床试验研究；药物研究开发服务；医用材料及生物制品的研究；销售本公司研发的产品
公司名称	益进信息服务（苏州）有限公司 www.exigenservices.com
主营业务	计算机软件开发、技术成果转让及相关技术服务，软件外包服务及相关咨询服务
公司名称	江苏广和服务外包（集团）有限公司 江苏省常熟市东南开发区金都路 5 号楼 3F
主营业务	信息服务外包，营销服务，数据库租赁，客户关系管理服务；企业信息化集成业务，基于 3D 技术，3G 技术，多媒体技术应用推广；企业管理服务，会展会务服务，品牌推广等

无锡市

公司名称	贝卡尔特（中国）技术研发有限公司 www.bekaert.com.cn
主营业务	从事金属及非金属材料以及相关产品和技术的研究与开发，并提供技术和工程支持及相关服务，设备设计改进
公司名称	方正国际软件（江苏）有限公司 www.founderinternational.com
主营业务	IT 服务提供商，包括咨询服务、软件开发、系统集成、ITO、BPO
公司名称	无锡华夏计算机技术有限公司 www.wxhx.com
主营业务	计算机软件硬件的生产、设计、安装；计算机系统集成；技术开发、技术转让
公司名称	横新软件工程（无锡）有限公司
主营业务	软件开发、系统集成、软件测试、软件本地化、服务外包以及业务流程外包
公司名称	无锡海辉软件有限公司 www.hisoft.com
主营业务	软件服务外包
公司名称	中软国际资源信息技术（无锡）有限公司 www.chinasofti.com
主营业务	计算机软件研发；提供技术服务和咨询服务；数据处理；计算机系统集成；自营和代理各类商品和技术的进出口业务
公司名称	贝斯（无锡）信息系统有限公司 www.basechina.net
主营业务	计算机软件的研发、生产；计算机系统服务、数据处理；并提供技术转让、技术咨询服务
公司名称	无锡研勤信息科技有限公司
主营业务	软件产品、数据通信设备的研发；并提供技术服务、技术转让及技术咨询
公司名称	无锡华润矽科微电子有限公司 www.semico.com.cn
主营业务	消费类集成电路设计、测试及销售
公司名称	无锡新思软件技术有限公司 www.bis.com.cn
主营业务	软件开发、软件测试、软件本地化、企业应用平台建设与维护、IT 服务外包以及业务流程外包
公司名称	软通动力信息系统服务有限公司 www.isoftstone.com/cn
主营业务	ITO、BPO
公司名称	无锡药明康德新药开发有限公司 www.wuxiapptec.com
主营业务	医药研发服务外包
公司名称	无锡同捷汽车设计有限公司 www.tji.cn
主营业务	汽车设计、模具设计开发、样车试制试验、展车制作
公司名称	萨孚凯信息系统（无锡）有限公司 www.softtek.com
主营业务	应用开发与维护（ITO-ADM），业务流程外包（BPO）支持，系统架构设计（ITO-SI），应用安全测试，SAP 实施与咨询，质量保证与测试外包服务
公司名称	无锡融天信息技术有限公司 www.iskyinfo.com
主营业务	咨询服务、软件开发、软件测试、IT 服务外包以及业务流程外包
公司名称	无锡大有投资管理有限公司 www.gpfoc.com
主营业务	离岸美股市场操盘服务、离岸美股交易员培训与外派、金融交易自动化软件设计与开发、金融交易系统测试
公司名称	无锡企源投资有限公司 www.amt.com.cn
主营业务	软件的研发和销售，企业管理咨询，人力外包服务，物联网应用方案

公司名称	无锡诺威特信息科技有限公司 www.wuxi-it.com
主营业务	咨询服务、软件开发、系统集成、软件测试、软件本地化、企业应用平台建设与维护、IT 服务外包以及业务流程外包
公司名称	泛亚信息技术江苏有限公司 www.panasia.cn
主营业务	计算机软硬件及网络应用技术、系统集成的技术开发、技术转让、技术咨询及服务；第二类增值电信业务中的信息服务业务（不含固定电话声讯服务、移动网和固定网信息服务）

厦门市

公司名称	东南融通（中国）系统工程有限公司 www.longtop.com
主营业务	咨询服务、软件开发、系统集成、软件测试、软件本地化、企业应用平台建设与维护、IT 服务外包
公司名称	厦门海实科技有限公司 www.hyrus.com.cn
主营业务	咨询服务、软件开发、系统集成、软件测试、软件本地化、企业应用平台建设与维护、IT 服务外包以及业务流程外包
公司名称	厦门吉联科技有限公司 www.gillion.com.cn
主营业务	计算机软件产品开发及其相关产品系统集成设计；并提供上述技术咨询、培训、服务；物流系统工程设计、开发、咨询、培训与服务
公司名称	厦门凌越资讯有限公司 www.lyserp.com
主营业务	软件开发
公司名称	厦门青鸟动画有限公司 www.qndh.com
主营业务	动画节目策划及开发；动漫软件产品开发
公司名称	锐骐（厦门）电子科技有限公司 www.reachxm.com
主营业务	电子产品的软硬件、集成电路的设计开发及其相关技术咨询服务
公司名称	思源（厦门）软件科技有限公司 www.springsoft.com
主营业务	制作集成电路设计自动化软件，销售自产产品，提供安装，测试和维护服务；提供技术咨询服务；从事集成电路设计软件，集成电路的批发，佣金代理，进出口及其他相关配套服务
公司名称	厦门台富客服科技有限公司 www.ttnt.com.cn
主营业务	咨询服务、及业务流程外包
公司名称	微泰科技（厦门）有限公司 www.miitec.com.cn
主营业务	咨询服务、软件开发、系统集成、软件测试、软件本地化、企业应用平台建设与维护、IT 服务外包以及业务流程外包
公司名称	文典软件信息（厦门）有限公司 厦门市思明区软件园二期观日路 26 号 403 单元
主营业务	计算机软件的研发，设计、制作，相关系统集成的设计、调试、维护及相关技术咨询和技术服务
公司名称	西基动画（厦门）有限公司 www.cgcgxm.com.cn
主营业务	IT 服务外包以及业务流程外包
公司名称	矽恩微电子（厦门）有限公司 www.si-en.com/cn
主营业务	集成电路芯片技术研发
公司名称	芯群集成电路（厦门）有限公司 www.holtek.com.cn
主营业务	从事集成电路开发，电子元器件及单片机芯片的技术支持和咨询服务
公司名称	福建讯盟软件有限公司 www.xmsoft.cn
主营业务	咨询服务、软件开发、系统集成、软件测试、软件本地化、企业应用平台建设与维护、IT 服务外包以及业务流程外包
公司名称	雅马哈发动机（厦门）信息系统有限公司 www.ymsl.com.cn
主营业务	软件开发、系统集成、IT 服务外包
公司名称	意博（厦门）网络服务有限公司 www.orangeway.cn
主营业务	软件开发与应用、网络建设与服务、网上预定服务、会展商务及信息咨询服务
公司名称	翼华科技（厦门）有限公司 www.ehealth-china.com
主营业务	计算机软件开发及产品系统集成设计，并提供上述技术咨询服务；保险兼业代理（长期寿险，意外险、健康险）
公司名称	厦门银禾软件有限公司 www.yinhoo.com
主营业务	软件开发及其业务咨询
公司名称	厦门银据空间地理信息有限公司 www.silverdata.com.cn
主营业务	地理信息系统工程、数字化空间信息处理、数据加工生产、数字化城市工程建设、软件出口及数据服务外包
公司名称	厦门正航软件科技有限公司 www.chixm.com
主营业务	软件设计、制造研发、系统集成、咨询诊断、技术培训

《中国服务外包发展报告2010～2011》编审成员、学术委员会与专家组成员一览表

（一）编写成员

姓名	单位及职务	备注
	主 编	
朱晓明	中国服务外包研究中心 名誉主任 中欧国际工商学院 院长 上海交通大学经济与管理学院 名誉院长	兼职教授、博士生导师
刘亚军	商务部外资司 司长	
胡景岩	商务部服务贸易司 司长	博士
周柳军	商务部服务贸易司 司长	
骞芳莉	中国服务外包研究中心 主任	
	副主编	
金世和	中国服务外包研究中心 副主任	高级经济师，高级国际商务师
李庭辉	中国服务外包研究中心 高级顾问	研究员
季　成	中国服务外包研究中心 特邀研究员 中欧国际工商学院院长 研究助理	博士
	成 员	
杨　梅	中国服务外包研究中心 研究员	硕士
江　维	中国服务外包研究中心 研究员	博士
尚庆琛	中国服务外包研究中心 研究员	博士
姜丽花	浙江大学宁波理工学院 宁波市服务外包研究中心	博士
顾家栋	上海人才服务行业协会 名誉会长 上海市对外服务有限公司 高级顾问	高级经济师
沈　杰	上海市发展改革研究院体改研究所 副所长	
丁晓超	上海财经大学	博士
石　璜	中国服务外包研究中心 助理研究员	硕士
肖颖君	中国服务外包研究中心 助理研究员	
曹佩华	中国服务外包研究中心 助理研究员	
孙　瑜	中国服务外包研究中心 助理研究员	
陈宁生	中国服务外包研究中心 办公室主任	高级工程师
卢淑君	中国服务外包研究中心 办公室主任助理	
曹勤雯	中国服务外包研究中心	

（二）审核成员

姓 名	单位及职务	备 注
	主 审	
曹宏瑛	商务部外资司 副巡视员	
万连坡	商务部服务贸易司 副司长	
	副主审	
郑 韶	上海市发展改革研究院 中国服务外包研究中心 高级顾问	研究员
叶 威	商务部外资司 处长	
徐兴锋	商务部服务贸易司 处长	
姜义茂	商务部服务贸易司 调研员	
吉小枫	商务部外资司 处长	
孙嘉荣	上海商务委员会国际服务贸易处 处长	伦敦政治经济学院硕士 复旦大学经济学硕士
张素心	上海金桥出口加工区管委会 常务副主任、 上海金桥（集团）有限公司 总经理	博士
沈 荣	上海金桥出口加工区开发股份有限公司 总经理	
杨 冬	苏州工业园区软件与服务外包职业学院 院长	
曾 松	北京博思商通资讯有限公司 总裁 武汉大学博思外包产业研发中心 执行主任	博士
	成 员	
马学杰	上海市浦东新区商务委 副主任	博士
阎 蓓	上海市商务委国际服务贸易处 处长	博士
李宇宏	上海市浦东新区商委服务业发展处 处长	博士
朱 冰	商务部外资司统计处 副处长	
兰天山	商务部服务贸易司 副处长	博士
张 旸	商务部外资司	
徐美华	上海市科委 秘书长	教授级高级工程师
张剑波	上海张江高新技术产业开发区领导小组办公室 处长	教授级高级工程师
李幼林	上海金桥出口加工区管委会副主任	博士
李京梅	博彦科技（北京）有限公司 政府事务经理	
李 楠	软通动力 高级总监	博士

（三）学术委员会成员

姓名	单位及职务	备注
	主　任	
汪应洛	中国工程院 院士 西安交通大学管理学院 名誉院长	教授、博士生导师
王新奎	上海市政协 副主席 上海市工商联 主席 WTO 事务咨询中心 副理事长、总裁	经济学博士、教授
	副主任	
王方华	上海交通大学安泰经济与管理学院 院长	教授、博士生导师
汪　泓	上海工程技术大学 校长	博士、教授、博士生导师
覃　正	上海财经大学信息管理与工程学院 院长	博士、教授、博士生导师
张维炯	中欧国际工商学院 副院长	教授、加拿大 UBC 博士
陈　进	对外经济贸易大学信息学院 院长 现代服务业研究中心 主任	教授，博士生导师
顾　明	清华大学软件学院 副院长	研究员
	成　员	
卢　锋	北京大学中国经济研究中心 副主任	博士、教授、博士生导师
任荣明	上海交通大学安泰经济与管理学院	教授、博士生导师
兰宜生	上海财经大学国际工商管理学院	教授、博士生导师
邬适融	上海应用技术学院	教授
肖　文	浙江大学宁波理工学院经济与贸易分院 院长	教授 博士生导师

（四）专家委员会成员

姓名	单位及职务	备注
	主　席	
刘积仁	东软集团有限公司 董事长兼 CEO 东北大学 副校长 计算机软件国家工程研究中心 主任	计算机应用专业博士 教授、博士生导师
	副主席	
寿子琪	上海市科委 主任	教授级高级工程师
高　炜	大连软件园 总裁、中国软件行业协会 理事	管理学硕士
郭　昕	国际数据公司（IDC）大中华区 总裁	硕士
曲玲年	北京服务外包企业协会 理事长	高级工程师
瞿嘉东	旭天发展有限公司 董事长	MIT 斯隆学者及 MBA
刘天文	软通动力 董事长兼 CEO	MIT 斯隆学者及 MBA
宋东今	中国商务出版社 副主任 《中国服务外包》杂志社 社长、总编辑	
	成　员	
陈志列	研祥智能科技股份有限公司董事局 主席	中欧国际工商学院 EMBA
刘　宁	西安炎兴科技公司 董事长、总经理	博士、密西根州立大学 MBA
彭壮壮	麦肯锡公司 全球董事合伙人	博士
张天兵	科尔尼公司 全球合伙人	
杨　鹏	华道数据处理（北京）有限公司 总裁 中国金融外包研究中心 常务副主任	UNSW MBA 高级研究员
李　波	软通动力大中国区 事业群总裁	博士
屈中华	IBM 全球服务 (中国) 公司 高级经理	北京大学理学硕士 伦敦帝国理工学院 MBA
高耀松	上海国际经济贸易研究所 所长	
武连峰	IDC 中国行业研究与咨询服务部 研究总监	
于　坚	上海易方客户服务中心 董事长	中欧国际工商学院 EMBA

后　记

在商务部有关领导和司局的指导与支持下，《中国服务外包发展报告 2010～2011》如期出版了。本期报告编写中，商务部、发改委、教育部、科技部、工业和信息化部、财政部、人力资源和社会保障部、税务总局等国家有关部委和包括北京、天津、上海、重庆、南京、杭州等 21 个示范城市给予了大力支持。

2010 年 10 月中旬至 11 月初、11 月下旬至 12 月上旬，中国服务外包研究中心先后对 21 个示范城市的园区、企业、培训机构、政府部门进行了调研。通过座谈、问卷调查、考察园区和走访企业，加深了对各地发展服务外包产业的特点和面临问题的了解，为本发展报告的编写提供了基础。经过前期充分的准备和调研，《中国服务外包发展报告 2010～2011》的编写工作于 2010 年 12 月开始启动，组建编写团队；2011 年 1 月上旬形成编写提纲；2 月至 3 月收集整理资料；3 月至 4 月中旬形成初稿；4 月下旬发各示范城市征求修改意见；4 月底报商务部外资司审稿；5 月初至 5 月底在商务部外资司指导下进行了三次修改，5 月 6 日根据补充收集数据完成第一次修改，5 月 16 日完成第二次修改，5 月 23 日完成第三次修改；6 月初根据商务部外资司的审稿意见最终定稿。

我们应当感谢 21 个示范城市的商务主管部门，他们对本书的编写提供了大量的信息资料、修改意见和其他方面的帮助。《中国服务外包发展报告 2010～2011》是 21 个示范城市合作的成果。

我们要特别感谢中欧国际工商学院、上海交通大学经济与管理学院、上海财经大学信息管理与工程学院、浙江大学宁波理工学院、美国佛罗里达大学、国际数据公司、英格玛人力资源集团、天津鼎韬外包服务有限公司等高等院校和专业公司，他们为我们的编写工作提供了强有力的学术和信息资料支持。

感谢各地的服务外包行业协会和研究中心。他们是：北京服务外包行业协会、重庆市服务外包行业协会、成都服务外包行业协会、宁波市服务外包研究中心、广州外语外贸大学服务外包研究中心等。

我们对参与本书编审研讨和提供资料信息的人员表示感谢，他们是：刘树民、张华雨（北京）、尹秀琴/张新浩（天津）、阎蓓（上海）、冯蒙/郑晋黔（重庆）、杨海/王晓姗（大连）、樊孝国/牛凤梅（深圳）、刘旭/周木亮/谢家强（广州）、郑刚（武汉）、季春华（哈尔滨）、陈小兵/刘斌（成都）、王涛/韦刚（南京）、李志军/麻晓勤/吴增军/马卉（西安）、李金强（济南）、孙书信/胡敏慧/葛志海（杭州）、王可健/吴松江/刘梦龙（合肥）、周兵林/熊磊（南昌）、宾军旗（长沙）、张凤良/石士杰（大庆）、盛逸仙/黄粤苏（苏州）、施忠/张亮（无锡）、赵福平/程波（厦门）。国际数据公司的杨挺、毛琼研究分析师为本书提供了全球数据支持，上海交通大学出版社的郁金豹副总编、易文娟编辑，他们为本书提供了专业的编辑和修改意见，一并表示感谢。

我们特别要衷心感谢上海金桥出口加工区管理委员会、上海金桥（集团）有限公司和上海金桥出口加工区开发股份有限公司的领导张素心、黄国平、沈荣先生，他们为本报告编写组提供了各种支持与服务。

本报告如有疏漏与差错之处，敬请读者不吝指正。

中国服务外包研究中心

2011 年 6 月 6 日